U0633432

後漢書　卷七八

列傳第六十八

宦者

鄭衆　蔡倫　孫程　曹騰　單超　侯覽　曹節　吕强
張讓

《易》曰："天垂象，聖人則之。"[1]宦者四星，[2]在皇位之側，故《周禮》置官，亦備其數。閽者守中門之禁，[3]寺人掌女宫之戒。[4]又云"王之正内者五人"。[5]《月令》："仲冬，命閹尹，審門閭，謹房室。"[6]《詩》之《小雅》，亦有《巷伯》刺讒之篇。[7]然宦人之在王朝者，其來舊矣。[8]將以其體非全氣，情志專良，通關中人，易以役養乎？[9]然而後世因之，才任稍廣。其能者，則勃貂、管蘇有功於楚、晉，[10]景監、繆賢著庸於秦、趙。[11]及其敝也，則豎刁亂齊，伊戾禍宋。[12]

［1］【李賢注】《易·繫辭》之文也。【今注】案，《周易·繫辭上》作“天垂象，見吉凶，聖人象之；河出圖，洛出書，聖人則之”。

［2］【今注】宦者四星：宦者，古代一作星官名，屬三垣之中的天市垣。宦者星官共由四星組成，在現在通用的八十八星座中分别屬於蛇夫座和武仙座。宦者，古代又指侍候皇帝之宦官。《晉書·天文志》：“宦者四星，在帝坐西南，侍主刑餘之人也。”唐代楊炯《渾天賦》：“天皇對於攝提，皇極臨於宦者。”或參見王碩《“宦官”與“太監”》（《歷史研究》1983年第6期）。

［3］【李賢注】《周禮》曰：“閽人掌守王宫中門之禁。”鄭玄注云（殿本無“注”字）：“中門，於外内爲中也。閽即刖足者。”【今注】閽者：守門人。《説文》：“閽，常以昏閉門隸也。”《禮記·祭統》：“閽者，守門之賤者也。”

［4］【李賢注】《周禮》曰：“寺人掌王宫之内人及女宫之戒命”也。【今注】寺人：宫中近侍小臣，多爲閹人。《周禮·天官·敘官》：“寺人，王之正内五人。”鄭玄注：“寺之言侍也。”賈公彦疏：“云寺之言侍者，欲取親近侍御之義，此奄人也。”《左傳》僖公二年：“齊寺人貂始漏師于多魚。”杜預注：“寺人，内奄官豎貂也。”自東漢始稱宦官。

［5］【李賢注】《周禮》曰：“寺人掌王之正内五人。”注云：“正内，路寢也。”【今注】案，語見《周禮·天官·敘官》，今本作“寺人，王之正内五人”。又案，李賢注引鄭玄説，把“正内”解釋爲“路寢”，即王之正廳，不妥。賈公彦疏：“正内五人者，謂在後之路寢耳。若王之路寢，不得稱内，以後宫故，以内言之。”

［6］【李賢注】鄭玄注《月令》云：“奄尹（奄，殿本作‘閹’），主領奄豎之官者也。於《周禮》則爲内宰，掌理王之内政、宫令，誡出入開閉之屬也。”【今注】案，今本《禮記·月令》作“是月也，命奄尹，申宫令，審門閭，謹房室”。與《吕氏春

秋·仲冬》句同。

［7］【李賢注】《毛詩》序曰："《巷伯》，刺幽王也。寺人傷於讒，而作是詩也。"毛萇注云："巷伯，内之小臣也。"【今注】巷伯：《詩經》中的一首政治抒憤詩。巷伯即掌管宫内之事的宦官。巷，是宫内道名。伯，主管宫内道官之長，即寺人。巷伯或因讒獲罪，受宫刑而作了宦官。

［8］【今注】案，宦官之起源，或有多説。參見馬良懷《中國宦官制度生存原因試探》（《中國史研究》1992年第3期）、余華青《中國宦官制度史》（上海人民出版社2006年版）。

［9］【李賢注】關，涉也。中人，内人也。

［10］【李賢注】勃貂即寺人披也。一名勃鞮，字伯楚。《左傳》曰："吕、郤畏偪，將焚公宫，殺晉文公。寺人披見公，以難告，遂殺吕、郤。"《新序》曰："楚恭王有疾，告諸大夫曰：'管蘇犯我以義，違我以禮，與處不安，不見不思，然而有得焉，吾死之後，爵之於朝也。'"【今注】勃貂：春秋時晉國宦官。曾兩次追殺晉文公重耳。晉文公即位後，勃貂爲折罪，又告發吕省、郤芮謀反之事。　管蘇：春秋時楚國宦官，楚恭王常侍。楚恭王死後，令尹即拜管蘇爲上卿。事見劉向《新序》卷一。

［11］【李賢注】《史記》曰，商君入秦，因孝公寵臣景監以求見。又曰，藺相如爲趙宦者令繆賢舍人，趙求人使報秦者，未得，繆賢曰："臣舍人藺相如可使也。"著庸謂薦鞅及相如也。【今注】景監：芈姓，景氏，名監。戰國秦孝公寵臣，曾引薦商鞅。　繆賢：戰國時趙國宦者，舉薦門客藺相如於趙惠文王。

［12］【李賢注】《左傳》曰，齊桓公卒，易牙入，與寺人貂因内寵以殺群吏而立公子無虧，孝公奔宋。杜預注曰："寺人即閹官。""刀"即"貂"也（刀，大德本、殿本作"刁"，是），音彫（殿本無"音彫"二字）。又曰，楚客聘于晉，過宋，大子知之（大，紹興本、大德本作"太"），請野享之，公使往。寺人

伊戾請從之。至則坎用牲，加書徵之，而騁告公曰：“太子將爲亂。”公使視之，則信有焉。太子死，公徐聞其無罪，乃亨伊戾也。【今注】豎刁：春秋時齊桓公宦者，甚受寵任。後桓公卒，與易牙、開方同亂齊國。　伊戾：姓惠墻，名伊戾，春秋時期宋國宦官，爲太子痤内師。懷恨未受寵，構讒陷死太子，事發被烹。

漢興，仍襲秦制，置中常侍官。[1]然亦引用士人，以參其選，皆銀璫左貂，[2]給事殿省。[3]及高后稱制，乃以張卿爲大謁者，出入卧内，受宣詔命。[4]文帝時，有趙談、北宫伯子，頗見親倖。至於孝武，亦愛李延年。[5]帝數宴後庭，或潛游離館，故請奏機事，多以宦人主之。[6]至元帝之世，史游爲黄門令，勤心納忠，有所補益。[7]其後弘恭、石顯以佞險自進，卒有蕭、周之禍，損穢帝德焉。[8]

［1］【今注】中常侍：官名。秦置。爲皇帝侍從，出入宫廷，以宦者或士人充任。西漢前期或衹有常侍之名，稱常侍郎，爲郎官之一。元帝、成帝之後中常侍爲加官，因“得入禁中”。（參見李炳泉《西漢中常侍新考》，《史學月刊》2013 年第 4 期；李雅雯《漢代中常侍考論》，《管子學刊》2015 年第 1 期）

［2］【今注】銀璫左貂：漢代中常侍的冠飾。璫當冠前，以白銀爲之，以貂尾飾於冠左。後以爲宦者之代稱。《漢官儀》卷上載：“中常侍，秦官也。漢興，或用士人，銀璫左貂。光武以後，專任宦者，右貂金璫。”

［3］【今注】殿省：此指皇帝起居、理政之處。

［4］【李賢注】《前書》曰，齊人田生求事吕后所幸大謁者張釋卿。《音義》曰：“奄人也。”仲長統《昌言》曰：“宦豎傅近房

臥之內（房臥，殿本作‘臥房’），交錯婦人之間。”【今注】大謁者：官名。秦置漢因。謁者掌賓贊受事，其長名謁者僕射，比千石。謁者僕射亦稱大謁者。

［5］【李賢注】《前書》曰，孝文時官者則趙談、北宮伯子（時，底本闕，今據紹興本、大德本、殿本補；官，紹興本、大德本、殿本作“宦”，是），孝武時官者李延年也。【今注】趙談：西漢宦官。受漢文帝寵倖。《史記》司馬遷避父諱改作趙同。　李延年：漢武帝寵妃李夫人之兄。李家世代爲倡，李延年因犯法而受到腐刑，入宮養狗，因擅長音律，得武帝寵愛。後李夫人生下了昌邑王劉髆，李延年遂被封爲協律都尉，負責管理皇宮的樂班。

［6］【今注】案，官，紹興本、大德本、殿本作“宦”，是。

［7］【李賢注】《前書》曰，《急就》一篇，元帝黄門令史游作。董巴《輿服志》曰“禁門曰黄闥，中人主之，故曰黄門”也（“前書”至“中人”二十八字，底本闕，今據紹興本、大德本、殿本補）。【今注】史游：西漢元帝時黄門令。事迹多不詳。據傳史游善書，以隸書草著《急就章》，後人因而將此書體名爲“章草”。　黄門令：官名。西漢少府屬官，由宦者充任。掌宮中乘輿狗馬倡優鼓吹等事，職任親近。

［8］【李賢注】《前書》曰，前將軍蕭望之及光禄大夫周堪建白（禄大夫周，底本闕，今據紹興本、大德本、殿本補），以爲宜罷中常侍官，應古不近刑人，由是大與石顯忤，後皆害焉。望之自殺，堪廢錮不得復進用也。【今注】弘恭：西漢宣帝時爲中書令。弘恭明習法令，專斷內朝，以至百官皆阿附敬容。元帝時病卒。　石顯：字君房，濟南（今山東濟南市章丘區）人。少年犯法受腐刑，宣帝時任中書僕射。元帝時，把持內朝。初元二年（前47），與弘恭誣陷前將軍蕭望之。望之自殺。後代弘恭爲中書令。成帝初，坐專權擅勢免官，歸郡途中病卒。傳見《漢書》卷九三。　案，“進卒有蕭周之”六字，底本闕，今據紹興本、大德本、殿

本補。

中興之初，宦官悉用閹人，不復雜調它士。至永平中，[1]始置員數，中常侍四人，小黄門十人。[2]和帝即祚幼弱，[3]而竇憲兄弟專總權威，内外臣僚，莫由親接，所與居者，唯閹宦而已。故鄭衆得專謀禁中，終除大憝，[4]遂享分土之封，超登宫卿之位。[5]於是中官始盛焉。[6]

[1]【今注】永平：東漢明帝劉莊年號（58—75）。

[2]【今注】小黄門：官名。東漢始置，少府屬官，由宦官充任。侍從皇帝左右，收受尚書奏事，傳宣帝命，掌宫廷内外、皇帝與後宫之間的聯絡。秩六百石。見本書《百官志三》。

[3]【今注】案，祚，殿本作“阼”。

[4]【李賢注】憝，惡也，音大對反。謂誅竇憲也。

[5]【李賢注】宫卿謂爲大長秋也。

[6]【今注】中官：本爲古官名，此指宦官。《漢書》卷三《高后紀》：“諸中官、宦者令丞皆賜爵關内侯，食邑。”顔師古注：“諸中官，凡閹人給事於中者皆是也。”

自明帝以後，迄乎延平，[1]委用漸大，而其員稍增，中常侍至有十人，小黄門二十人，改以金璫右貂，兼領卿署之職。[2]鄧后以女主臨政，[3]而萬機殷遠，朝臣國議，無由參斷帷幄，稱制下令，不出房闈之間，[4]不得不委用刑人，寄之國命。手握王爵，口含天憲，非復掖廷永巷之職，閨牖房闥之任也。[5]其後孫程定立順之功，曹騰參建桓之策，續以五侯合謀，梁冀受鉞，迹因公正，恩固主心，故中外服從，上下屏氣。或稱伊、霍之勳，[6]無謝於往載；或謂良、平之畫，[7]復興於當今。雖時有忠公，而竟見排斥。[8]舉動回山海，呼吸變霜露。阿旨曲求，則光寵三族；[9]直情忤意，則參夷五宗。[10]漢之綱紀大亂矣。

［1］【今注】延平：東漢殤帝劉隆年號（106），共計1年。漢安帝即位沿用。

［2］【今注】卿署：九卿之官署。

［3］【今注】鄧后：鄧綏，和熹鄧皇后。紀見本書卷一〇上。

［4］【李賢注】《爾雅》曰"宫守小門謂之闈"也（守，紹興本、大德本、殿本作"中"）。

［5］【李賢注】永巷及掖廷（廷，殿本作"庭"），並署名也。《爾雅》曰："小閨謂之閤。"

［6］【今注】伊霍：商之伊尹與西漢之霍光，泛指能左右朝政的重臣。

［7］【今注】良平：西漢張良、陳平。二人皆漢高祖謀臣，後泛指足智多謀之人。

［8］【李賢注】謂皇甫嵩、蔡邕等並被排也（邕，紹興本、大德本、殿本作"雍"）。

［9］【李賢注】父族、母族、妻族也。【今注】案，三族另有二説，或謂父、子、孫。《周禮·春官·小宗伯》："掌三族之別，以辨親疏。"鄭玄注："三族，謂父、子、孫。"或謂父母、兄弟、妻子。《史記》卷五《秦本紀》："法初有三族之罪。"裴駰《集解》引張晏曰："父母、兄弟、妻子也。"

［10］【李賢注】夷，滅也。參夷，夷三族也。五宗，五服内親故也。【今注】五宗：古之宗法，繼承始祖者爲大宗；繼承高祖、曾祖、祖、父者爲小宗；大宗一，小宗四，合爲"五宗"。見《白

虎通義·宗族》。

若夫高冠長劍，紆朱懷金者，布滿宮闈；[1]苴茅分虎，南面臣人者，蓋以十數。[2]府署第館，棋列於都鄙；[3]子弟支附，過半於州國。南金、和寶、冰紈、霧縠之積，盈仞珍臧；[4]嬙媛、侍兒、歌童、舞女之玩，充備綺室。[5]狗馬飾雕文，土木被緹繡。[6]皆剥割萌黎，[7]競恣奢欲。構害明賢，專樹黨類。其有更相援引，希附權彊者，皆腐身熏子，以自衒達。[8]同敝相濟，故其徒有繁，敗國蠹政之事，不可單書。[9]所以海内嗟毒，志士窮棲，寇劇緣閒，搖亂區夏。[10]雖忠良懷憤，時或奮發，而言出禍從，旋見孥戮。因復大考鉤黨，轉相誣染。[11]凡稱善士，莫不離被災毒。竇武、何進，位崇戚近，乘九服之囂怨，協群英之埶力，[12]而以疑留不斷，至於殄敗。斯亦運之極乎！雖袁紹龔行，芟夷無餘，然以暴易亂，亦何云及！[13]自曹騰説梁冀，竟立昏弱。[14]魏武因之，遂遷龜鼎。[15]所謂"君以此始，必以此終"，信乎其然矣！[16]

[1]【李賢注】《楚辭》曰（辭，殿本作"詞"）："高余冠之岌岌。"又曰："撫長劍兮玉珥。"楊雄《法言》曰："或問使我紆朱懷金，其樂不可量也。"李軌注曰："朱，朱紱也。金，金印也。"【今注】高冠長劍：戴着高大的帽子，佩着鋒刃較長的劍。《墨子·公孟》："昔者齊桓公，高冠博帶，金劍木盾，以治其國。"

[2]【李賢注】封諸侯各以其方色土，苴以白茅，而分銅虎符也。

［3］【李賢注】棋列，如棋之布列。《史記》曰：“往往棋置。”

［4］【李賢注】《詩·頌》曰：“大路南金。”鄭玄注云：“荆、楊之州（楊，紹興本誤作“陽”，殿本作“揚”），貢金三品。”和謂卞和并（并，紹興本、大德本、殿本作“也”，是）。【今注】南金：南方出産的銅。《詩·魯頌·泮水》：“元龜象齒，大賂南金。”毛亨傳：“南謂荆揚也。”孔穎達疏：“金即銅也。”　和寶：卞和璧。此泛指寶玉。　冰紈：潔白之細絹。《漢書·地理志下》：“故其俗彌侈，織作冰紈綺繡純麗之物。”顔師古注：“冰謂布帛之細，其色鮮絜如冰者也。紈，素也。”　霧縠：薄霧般的輕紗。《漢書·禮樂志》：“被華文，厠霧縠。”

［5］【李賢注】《左傳》曰：“夫差宿有妃嬙嬪御焉。”杜預注曰：“妃嬙，貴者。”嬙音牆。《前書》曰：“初，爰盎爲吴相時，從史盗和盎侍兒（和，紹興本、大德本、殿本作‘私’，是）。”《昌言》曰：“爲音樂則歌兒舞女，千曹而迭起。”《左傳》晏子曰：“高臺深池，撞鐘舞女。”綺室，室之綺麗者。【今注】嬙媛：姬妾、妃嬪。

［6］【李賢注】《前書》東方朔曰：“木土衣綺繡（木土，大德本作‘大土’，殿本作‘本上’），狗馬被繢罽。”緹，厚繒也。

［7］【今注】萌黎：庶民。

［8］【李賢注】《前書》曰：“史遷熏胥以刑。”韋昭曰：“古者腐刑必熏合之。”【今注】腐身熏子：指男子去勢閹割。

［9］【李賢注】單，盡也。【今注】案，可，大德本、殿本作“敢”。

［10］【李賢注】寇盗劇賊緣閒隙而起也。【今注】區夏：指華夏、中國。《尚書·康誥》：“用肇造我區夏。”孔安國傳：“始爲政於我區域諸夏。”

［11］【李賢注】鉤黨謂李膺、杜密等。

[12]【李賢注】九服已見上。群英謂劉猛、朱寓之屬，見《竇武傳》。【今注】竇武何進：竇武，字游平，扶風平陵（今陝西咸陽市西北）人。何進，字遂高，南陽宛（今河南南陽市卧龍區）人。二人皆東漢外戚重臣。傳並見本書卷六九。

[13]【李賢注】《尚書》曰："龔行天罰。"《左傳》曰："芟夷蘊崇之。"《史記》曰"以暴易亂兮，不知其非"也。【今注】袁紹：字本初，汝南汝陽（今河南商水縣西北）人。東漢末年群雄之一。傳見本書卷七四上。　龔行：奉行。今本《尚書·甘誓》作"恭行"。

[14]【李賢注】謂立桓帝也。【今注】曹騰：東漢宦官，曹操的祖父。本傳有叙。　梁冀：字伯卓，安定烏氏（今寧夏固原市東南）人。東漢外戚、權臣。兩妹分别爲順帝、桓帝皇后。曾把持朝政近二十年時間，還扶持過三位皇帝上位。傳見本書卷三四。

[15]【李賢注】龜鼎，國之守器，以諭帝位也。《尚書》曰："寧王遺我大寶龜。"《左傳》曰"鼎遷于商"也。

[16]【李賢注】此謂宦官也。言漢家初寵用宦官，其後終爲宦官所滅。《左傳》楚屈蕩曰"君以此始，必以此終"也。

鄭衆字季産，南陽犨人也。[1]爲人謹敏有心幾。永平中，初給事太子家。肅宗即位，拜小黄門，遷中常侍。和帝初，加位鉤盾令。[2]

[1]【今注】南陽：郡名。治宛縣（今河南南陽市卧龍區）。　犨：縣名。治所在今河南魯山縣東南。本春秋鄭邑，後屬楚，秦置縣。

[2]【今注】鉤盾令：官名。《漢書》卷七《昭帝紀》有"鉤盾弄田"語，鉤盾是宫中的空地，可以辟爲皇帝游玩之處。西漢置鉤盾令，屬少府。後漢沿置，令秩六百石，以宦者爲之，典諸近池

苑囿游觀之處。

時竇太后秉政，[1]后兄大將軍憲等並竊威權，[2]朝臣上下莫不附之，而衆獨一心王室，不事豪黨，帝親信焉。及憲兄弟圖作不軌，衆遂首謀誅之，以功遷大長秋。[3]策勳班賞，每辭多受少，由是常與議事。[4]中官用權，自衆始焉。

［1］【今注】竇太后：此指東漢章帝竇皇后。紀見本書卷一〇上。漢代還有兩個竇太后，一爲西漢孝文竇皇后，一爲東漢桓帝竇皇后。

［2］【今注】憲：竇憲，字伯度，扶風平陵（今陝西咸陽市西北）人。章帝竇皇后之兄。傳見本書卷二三。

［3］【今注】大長秋：官名。内侍職官之一，主要由宦官擔任，負責皇后宮中事務。秦制設將行，爲皇后卿。西漢景帝中元六年（前144）改爲大長秋。長秋是漢代皇后所居宮名。大長秋負責宣達皇后旨意，並執掌皇后宮中與湯沐邑的收支。秩二千石。

［4］【李賢注】與音預。

十四年，帝念衆功美，封爲鄛鄉侯，食邑千五百户。[1]永初元年，[2]和熹皇后益封三百户。[3]

［1］【李賢注】鄛音士交反（士，殿本作“七”）。《説文》曰：“南郡棘陽縣有鄛鄉。”

［2］【今注】永初：東漢安帝劉祜年號（107—113）。

［3］【今注】和熹皇后：即和熹鄧皇后。東漢和帝皇后。紀見本書卷一〇上。

元初元年卒，[1]養子閎嗣。閎卒，子安嗣。後國絶。桓帝延熹二年，[2]紹封衆曾孫石讎爲關内侯。[3]

[1]【今注】元初：東漢安帝劉祜年號（114—120）。

[2]【今注】延熹：東漢桓帝劉志年號（158—167）。

[3]【今注】關内侯：爵名。秦漢二十等爵的第十九等，僅低於列侯。有其號，無封國。封有食邑數户，有收租税之權。

蔡倫字敬仲，桂陽人也。[1]以永平末始給事宫掖，建初中，[2]爲小黄門。及和帝即位，轉中常侍，豫參帷幄。倫有才學，盡心敦慎，數犯嚴顔，匡弼得失。每至休沐，[3]輒閉門絶賓，暴體田野。後加位尚方令。永元九年，[4]監作秘劍及諸器械，莫不精工堅密，爲後世法。自古書契多編以竹簡，[5]其用縑帛者謂之爲紙。縑貴而簡重，並不便於人。倫乃造意，用樹膚、麻頭及敝布、魚網以爲紙。元興元年奏上之，[6]帝善其能，自是莫不從用焉，故天下咸稱“蔡侯紙”。[7]

[1]【今注】桂陽：郡名。治郴縣（今湖南郴州市）。

[2]【今注】建初：東漢章帝劉炟年號（76—84）。

[3]【今注】休沐：休假。漢代官員每五天休假一天，稱爲“休沐”（參見張艷玲《漢代官吏休假制度研究綜述》，《甘肅社會科學》2007年第5期）。

[4]【今注】永元：東漢和帝劉肇年號（89—105）。

[5]【今注】書契：此指文字書籍。《周易·繫辭下》：“上古結繩而治，後世聖人易之以書契。”

[6]【今注】元興：東漢和帝劉肇年號（105）。

[7]【李賢注】《湘州記》曰（湘，大德本誤作“相”）：“耒陽縣北有漢黄門蔡倫宅，宅西有一石臼，云是倫舂紙臼也。”

元初元年，鄧太后以倫久宿衛，[1]封爲龍亭侯，[2]邑三百户。後爲長樂太僕。[3]四年，帝以經傳之文多不正定，乃選通儒謁者劉珍及博士良史詣東觀，[4]各讎校漢家法，[5]令倫監典其事。倫初受竇后諷旨，誣陷安帝祖母宋貴人。及太后崩，安帝始親萬機，勑使自致廷尉。倫恥受辱，乃沐浴整衣冠，飲藥而死。國除。

[1]【今注】案，大德本、殿本“久”後有“在”字。

[2]【李賢注】龍亭，縣，故城在今洋州興埶縣東，明月池在其側。【今注】龍亭：侯國名，治所在今陝西洋縣龍亭山。

[3]【今注】長樂太僕：官名。西漢置，太后屬官，掌太后輿馬，因太后居長樂宫，故名長樂太僕。東漢因之，秩二千石。

[4]【今注】劉珍：字秋孫，一名寶，南陽蔡陽（今湖北棗陽市西南）人。安帝延光四年（125）官居宗正，後又轉任衛尉。一生著述頗多，撰《建武以來名臣傳》《東觀漢記》《釋名》等。傳見本書卷八〇上。　良史：東漢人。安帝時任博士。

[5]【今注】家法：此專指經學之家法。漢代經學傳授有師法與家法。家法來源於師法。任何一個經學家都有師承，皆有師法；待學業精進，就獨立成家，也就有了自己的家法。西漢重師法，東漢重家法。清人皮錫瑞在《經學歷史》中說：“先有師法，而後能成一家之言。師法者，溯其源；家法者，衍其流。”又可參見繆荃孫《漢經師家法考》〔《藝風堂文漫存（癸甲稿）》卷三，民國刻本〕。

孫程字稚卿，涿郡新城人也。[1]安帝時，爲中黄門，[2]給事長樂宫。[3]

［1］【李賢注】《東觀記》曰："北新城人，衛康叔之胄孫林父之後。"東觀自此已下十九人，與程同功者皆叙其所承本系（皆，大德本誤作"權"）。蓋當時史官懼程等威權，故曲爲文飾。

［2］【今注】中黄門：官名。西漢置，掌皇宫黄門以内諸伺應雜務，東漢沿置，位小黄門下。初秩比百石，後增爲比三百石。

［3］【今注】長樂宫：漢皇家宫殿名。案，此處長樂宫爲太后所住宫殿之泛稱。東漢都城洛陽無長樂宫，時鄧太后或住長秋、永安宫和永樂宫。《三輔黄圖·漢官》："（長樂宫）有長信、長秋、永壽、永寧四殿。高帝居此宫，後太后常居之。"又，本書卷一〇上《皇后紀上》載元初五年，平望侯劉毅以太后多德政，曾建議"宜令史官著《長樂宫注》"。可見東漢時，以長樂宫作爲太后宫殿泛稱，十分普遍。與未央宫、建章宫同爲漢代三宫。因其位於未央宫東，又稱東宫。

時鄧太后臨朝，帝不親政事。小黄門李閏與帝乳母王聖常共譖太后兄執金吾悝等，言欲廢帝，立平原王德，[1]帝每忿懼。及太后崩，遂誅鄧氏而廢平原王，封閏雍鄉侯；又小黄門江京以讒諂進，初迎帝於邸，以功封都鄉侯，食邑各三百户。閏、京並遷中常侍，江京兼大長秋，[2]與中常侍樊豐、黄門令劉安、鉤盾令陳達及王聖、聖女伯榮扇動内外，競爲侈虐。又帝舅大將軍耿寶、皇后兄大鴻臚閻顯更相阿黨，[3]遂枉殺太尉楊震，[4]廢皇太子爲濟陰王。[5]

[1]【今注】平原：王國名。東漢延平元年（106）立和帝長子劉勝爲平原王，治平原縣（今山東平原縣南張官店）。平原王國傳四世，懷王劉勝—哀王劉得—王劉翼—王劉碩。

[2]【今注】案，秋，大德本作“秩”。

[3]【今注】大將軍：官名。西漢後期中朝官領袖。《漢官儀》載：“漢興，置大將軍，位丞相上。”《文獻通考》卷五九：“大將軍内秉國政，外則仗鉞專征，其權遠出丞相之右。”東漢時多由貴戚充任，原位在三公下，至和帝時，竇憲出任大將軍，朝廷震動，群臣聯合奏請以大將軍位列三公之上。　耿寶：東漢外戚，安帝時以皇帝舅父身份擔任大將軍。事見本書卷一九《耿弇傳》。　大鴻臚：官名。漢代朝廷掌管禮賓事務之官。爲九卿之一。東漢官名稱大鴻臚卿。秩中二千石。　閻顯：東漢安帝皇后閻姬的兄長。

[4]【今注】楊震：字伯起，弘農華陰（今陝西華陰市東）人。東漢時期名臣。傳見本書卷五四。另有《漢故太尉楊公神道碑銘》傳世（歐陽修《文忠集》卷一三五《集古録跋尾》卷二，四部叢刊本）。

[5]【今注】濟陰：王國名。明帝永平十五年（72），劉長被封爲濟陰王，因無後。國除，安帝延光三年（124），漢安帝太子劉保被廢爲濟陰王，延光四年劉保即皇帝位，濟陰復爲郡。獻帝建安十七年（212），濟陰復爲國。治定陶縣（今山東菏澤市定陶區）。

明年帝崩，立北鄉侯爲天子。顯等遂專朝争權，乃諷有司奏誅樊豐，廢耿寶、王聖，及黨與皆見死徙。

十月，北鄉侯病篤。程謂濟陰王謁者長興渠曰：[1]“王以嫡統，本無失德，[2]先帝用讒，遂至廢黜。若北鄉疾不起，共斷江京、閻顯，事乃可成。”渠等然之。又中黄門南陽王康，先爲太子府史，[3]自太子之廢，常懷歎憤。又長樂太官丞京兆王國，[4]並附同於程。至二十七日，北鄉侯薨。閻顯白太后，徵諸王子簡爲帝嗣。[5]未及至。十一月二日，程遂與王康等十八人聚謀於西鍾下，皆截單衣爲誓。四日夜，程等共會崇德殿上，[6]因入章臺門。時江京、劉安及李閏、陳達等俱坐省門下，程與王康共就斬京、安、達，以李閏權埶積爲省内所服，欲引爲主，因舉刃脅閏曰："今當立濟陰王，無得摇動。"閏曰："諾。"於是扶閏起，俱於西鍾下迎濟陰王立之，是爲順帝。召尚書令、僕射以下，[7]從輦幸南宫雲臺，[8]程等留守省門，遮扞内外。

[1]【李賢注】興，姓；渠，名。

[2]【今注】案，無，底本闕，今據紹興本、大德本、殿本補。

[3]【今注】太子府史：太子府中屬員。《資治通鑑》卷五一安帝延光四年胡三省注爲"太子府史掌東宫府藏"。今人或認爲"府""史""府史"三詞各有來歷，均有各自特定歷史涵義與應用範疇，兩漢時期的府吏中，衹有"史"而無"府"與"府史"（參見白兆暉《〈資治通鑑〉"太子府史"的職能考辨及補注》，《湘南學院學報》2008 年第 1 期）。

[4]【今注】長樂太官丞：官名。《資治通鑑》卷五一《漢紀》安帝延光四年胡三省注爲"掌太后食膳樂"。

[5]【今注】案，王，大德本作"土"。

[6]【今注】崇德殿：東漢洛陽城北宫宫殿名，爲北宫之"西宫"前殿，與北宫之"東宫"前殿"德陽殿"並列，相距約七十米，兩殿前的金商門和崇賢門亦並列。東漢太后例居西宫，殤帝"誕育百餘日"即位，由鄧太后臨朝。由於鄧太后居西宫崇德殿，而殤帝即位時不滿一歲，在長樂宫撫養，故崩後殯於崇德前殿。

（參見陳蘇鎮《東漢的“東宫”與“西宫”》，《“中研院”史語所集刊》第89本第3分，2018年）

［7］【今注】尚書令：官名。秦置漢沿。少府的屬官，負責管理少府文書和傳達命令，職輕權重。東漢政務均歸尚書臺，主官尚書令雖隸屬少府，秩千石，然實際直接對皇帝負責，總攬事權。又，東漢常以大將軍、三公録尚書事，尚書令多受其制。　僕射：官名。秦置漢因。西漢成帝時初置尚書五人，一人爲僕射，位僅次尚書令，職權漸重。

［8］【今注】南宫雲臺：東漢洛陽南宫高臺名。漢明帝圖畫鄧禹等二十八將於南宫雲臺，後用以泛指紀念功臣之所。東漢洛陽城分爲南宫、北宫、東宫、西宫等。南宫和北宫爲上朝、朝賀、議政、慶典之宫。光武帝時政多出於南宫，明帝時北宫見重。南宫與北宫之間有御道相連。

閻顯時在禁中，憂迫不知所爲，小黄門樊登勸顯發兵，以太后詔召越騎校尉馮詩、虎賁中郎將閻崇，［1］屯朔平門，［2］以禦程等。誘詩入省，太后使授之印，曰：“能得濟陰王者封萬户侯，得李閏者五千户侯。”顯以詩所將衆少，使與登迎吏士于左掖門外。［3］詩因格殺登，歸營屯守。顯弟衛尉景遽從省中還外府，［4］收兵至盛德門。程傳召諸尚書使收景。尚書郭鎮時卧病，聞之，即率直宿羽林出南止車門，［5］逢景從吏士，拔白刃，呼曰：“無干兵。”鎮即下車，持節詔之。景曰：“何等詔？”因斫鎮，不中。鎮引劍擊，景墯車，［6］左右以戟叉其匈，［7］遂禽之，送廷尉獄，［8］即夜死。旦日，令侍御史收顯等送獄，［9］於是遂定。下詔曰：“夫表功録善，古今之通義也。故中常侍長樂太僕江京、黄門令劉安、鉤盾令陳達與故車騎將軍閻顯兄弟謀議惡逆，傾亂天下。中黄門孫程、王康、長樂太官丞王國、中黄門黄龍、彭愷、孟叔、李建、王成、張賢、史汎、馬國、王道、李元、楊佗、[10]陳予、趙封、李剛、魏猛、苗光等，[11]懷忠憤發，戮力協謀，遂埽滅元惡，以定王室。《詩》不云乎：‘無言不讎，無德不報。’[12]程爲謀首，康、國協同。其封程爲浮陽侯，食邑萬户；康爲華容侯，國爲酈侯，各九千户；黄龍爲湘南侯，五千户；彭愷爲西平昌侯，[13]孟叔爲中廬侯，[14]李建爲復陽侯，各四千二百户；王成爲廣宗侯，張賢爲祝阿侯，史汎爲臨沮侯，[15]馬國爲廣平侯，王道爲范縣侯，李元爲褒信侯，楊佗爲山都侯，[16]陳予爲下雋侯，[17]趙封爲析縣侯，李剛爲枝江侯，各四千户；魏猛爲夷陵侯，二千户；苗光爲東阿侯，千户。”是爲十九侯。加賜車馬金銀錢帛各有差。李閏以先不豫謀，故不封。遂擢拜程騎都尉。[18]

[1]【今注】越騎校尉：官名。西漢武帝時置。東漢光武帝時改青巾（左、右）校尉爲越騎校尉，屬北軍中候，校尉秩比二千石。　虎賁中郎將：官名。西漢平帝時置，統領虎賁禁兵，主宿衛。東漢光武帝、明帝時常以侍中兼領之，其後多以貴戚充任。秩比二千石。

[2]【今注】朔平門：北宫宫門。案，《資治通鑑》卷五一安帝延光四年作“平朔門”。

[3]【今注】左掖門：宫城正門左邊的小門。

[4]【今注】衛尉：官名。秦置漢沿，爲九卿之一，掌宫門

警衛。

［5］【今注】直宿羽林：值夜班的禁軍。　止車門：宫禁外門。官員上朝，到此須下車步行入宫。

［6］【今注】案，墯，大德本、殿本作“墮”。

［7］【今注】案，匈，大德本、殿本作“胸”。

［8］【今注】廷尉獄：獄名。又稱“廷尉詔獄”。秦漢中央司法機關下設的監獄。

［9］【今注】侍御史：官名。秦置漢沿。御史大夫屬官，入侍禁中蘭臺，給事殿中，故名。秩六百石。朝中高級官員犯法，一般由侍御史報御史中丞。然後報皇帝。

［10］【李賢注】佗音駝。

［11］【李賢注】《東觀記》曰“程賦棗脯，又與光（殿本‘又’後有‘分’字），曰：‘以爲信，今暮其當著矣。’漏盡，光爲尚席直事通燈，解劍置外，持燈入章臺門，程等適入。光走出門，欲取劍，王康呼還，光不應。光得劍，欲還入，門已閉，光便守宜秋門，會李閏來，出光，因與俱迎濟陰王幸南宫雲臺。詔書録功臣，令康疏名，康詐疏光入章臺門。光謂康曰：‘緩急有問者當相證也。’詔書封光東阿侯，食邑四千户，未受符策，光心不自安，詣黄門令自告。有司奏康、光欺詐主上，詔書勿問，遂封東阿侯，邑千户”也。

［12］【李賢注】《詩·大雅》也。【今注】案，語見《詩·大雅·抑》。

［13］【李賢注】西平昌，諸縣（殿本無“諸”字），屬平原郡。

［14］【李賢注】中廬，縣，屬南郡。

［15］【李賢注】臨沮，縣，屬南郡。

［16］【李賢注】褒信、山都並屬南陽郡也。

［17］【李賢注】下雋，縣，長沙郡，音似兖反。

[18]【今注】騎都尉：官名。西漢武帝時始置。掌監羽林騎，無定員，屬光禄勳，秩比二千石。

永建元年，[1]程與張賢、孟叔、馬國等爲司隸校尉虞詡訟罪，[2]懷表上殿，呵叱左右。帝怒，遂免程官，因悉遣十九侯就國，後徙封程爲宜城侯。程既到國，怨恨恚懟，[3]封還印綬、符策，亡歸京師，[4]往來山中。詔書追求，復故爵土，賜車馬衣物，遣還國。

[1]【今注】永建：東漢順帝劉保年號（126—132）。

[2]【今注】司隸校尉：官名。掌監督京師與周邊地區。漢武帝時始置。西漢秩二千石，東漢改爲比二千石。　虞詡：字升卿，陳國武平（今河南鹿邑縣西北）人。東漢名臣。傳見本書卷五八。

[3]【李賢注】恚（恚，紹興本、大德本、殿本作“懟”），怨也，音直季反。

[4]【李賢注】《續漢書》曰：“程到宜城，怨恨恚懟，刻瓦爲印，封還印綬。”

三年，帝念程等功勳，悉徵還京師。程與王道、李元皆拜騎都尉，餘悉奉朝請。陽嘉元年，[1]程病甚，即拜奉車都尉，[2]位特進。及卒，使五官郎將追贈車騎將軍印綬，[3]賜謚剛侯。侍御史持節監護喪事，乘輿幸北部尉傳，[4]瞻望車騎。

[1]【今注】陽嘉：東漢順帝劉保年號（132—135）。

[2]【今注】奉車都尉：官名。西漢武帝時始置，掌皇帝車輿，入侍左右，多由皇帝親信充任，秩比二千石。

[3]【今注】車騎將軍：官名。漢制，金印紫綬，位次上卿，或比三公。典京師兵衛。

[4]【李賢注】北部尉之傳舍也。傳音陟戀反。

程臨終，遺言上書，以國傳弟美。帝許之，而分程半，封程養子壽爲浮陽侯。後詔書録微功，封興渠爲高望亭侯。四年，詔宦官養子悉聽得爲後，襲封爵，定著乎令。王康、王國、彭愷、王成、趙封、魏猛六人皆早卒。黄龍、楊佗、孟叔、李建、張賢、史汎、王道、李元、李剛九人與阿母山陽君宋娥更相貨賂，[1]求高官增邑，又誣罔中常侍曹騰、孟賁等。永和二年，發覺，並遣就國，減租四分之一。宋娥奪爵歸田舍。唯馬國、陳子、苗光保全封邑。[2]

[1]【今注】宋娥：順帝乳母，或稱“宋阿母”。順帝即位，以其參與擁立事，封山陽君。

[2]【今注】案，子，紹興本、大德本、殿本作“予”，是。

初，帝見廢，監太子家小黄門籍建、傅高梵、長秋長趙熹、丞良賀、藥長夏珍皆以無過獲罪，建等坐徙朔方。[1]及帝即位，並擢爲中常侍。梵坐臧罪，減死一等。建後封東鄉侯，三百户。賀清儉退厚，[2]位至大長秋。陽嘉中，詔九卿舉武猛，賀獨無所薦。帝引問其故，對曰：“臣生自草茅，長於宫掖，既無知人之明，又未嘗交知士類。昔衛鞅因景監以見，有識知其不終。[3]今得臣舉者，匪榮伊辱。”固辭之。及卒，帝思賀忠，封其養子爲都鄉侯，三百户。

[1]【今注】朔方：郡名。漢代的北方邊郡之一。漢武帝元朔二年（前127）開。朔方郡初治窳渾縣（今内蒙古蹬口縣沙金套海蘇木保爾浩特古城），後徙治臨戎縣（今内蒙古磴口縣補隆淖河拐子村西）。

[2]【李賢注】謙退而厚重也。

[3]【李賢注】《史記》趙良謂商君曰："君之見秦王也，因嬖人景監，非所以爲名也。"商君竟爲秦惠所車裂也。

曹騰字季興，沛國譙人也。[1]安帝時，除黄門從官。順帝在東宫，鄧太后以騰年少謹厚，使侍皇太子書，特見親愛。及帝即位，騰爲小黄門，遷中常侍。桓帝得立，騰與長樂太僕州輔等七人，以定策功，皆封亭侯，[2]騰爲費亭侯，遷大長秋，加位特進。[3]

[1]【今注】沛國：王國名。治相縣（今安徽淮北市）。東漢順帝永和五年（140），改沛郡爲沛國，領二十一縣。　譙：縣名。治所在今安徽亳州市。

[2]【今注】亭侯：爵位名。秦漢以二十等爵賞有功者。本書《百官志五》："列侯……功大者食縣，小者食鄉、亭。"

[3]【今注】案，"秋加位特進"五字，底本闕，今據紹興本、大德本、殿本補。

騰用事省闥三十餘年，奉事四帝，未嘗有過。其所進達，[1]皆海内名人，陳留虞放、邊韶、南陽延固、張温、弘農張奂、潁川堂谿典等。[2]時蜀郡太守因計吏賂遺於騰，[3]益州刺史种暠於斜谷關搜得其書，[4]上奏太守，并以劾騰，請下廷尉案罪。帝曰："書自外來，非騰之過。"遂寢暠奏。騰不爲纖介，常稱暠爲能吏，時人嗟美之。騰卒，養子嵩嗣。种暠後爲司徒，[5]告賓客曰："今身爲公，乃曹常侍力焉。"嵩靈帝時貨賂中官及輸西園錢一億萬，故位至太尉。[6]及子操起兵，不肯相隨，乃與少子疾避亂琅邪，爲徐州刺史陶謙所殺。[7]

［1］【今注】案，"有過其所"四字，底本闕，今據紹興本、大德本、殿本補。

［2］【今注】陳留：郡名。治陳留縣（今河南開封市陳留鎮）。虞放：字子仲，陳留東昏（今河南蘭考縣）人。東漢大臣。事見本書卷三三《虞延傳》。　邊韶：字孝先，陳留浚儀（今河南開封市）人。東漢文人。傳見本書卷八〇上。　延固：東漢人物，生卒年不詳。無傳。　張温：字伯慎，荆州南陽郡穰縣（今河南鄧州市）人。案，"延固張温"四字，底本闕，今據紹興本、大德本、殿本補。　弘農：郡名。西漢武帝元鼎四年（前113）置，治弘農縣（今河南靈寶市北故函谷關城）。　張奂：字然明，敦煌淵泉（今甘肅瓜州縣東）人。東漢時期名將、學者，"涼州三明"之一。傳見本書卷六五。　潁川：郡名。治陽翟縣（今河南禹州市）。堂谿典：東漢大臣，經學家。複姓堂溪，又作唐溪典，按石刻《開母廟石闕叙》作堂溪爲正。本書卷六〇下《蔡邕傳》載，堂谿典在漢靈帝熹平四年（175）與蔡邕等正定六經文字，立石太學門外。案，殿本"典"前有"趙"字。

［3］【今注】蜀郡：秦置，治成都縣（今四川成都市）。　案，"因計吏賂"四字，底本闕，今據紹興本、大德本、殿本補。

［4］【今注】益州刺史：西漢武帝時設十三州部，每部設一刺史。益州刺史部，管轄今四川、貴州、雲南及陝西漢中盆地。東漢時治雒縣（今四川廣漢市）。

［5］【今注】司徒：官名。西周置。掌管全國土地和人民。西漢末改丞相爲大司徒，東漢改爲司徒。

［6］【李賢注】嵩具《袁紹傳》。

［7］【今注】徐州刺史：徐州刺史部的最高官員。徐州，西漢武帝時所置十三刺史部之一。徐州刺史部轄楚國、魯國、泗水國、廣陵國、臨淮郡、東海郡、琅邪郡。東漢時治郯縣（今山東郯城縣）。　陶謙：字恭祖，丹陽（今安徽宣城市）人。東漢末年大臣，漢末群雄之一。傳見本書卷七三、《三國志》卷八。

單超，河南人；[1]徐璜，下邳良城人；[2]具瑗，魏郡元城人；[3]左悺，河南平陰人；[4]唐衡，潁川郾人也。[5]桓帝初，超、璜、瑗爲中常侍，悺、衡爲小黄門史。

［1］【今注】河南：政區名。中心地帶在今河南洛陽市一帶。秦朝時期爲三川郡，西漢初年改爲河南郡。東漢光武帝建武十五年（39）將河南郡改稱河南尹，屬司隸校尉部。

［2］【今注】下邳：王國名。治下邳縣（今江蘇邳州市南）。　良城：縣名。治所在今江蘇邳州市戴莊鎮良城村。

［3］【今注】魏郡：治鄴縣（今河北臨漳縣西南鄴鎮）。　元城：縣名。西漢置，屬魏郡。治所在今河北大名縣東。

［4］【李賢注】悺音工奂反，又音綰。

［5］【今注】郾：縣名。西漢置，屬潁川郡。治所在今河南漯河市郾城區南。

初，梁冀兩妹爲順、桓二帝皇后，冀代父商爲大將軍，再世權戚，威振天下。冀自誅太尉李固、杜喬等，[1]驕横益甚，皇后乘埶忌恣，多所鴆毒，上下鉗口，[2]莫有言者。帝逼畏久，恒懷不平，[3]恐言泄，不敢謀之。延熹二年，皇后崩，帝因如厠，獨呼衡問："左右與外舍不相得者皆誰乎？"[4]衡對曰："單超、左悺前詣河南尹不疑，禮敬小簡，不疑收其兄弟送洛陽獄，二人詣門謝，乃得解。徐璜、具瑗常私忿疾外舍放横，口不敢道。"於是帝呼超、悺入室，謂曰："梁將軍兄弟專固國朝，迫脅外内，公卿以下從其風旨。今欲誅之，於常侍意何如？"超等對曰："誠國姦賊，當誅日久。臣等弱劣，未知聖意何如耳。"帝曰："審然者，常侍密圖之。"對曰："圖之不難，但恐陛下復中狐疑。"[5]帝曰："姦臣脅國，當伏其罪，何疑乎！"於是更召璜、瑗等五人，遂定其議，帝齧超臂出血爲盟。於是詔收冀及宗親黨與悉誅之。悺、衡遷中常侍，封超新豐侯，二萬户，璜武原侯，瑗東武陽侯，各萬五千户，賜錢各千五百萬；悺上蔡侯，衡汝陽侯，各萬三千户，賜錢各千三百萬。五人同日封，故世謂之"五侯"。又封小黄門劉普、趙忠等八人爲鄉侯。[6]自是權歸宦官，朝廷日亂矣。

[1]【今注】李固：字子堅，漢中南鄭（今陝西漢中市）人。東漢中期名臣。傳見本書卷六三。　杜喬：字叔榮，河内林慮（今河南林州市）人。東漢中期名臣，與李固齊名。傳見本書卷六三。

[2]【李賢注】《周書》曰："賢智鉗口。"謂不言也。拑與鉗

古字通（殿本“通”後有“用”字），音其炎反。

［3］【今注】案，懷，大德本、殿本作“有”。

［4］【李賢注】外舍謂皇后家也。

［5］【李賢注】中音丁仲反。

［6］【今注】鄉侯：爵位名。漢制，列侯，所食縣爲侯國。功大者食縣，小者食鄉、亭。東漢後期，增設縣侯、鄉侯、亭侯等爵位。

超病，帝遣使者就拜車騎將軍。明年薨，賜東園秘器，[1]棺中玉具，贈侯、將軍印綬，使者理喪。及葬，發五營騎士，[2]將軍、侍御史護喪，將作大匠起冢塋。[3]其後四侯轉横，天下爲之語曰：“左回天，具獨坐，[4]徐卧虎，唐兩墮。”[5]皆競起第宅，樓觀壯麗，窮極伎巧。金銀罽毦，施於犬馬。[6]多取良人美女以爲姬妾，皆珍飾華侈，擬則宫人。其僕從皆乘牛車而從列騎。又養其疏屬，或乞嗣異姓，或買蒼頭爲子，並以傳國襲封。兄弟姻戚皆宰州臨郡，辜較百姓，與盜賊無異。

［1］【今注】東園秘器：皇室、顯宦死後用的棺材。《漢書》卷九三《董賢傳》：“及至東園秘器，珠襦玉柙，豫以賜賢，無不備具。”顔師古注引《漢舊儀》云：“東園秘器作棺梓，素木長二丈，崇廣四尺。”

［2］【今注】五營：東漢時北軍所屬的屯騎、越騎、步兵、長水、射聲五校尉所領部隊。

［3］【今注】將作大匠：官名。秦稱將作少府，西漢景帝中元六年（前144）改稱將作大匠。掌宫室、宗廟、陵寢等的土木營

建，秩二千石。

[4]【李賢注】獨坐言驕貴無偶也。

[5]【李賢注】兩墯謂隨意所爲不定也（墯，大德本、殿本作“墮”，本注下同）。今人謂持兩端而任意爲兩墯。諸本“兩”或作“雨”也。【今注】案，墯，大德本、殿本作“墮”。

[6]【李賢注】毦，以毛羽爲飾（毛羽，大德本、殿本作“羽毛”），音如志反。【今注】案，犬，大德本作“大”。

超弟安爲河東太守，[1]弟子匡爲濟陰太守，[2]璜弟盛爲河内太守，[3]悺弟敏爲陳留太守，瑗兄恭爲沛相，皆爲所在蠹害。

[1]【今注】河東：郡名。治安邑縣（今山西夏縣北）。

[2]【今注】濟陰：郡名。治定陶縣（今山東菏澤市定陶區）。

[3]【今注】河内：郡名。治懷縣（今河南武陟縣西南）。

璜兄子宣爲下邳令，暴虐尤甚。先是求故汝南太守下邳李暠女不能得，[1]及到縣，遂將吏卒至暠家，載其女歸，戲射殺之，埋著寺内。時下邳縣屬東海，[2]汝南黄浮爲東海相，有告言宣者，浮乃收宣家屬，無少長悉考之。掾史以下固諫争。[3]浮曰：“徐宣國賊，今日殺之，明日坐死，足以瞑目矣。”即案宣罪棄市，暴其尸以示百姓，郡中震慄。璜於是訴怨於帝，帝大怒，浮坐髡鉗，[4]輸作右校。[5]五侯宗族賓客虐徧天下，民不堪命，起爲寇賊。七年，衡卒，亦贈車騎將軍，如超故事。璜卒，賻贈錢布，賜冢塋地。

[1]【今注】汝南：郡名。西漢高祖置，治上蔡縣（今河南上蔡縣西南）。東漢移治平輿縣（今河南平輿縣北）。其後治所屢遷，轄境漸小。

[2]【今注】東海：郡國名。東漢光武帝建武十七年（41）改東海郡爲王國，後時立時廢。治郯縣（今山東郯城縣）。

[3]【今注】掾史：漢中央及各州縣皆置掾史，多由長官自行辟舉，分曹治事。

[4]【今注】髡鉗：刑罰名。剃去頭髮，用鐵圈束頸。

[5]【今注】右校：官署名。秦始置左、右、前、後、中五校令。東漢時沿置，掌左、右工徒。凡大臣犯法，常發遣左、右校服勞役。

明年，司隸校尉韓演因奏悺罪惡，及其兄太僕南鄉侯稱請託州郡，[1]聚斂爲姦，賓客放縱，侵犯吏民。悺、稱皆自殺。演又奏瑗兄沛相恭臧罪，徵詣廷尉。瑗詣獄謝，上還東武侯印綬，詔貶爲都鄉侯，卒於家。超及璜、衡襲封者，並降爲鄉侯，租入歲皆三百萬，子弟分封者，悉奪爵土。劉普等貶爲關内侯。

[1]【今注】太僕：官名。春秋始置，秦漢沿襲，爲九卿之一。掌皇帝輿馬。

侯覽者，山陽防東人。[1]桓帝初爲中常侍，以佞猾進，倚埶貪放，受納貨遺以巨萬計。延熹中，連歲征伐，府帑空虚，乃假百官奉禄，王侯租税。覽亦上縑五千匹，賜爵關内侯。又託以與議誅梁冀功，進封高鄉侯。

[1]【今注】山陽：郡名。西漢始置，治昌邑縣（今山東巨野縣東南）。　防東：縣名。治所在今山東成武縣城東防城村。

小黄門段珪家在濟陰，與覽並立田業，近濟北界，[1]僕從賓客侵犯百姓，劫掠行旅。濟北相滕延一切收捕，殺數十人，陳尸路衢。覽、珪大怨，以事訴帝，延坐多殺無辜，徵詣廷尉，免。延字伯行，北海人，[2]後爲京兆尹，[3]有理名，世稱爲長者。

[1]【今注】濟北：王國名。東漢和帝以盧縣、蛇丘、剛縣置濟北國。治盧縣（今山東長清縣西南）。

[2]【今注】北海：郡名。東漢徙治劇縣（今山東壽光市東南）。

[3]【今注】京兆尹：官名。漢京畿地方行政長官，爲三輔（治理京畿地區的三位官員，即京兆尹、左馮翊、右扶風）之一。

覽等得此愈放縱。覽兄參爲益州刺史，民有豐富者，輒誣以大逆，皆誅滅之，没入財物，前後累億計。太尉楊秉奏參，檻車徵，[1]於道自殺。京兆尹袁逢於旅舍閲參車三百餘兩，皆金銀錦帛珍玩，不可勝數。覽坐免，旋復復官。[2]

[1]【今注】檻車：指用栅欄封閉的車。

[2]【李賢注】復，上音房又反。

建寧二年，[1]喪母還家，大起塋冢。督郵張儉因舉奏覽貪侈奢縱，[2]前後請奪人宅三百八十一所，田百一十八頃。起立第宅十有六區，皆有高樓池苑，堂閣相望，飾以綺畫丹漆之屬，制度重深，僭類宮省。又豫作壽冢，[3]石槨雙闕，高廡百尺，[4]破人居室，發掘墳墓。虜奪良人，妻略婦子，及諸罪釁，請誅之。而覽伺候遮截，章竟不上。儉遂破覽冢宅，籍沒資財，具言罪狀。又奏覽母生時交通賓客，干亂郡國。復不得御。[5]覽遂誣儉爲鉤黨，及故長樂少府李膺、太僕杜密等，[6]皆夷滅之。遂代曹節領長樂太僕。熹平元年，[7]有司舉奏覽專權驕奢，策收印綬，自殺。阿黨者皆免。

[1]【今注】建寧：東漢靈帝劉宏年號（168—172）。

[2]【今注】督郵：官名。漢郡重要屬吏。代表太守督察縣鄉。每郡分若干部，每部設一督郵。

[3]【李賢注】生而自爲冢，爲壽冢。

[4]【李賢注】廡，廊下周屋也。

[5]【李賢注】御，進也。

[6]【今注】長樂少府：官名。掌太后私財和生活事務。漢制，太后宮之少府（長信少府、長樂少府）雖多爲宦官，但有時也用士人。

[7]【今注】熹平：東漢靈帝劉宏年號（172—178）。

曹節字漢豐，南陽新野人也。[1]其本魏郡人，世吏二千石。[2]順帝初，以西園騎遷小黄門。桓帝時，遷中常侍，奉車都尉。建寧元年，持節將中黄門虎賁羽林千人，北迎靈帝，陪乘入宮。及即位，以定策封長安鄉侯，六百户。時竇太后臨朝，后父大將軍武與太傅陳蕃謀誅中官，[3]節與長樂五官史朱瑀、從官史共普、張亮、[4]中黄門王尊、長樂謁者騰是等十七人，[5]共矯詔以長樂食監王甫爲黄門令，將兵誅武、蕃等，事已具蕃、武傳。節遷長樂衛尉，封育陽侯，增邑三千户；甫遷中常侍，黄門令如故；瑀封都鄉侯，千五百户；普、亮等五人各三百户；餘十一人皆爲關内侯，歲食租二千斛。

[1]【今注】新野：縣名。治所在今河南新野縣。

[2]【今注】世吏：世代承襲之職位。

[3]【今注】武：竇武，字游平，扶風平陵（今陝西咸陽市西北）人。傳見本書卷六九。　太傅：官名。周置。爲朝廷的輔佐大臣與帝王之師。秦朝廢止，西漢曾兩次短復置此職，多爲虚位。東漢則長設。乙太傅爲上公。東漢時講求經術，太子宫臣中以太傅爲首。太子即位後，往往以太傅録尚書事，成爲事實上的宰相。

[4]【李賢注】共音恭。【今注】長樂五官史：官名。漢置，爲長樂宫侍衛官。

[5]【今注】長樂謁者：官名。東漢大長秋屬官，有中宫謁者二人，主報中章。

先是瑀等陰於明堂中禱皇天曰：[1]"竇氏無道，請皇天輔皇帝誅之，令事必成，天下得寧。"既誅武等，詔令太官給塞具，[2]賜瑀錢五千萬，餘各有差，後更封華容侯。二年，節病困，詔拜爲車騎將軍。有頃疾瘳，[3]上印綬，罷，復爲中常侍，位特進，秩中二千石，尋轉大長秋。

［1］【今注】明堂：漢代皇帝接受朝觀和祭祀天地諸神以及祖先的場所（參見張一兵《明堂制度源流考》，人民出版社 2007 年版）。

［2］【李賢注】塞，報祠也，音蘇代反。字當爲“賽”，通用（用，紹興本作“也”）。【今注】太官：官名。少府屬官。掌皇宫膳食及燕享之事。 塞具：古代酬神祭祀之用具。

［3］【今注】疾瘳（chōu）：病癒。

熹平元年，竇太后崩，有何人書朱雀闕，[1]言“天下大亂，曹節、王甫幽殺太后，常侍侯覽多殺黨人，公卿皆尸禄，無有忠言者”。於是詔司隸校尉劉猛逐捕，十日一會。猛以誹書言直，不肯急捕，月餘，主名不立。[2]猛坐左轉諫議大夫，[3]以御史中丞段熲代猛，[4]乃四出逐捕，及太學游生，繫者千餘人。節等怨猛不已，使熲以它事奏猛，抵罪輸左校。[5]朝臣多以爲言，乃免刑，復公車徵之。

［1］【李賢注】何人，不知何人也。【今注】朱雀闕：東漢洛陽北宫之南門。在今河南省洛陽市東北漢魏故城内。《藝文類聚》卷六二引《漢官典職》曰：“偃師去宫三十五里，望朱雀五闕、德陽殿，其上鬱律與天連。”

［2］【李賢注】不得書闕主名。

［3］【今注】諫議大夫：官名。秦代置。稱諫大夫等，掌議論。東漢改稱諫議大夫，秩六百石。

［4］【今注】御史中丞：官名。秦置。漢朝爲御史大夫的次官，或稱御史中執法，秩千石。西漢末，中丞更名御史長史，出外爲台主。光武復曰中丞，《太平御覽》卷一二引《續漢書》云：

“傳巨公拜御史中丞，與司隸校尉、尚書會同，並專席而坐，故京師號曰三獨坐。”

［5］【今注】左校：官署名。職掌兵器製造。秦始置左、右、前、後、中五校令。東漢時沿置，掌左、右工徒。凡大臣犯法，常發遣左、右校服勞役。

節遂與王甫等誣奏桓帝弟勃海王悝謀反，[1]誅之。以功封者十二人。甫封冠軍侯。節亦增邑四千六百户，并前七千六百户。父兄子弟皆爲公卿列校、牧守令長，布滿天下。節弟破石爲越騎校尉，越騎營五百妻有美色，[2]破石從求之，五百不敢違，妻執意不肯行，遂自殺。其淫暴無道，多此類也。

［1］【今注】勃海：王國名。東臨渤海，南鄰青州，北鄰幽州，都南皮縣（今河北南皮縣東北）。

［2］【李賢注】韋昭《辯釋名》曰：“五百字本爲‘伍’。伍，當也。伯，道也。使之導引當道陌中以驅除也。”案，今俗呼行杖人爲五百也。

光和二年，[1]司隸校尉陽球奏誅王甫及子長樂少府萌、沛相吉，[2]皆死獄中。時連有災異，郎中梁人審忠以爲朱瑀等罪惡所感，[3]乃上書曰：“臣聞理國得賢則安，失賢則危，故舜有臣五人而天下理，[4]湯舉伊尹不仁者遠。[5]陛下即位之初，未能萬機，皇太后念在撫育，權時攝政，[6]故中常侍蘇康、管霸應時誅殄。[7]太傅陳蕃、大將軍竇武考其黨與，志清朝政。華容侯朱瑀知事覺露，禍及其身，遂興造逆謀，作亂王室，撞蹋省闥，[8]執奪璽綬，迫脅陛下，聚會群臣，離間骨肉母子之恩，遂誅蕃、武及尹勳等。因共割裂城社，自相封賞。父子兄弟被蒙尊榮，素所親厚布在州郡，或登九列，[9]或據三司。[10]不惟祿重位尊之責，而苟營私門，多蓄財貨，繕修第舍，連里竟巷。盜取御水以作魚釣，[11]車馬服玩擬於天家。群公卿士杜口吞聲，莫敢有言。州牧郡守承順風旨，[12]辟召選舉，釋賢取愚。故蟲蝗爲之生，夷寇爲之起。天意憤盈，積十餘年。故頻歲日食於上，地震於下，所以譴戒人主，欲令覺悟，誅鉏無狀。昔高宗以雉雊之變，故獲中興之功。[13]近者神祇啓悟陛下，發赫斯之怒，故王甫父子應時馘截，[14]路人士女莫不稱善，若除父母之讎。誠怪陛下復忍孽臣之類，不悉殄滅。[15]昔秦信趙高，以危其國；吴使刑人，身遘其禍。[16]虞公抱寶牽馬，魯昭見逐乾侯，以不用宫之奇、子家駒以至滅辱。[17]今以不忍之恩，赦夷族之罪，姦謀一成，悔亦何及！臣爲郎十五年，皆耳目聞見，瑀之所爲，誠皇天所不復赦。願陛下留漏刻之聽，裁省臣表，埽滅醜類，以答天怒。與瑀考驗，有不如言，願受湯鑊之誅，妻子并徙，以絶妄言之路。”章寢不報。節遂領尚書令。四年，卒，贈車騎將軍。後瑀亦病卒，皆養子傳國。審忠字公誠，宦官誅後，辟公府。

[1]【今注】光和：東漢靈帝劉宏年號（178—184）。

[2]【今注】陽球：字方正，漁陽泉州（今天津市武清區）

人。東漢能吏，反對宦官，官至尚書令、司隸校尉、衛尉。傳見本書卷七七。清趙翼《陔餘叢考》卷五："陽球奏誅宦官王甫等，剛正嫉惡，不避權勢，自當與李固、杜喬等同傳，乃列之酷吏，可乎?"

［3］【今注】郎中：官名。帝王侍從官通稱。原爲護衛、陪從、備顧問及差遣。東漢以降，尚書的屬官，初任稱郎中，滿一年稱尚書郎，三年稱侍郎。

［4］【李賢注】五臣，謂禹、稷、契、咎陶、伯益也。

［5］【李賢注】《論語》文也。【今注】案，《論語·顏淵》：子夏曰："富哉言乎！舜有天下，選於衆，舉皋陶，不仁者遠矣。湯有天下，選於衆，舉伊尹，不仁者遠矣。"

［6］【李賢注】桓思竇后。

［7］【李賢注】《竇后傳》誅康及霸。

［8］【李賢注】撞音直江反。【今注】省闥：宫中，禁中。又稱禁闥。

［9］【今注】九列：九卿之職位。

［10］【今注】三司：三公之職位。

［11］【李賢注】水入宫苑爲御水。

［12］【今注】案，牧郡，大德本、殿本作"郡牧"。

［13］【李賢注】高宗祭，有雉升鼎耳而雊，高宗修德，殷以中興。見《尚書》也。

［14］【李賢注】《詩·魯頌》曰："在泮獻馘。"音古獲反。鄭玄注云："謂所殺者之左耳。"

［15］【李賢注】謂復任用曹節等也。

［16］【李賢注】《左傳》曰，吴伐越獲俘焉，以爲閽，使守舟。吴子餘祭觀舟，閽人以刀殺之。

［17］【李賢注】《公羊傳》曰，晉大夫荀息請以屈產之乘與垂棘之璧，假道於虞以伐虢，宫之奇諫，不聽。後晉滅虞，虞公

抱寶牽馬而至，荀息見曰："臣之謀何如？"又曰，昭公將殺季氏，告子家駒曰："季氏爲無道，僭于公室久矣。吾欲殺之，何如？"子家駒曰："諸侯僭於天子，大夫僭於諸侯，久矣，君無多辱焉。"昭公不從其言，後逐季氏，昭公奔于乾侯，遂死焉。

呂强字漢盛，河南成皋人也。[1]少以宦者爲小黄門，再遷中常侍。爲人清忠奉公。靈帝時，例封宦者，以强爲都鄉侯。强辭讓懇惻，固不敢當，帝乃聽之。因上疏陳事曰：

[1]【今注】成皋：縣名。西漢置。治所在今河南滎陽市西。

臣聞諸侯上象四七，[1]下裂王土，高祖重約非功臣不侯，所以重天爵明勸戒也。伏聞中常侍曹節、王甫、張讓等，及侍中許相，並爲列侯。節等宦官祐薄，品卑人賤，讒諂媚主，佞邪徼寵，放毒人物，疾妒忠良，有趙高之禍，未被轘裂之誅，[2]掩朝廷之明，成私樹之黨。而陛下不悟，妄授茅土，開國承家，小人是用。[3]又并及家人，重金兼紫，[4]相繼爲蕃輔。受國重恩，不念爾祖，述脩厥德，[5]而交結邪黨，下比群佞。陛下或其瑣才，[6]特蒙恩澤。又授位乖越，賢才不升，素餐私倖，必加榮擢。陰陽乖剌，稼穡荒蔬，[7]人用不康，罔不由兹。臣誠知封事已行，言之無逮，所以冒死干觸陳愚忠者，實願陛下損改既謬，從此一止。

[1]【今注】四七：指二十八星宿。本書卷六六《陳蕃傳》："夫諸侯上象四七，垂燿在天；下應分土，藩屏上國。"

[2]【李賢注】趙高指鹿爲馬，而殺胡亥。轘裂，以車裂也。

[3]【李賢注】《易》曰："開國承家，小人勿用。"【今注】案，語見《周易·師卦》。

[4]【李賢注】金印紫綬。重、兼，言累積也。

[5]【李賢注】《詩·大雅》云："無念爾祖，聿脩厥德。"聿，述也。【今注】案，語見《詩·大雅·文王》。毛亨傳："聿，述。"聿，本助詞，後多訓爲"述"，"聿脩"謂繼承發揚先人的德業。

[6]【李賢注】瑣，小也。【今注】案，或，大德本、殿本作"惑"。

[7]【李賢注】鄭玄注《周禮》云："蔬，草有實者。"【今注】案，《爾雅·釋天》："蔬不熟爲饉。"郭璞注："凡草菜可食者通名爲蔬。"

臣又聞後宮綵女數千餘人，[1]衣食之費，日數百金。比穀雖賤，而户有飢色。案法當貴而今更賤者，由賦發繁數，以解縣官，[2]寒不敢衣，飢不敢食。民有斯戹，而莫之恤。宮女無用，填積後庭，天下雖復盡力耕桑，猶不能供。昔楚女悲愁，則西宮致災，[3]況終年積聚，豈無憂怨乎！夫天生蒸民，立君以牧之。君道得，則民戴之如父母，仰之猶日月，[4]雖時有征税，猶望其仁恩之惠。《易》曰："悦以使民，民忘其勞；悦以犯難，民忘其死。"[5]儲君副主，宜諷誦斯言；南面當國，宜履行其事。[6]

[1]【今注】綵女：宫女。

[2]【李賢注】縣官調發既多，故賤糴穀以供之。【今注】縣官：此指朝廷或政府。《史記》卷五七《絳侯世家》司馬貞《索隱》："縣官謂天子也。所以謂國家爲縣官者，《夏官》王畿内縣即國都也。王者官天下，故曰縣官也。"

[3]【李賢注】《公羊傳》曰："西宫災，何以書？記災也。"何休注云："是時僖公爲齊桓公所脅，以齊媵爲嫡，楚女廢居西宫而不見恤，悲愁怨曠所生也。"【今注】案，語見《公羊傳》僖公二十年。

[4]【李賢注】《左傳》師曠對晉侯曰："君養人如子，蓋之如天，容之如地。人奉其君，愛之如父母，仰之如日月，敬之如神明，畏之如雷霆，天生人而立之君，使司牧之，勿使失其性"也。【今注】案，語見《左傳》襄公十四年。

[5]【李賢注】《易》兑卦彖辭。

[6]【李賢注】《易》曰："聖人南面，嚮明而化（化，大德本、殿本作'治'）。"杜預注《左傳》曰："當國，執政也。"【今注】案，《周易·説卦傳》曰："聖人南面而聽天下，向明而治。"

又承詔書，當於河間故國起解瀆之館。陛下龍飛即位，雖從藩國，然既處九天之高，[1]豈宜有顧戀之意。[2]且何間疏遠，解瀆邈絶，而當勞民單力，未見其便。又今外戚四姓貴倖之家，及中官公族無功德者，造起館舍，凡有萬數，樓閣連接，[3]丹青素堊，[4]雕刻之飾，不可單言。喪葬踰制，奢麗過禮，競相放效，莫肯矯拂。[5]《穀梁傳》曰："財盡則怨，力盡則懟。"[6]《尸子》

曰：[7]“君如杅，民如水，杅方則水方，杅圓則水圓。”[8]上之化下，猶風之靡草。今上無去奢之儉，下有縱欲之敝，至使禽獸食民之甘，木土衣民之帛。[9]昔師曠諫晉平公曰：“梁柱衣繡，民無褐衣；池有弃酒，士有渴死；厩馬秣粟，民有飢色。近臣不敢諫，遠臣不得暢。”此之謂也。[10]

[1]【今注】案，大德本、殿本無“既”字。

[2]【李賢注】《楚辭》曰：“圓則九重，孰孰度之（孰孰，紹興本作‘孰營’，是；大德本、殿本作‘營’）？”圓謂天也。【今注】案，靈帝劉宏之父劉萇，乃漢章帝之重孫，河間孝王劉開之孫，解瀆亭侯劉淑的兒子，其妻爲董太后。靈帝即位後，追尊父親劉萇爲孝仁皇帝，並立廟紀念。

[3]【今注】案，連，大德本、殿本作“相”。

[4]【李賢注】郭璞注《山海經》曰：“堊似土，白色，音惡。”

[5]【李賢注】矯，正也。拂，戾也，音扶弗反。

[6]【今注】案，語見《穀梁傳》莊公三十一年。

[7]【李賢注】尸子，晉人也，名佼，秦相衛鞅客也。鞅謀計，未嘗不與佼規也。商君被刑，恐并誅，乃亡逃入蜀，作書二十篇，十九篇陳道德仁義之紀，一篇言九州險阻、水泉所起也。

[8]【李賢注】杅，椀屬也，音于。字亦作盂。【今注】案，《荀子·君道》說：“槃圓而水圓，杅方而水方。”

[9]【今注】案，木土，大德本、殿本作“土木”。

[10]【李賢注】《説苑》咎犯諫晉文公之辭也。

又聞前召議郎蔡邕對問於金商門，[1]而令中常侍曹節、王甫等以詔書喻旨。邕不敢懷道迷國，而切言極對，毀刺貴臣，譏呵豎宦。陛下不密其言，至令宣露，群邪項領，膏脣拭舌，[2]競欲咀嚼。造作飛條，[3]陛下回受誹謗，[4]致邕刑罪，室家徙放，老幼流離，豈不負忠臣哉！今群臣皆以邕爲戒，上畏不測之難，下懼劍客之害，[5]臣知朝廷不復得聞忠言矣。故太尉段熲，[6]武勇冠世，習於邊事，垂髮服戎，功成皓首，[7]歷事二王，[8]勳烈獨昭。陛下既已式序，位登台司，而爲司隸校尉陽球所見誣脅，一身既斃，而妻子遠播。天下惆悵，功臣失望。宜徵邕更授任，反熲家屬，則忠貞路開，衆怨以弭矣。

[1]【今注】議郎：官名。漢置。掌顧問應對。秩比六百石。　蔡邕：字伯喈，陳留圉（今河南杞縣）人。東漢名臣。傳見本書卷六〇下。　金商門：内宫禁門。

[2]【李賢注】《毛詩》曰："駕彼四牡，四牡項領。"注云："項，大也。四牡者人所駕，今但養大其領，不肯爲用。諭大臣自恣，王不能使也。"膏脣拭舌謂欲讒毀故也。

[3]【李賢注】飛條，飛書也。【今注】飛條：匿名信。

[4]【今注】案，回，殿本作"同"。

[5]【李賢注】謂蔡邕徙朔方時，陽球使刺客追刺邕也。

[6]【今注】段熲：字紀明，武威姑臧（今甘肅武威市）人。東漢名將，破西羌，滅東羌，平定公孫舉叛亂。傳見本書卷六五。

[7]【李賢注】垂髮謂童子也。

[8]【李賢注】謂桓帝、靈帝也。【今注】案，王，紹興本、大德本、殿本作"主"，是。

帝知其忠而不能用。時帝多稸私臧，收天下之珍，每郡國貢獻，先輸中署，名爲“導行費”。[1]强上疏諫曰：

[1]【李賢注】中署，内署也。導，引也。貢獻外别有所入，以爲所獻希之導引也。

天下之財，莫不生之陰陽，歸之陛下。[1]歸之陛下，豈有公私？而今中尚方斂諸郡之寶，[2]中御府積天下之繒，[3]西園引司農之臧，[4]中厩聚太僕之馬，[5]而所輸之府，輒有導行之財。調廣民困，費多獻少，姦吏因其利，百姓受其敝。又阿媚之臣，好獻其私，容諂姑息，自此而進。

[1]【李賢注】萬物禀陰陽而生。
[2]【今注】中尚方：官署名。掌宫内營造雜作。
[3]【今注】中御府：皇室與王國私府。
[4]【今注】西園：園林名。漢朝皇家園林上林苑的别名。
[5]【今注】中厩：指宫中的車馬房。

舊典選舉委任三府，[1]三府有選，參議掾屬，咨其行狀，度其器能，[2]受試任用，責以成功。若無可察，然後付之尚書。尚書舉劾，請下廷尉，覆案虚實，行其誅罰。今但任尚書，或復敕用。如是，三公得免選舉之負，尚書亦復不坐，責賞無歸，豈肯空自苦勞乎！

[1]【今注】三府：漢制，太尉、司徒、司空三公皆可開府，因稱三公爲三府。後世因之。

[2]【李賢注】咨，謀也。

夫立言無顯過之咎，明鏡無見玭之尤。如惡立言以記過，則不當學也；不欲明鏡之見玭，則不當照也。[1]願陛下詳思臣言，不以記過見玭爲責。

[1]【李賢注】韓子曰："古人之目短於自見，故以鏡觀面。智短於自規，故以道正己。鏡無見疵之罪（疵，殿本作'玭'），道無明過之惡。目失鏡則無以正鬢眉，身失道則無以知迷惑。"玭與疵同也。【今注】案，語見《韓非子·觀行》。

書奏不省。

中平元年，[1]黄巾賊起，帝問强所宜施行。强欲先誅左右貪濁者，大赦黨人，料簡刺史、二千石能否。[2]帝納之，乃先赦黨人。於是諸常侍人人求退，又各自徵還宗親子弟在州郡者。中常侍趙忠、夏惲等遂共構强，[3]云"與黨人共議朝廷，數讀《霍光傳》。[4]强兄弟所在並皆貪穢"。帝不悦，使中黄門持兵召强。强聞帝召，怒曰："吾死，亂起矣。丈夫欲盡忠國家，豈能對獄吏乎！"遂自殺。忠、惲復譖曰："强見召未知所問，而就外草自屏，有姦明審。"[5]遂收捕宗親，没入財産焉。

[1]【今注】中平：東漢靈帝劉宏年號（184—189）。

[2]【今注】料簡：清點察看。

[3]【今注】構：誣陷，陷害。

[4]【李賢注】言其欲謀廢立也。

[5]【李賢注】外草自屏謂在外野草中自殺也。

時宦者濟陰丁肅、下邳徐衍、南陽郭耽、汝陽李巡、北海趙祐等五人稱爲清忠，[1]皆在里巷，不争威權。巡以爲諸博士試甲乙科，[2]争弟高下，[3]更相告言，至有行賂定蘭臺漆書經字，[4]以合其私文者，乃白帝，與諸儒共刻五經文於石，於是詔蔡邕等正其文字。自後五經一定，争者用息。[5]趙祐博學多覽，著作校書，諸儒稱之。又小黄門甘陵吴伉，善爲風角，[6]博達有奉公稱。知不得用，常託病還寺舍，從容養志云。

[1]【今注】汝陽：縣名。治所在今河南平輿縣郭樓鎮高平寺村（參見謝辰《汝陽故城考》，《中原文物》2015年第3期）。

[2]【今注】甲乙科：漢代考試科目名。西漢武帝時創太學，太學生每年考試一次，稱爲“歲試”。西漢末年至王莽時仍是每歲一試，改爲甲乙丙三科。東漢初又恢復了甲乙二科。漢質帝時，不分甲乙科，衹取“高第”，即最優者。

[3]【今注】案，弟，大德本、殿本作“第”。

[4]【今注】蘭臺漆書：經文標準本之名。東漢時，朝廷中五經經文都有一部標準寫本，用漆書寫藏於蘭臺，稱爲“蘭臺漆書”。漢朝時，皇宫内建有藏書的石室，作爲中央檔案典籍庫，稱爲蘭臺，由御史中丞管轄。

[5]【今注】案，指熹平石經。此乃最早的官定經書刻石，東

漢靈帝熹平四年（175）至光和六年（183）刊刻，成碑後立於洛陽城開陽門外太學。石經用隸書書寫，字體方平中規，也稱爲“一字石經”。

［6］【今注】風角：占卜之法。以五音占四方之風而定吉凶。

張讓者，潁川人；趙忠者，安平人也。[1]少皆給事省中，桓帝時爲小黄門。忠以與誅梁冀功封都鄉侯。[2]延熹八年，黜爲關中侯，食本縣租千斛。

［1］【今注】安平：郡國名。治信都縣（今河北衡水市冀州區）。東漢靈帝中平元年（184），改安平國爲安平郡。

［2］【李賢注】與音預。

靈帝時，讓、忠並遷中常侍，封列侯，與曹節、王甫等相爲表裏。節死後，忠領大長秋。讓有監奴典任家事，交通貨賂，威形諠赫。扶風人孟佗，[1]資産饒贍，與奴朋結，傾竭饋問，無所遺愛。奴咸德之，問佗曰：“君何所欲？力能辦也。”曰：“吾望汝曹爲我一拜耳。”時賓客求謁讓者，車恒數百千兩，佗時詣讓，後至，不得進，監奴乃率諸倉頭迎拜於路，[2]遂共轝車入門。[3]賓客咸驚，謂佗善於讓，皆争以珍玩賂之。佗分以遺讓，讓大喜，遂以佗爲涼州刺史。[4]

［1］【李賢注】佗音駝。

［2］【今注】案，倉，殿本作“蒼”。

［3］【今注】轝車：此指肩輿，即轎子。

［4］【李賢注】《三輔決録》注曰："佗字伯郎。以蒲陶酒一斗遺讓，讓即拜它爲涼州刺史（它，紹興本、大德本、殿本作'佗'，是）。"【今注】涼州刺史：涼州刺史部的最高官員。涼州，西漢武帝時所置十三刺史部之一，範圍相當於今甘肅、寧夏、青海東部和内蒙古額濟納旗，治姑臧縣（今甘肅武威市）。

是時讓、忠及夏惲、郭勝、孫璋、畢嵐、栗嵩、段珪、高望、張恭、韓悝、宋典十二人，皆爲中常侍，封侯貴寵，父兄子弟布列州郡，所在貪殘，爲人蠹害。黄巾既作，盜賊糜沸，郎中中山張鈞上書曰：［1］"竊惟張角所以能興兵作亂，［2］萬人所以樂附之者，其源皆由十常侍多放父兄、子弟、婚親、賓客典據州郡，辜搉財利，侵掠百姓，百姓之冤無所告訴，故謀議不軌，聚爲盜賊。宜斬十常侍，縣頭南郊，以謝百姓，又遣使者布告天下，可不須師旅，而大寇自消。"天子以鈞章示讓等，皆免冠徒跣頓首，乞自致洛陽詔獄，並出家財以助軍費。有詔皆冠履視事如故。帝怒鈞曰："此真狂子也。十常侍固當有一人善者不？"鈞復重上，猶如前章，輒寢不報。詔使廷尉、侍御史考爲張角道者，御史承讓等旨，遂誣奏鈞學黄巾道，收掠死獄中。而讓等實多與張角交通。後中常侍封諝、徐奏事獨發覺坐誅，帝因怒詰讓等曰："汝曹常言黨人欲爲不軌，皆令禁錮，或有伏誅。今黨人更爲國用，汝曹反與張角通，爲可斬未？"皆叩頭云："故中常侍王甫、侯覽所爲。"帝乃止。

［1］【今注】中山：郡國名。治盧奴縣（今河北定州市）。西漢置中山國，屢改爲郡。因其爲戰國時中山國之地，故名“中山”。

［2］【今注】張角：鉅鹿郡（今河北寧晉縣）人。以符咒治病聚衆，號太平道。靈帝時，自稱黄天，揭竿起義。徒衆皆頭裹黄巾，時稱“黄巾賊”，後由皇甫嵩討平（參見曾夫《張角》，《歷史教學》1981年第9期）。

明年，南宫災。讓、忠等説帝令斂天下田畝税十錢，以修宫室。發太原、河東、狄道諸郡材木及文石，[1]每州郡部送至京師，黄門常侍輒令譴呵不中者，因强折賤買，十分雇一，[2]因復貨之於宦官，復不爲即受，材木遂至腐積，宫室連年不成。刺史、太守復增私調，百姓呼嗟。凡詔所徵求，皆令西園騶密約敕，[3]號曰“中使”，恐動州郡，多受賕賂。刺史、二千石及茂才孝廉遷除，[4]皆責助軍修宫錢，大郡至二三千萬，餘各有差。當之官者，皆先至西園諧價，然後得去。[5]有錢不畢者，或至自殺。其守清者，乞不之官，皆迫遣之。

［1］【今注】太原：郡名。治晉陽縣（今山西太原市西南汾水東岸）。　狄道：地名。在今甘肅臨洮縣。古代爲狄人所居，故名。漢代設狄道縣，治所在今甘肅臨洮縣西南。

［2］【李賢注】雇謂讎其價也。

［3］【李賢注】騶，養馬人。

［4］【今注】茂才：即秀才。舉士科目。漢時始與孝廉並爲舉士的科名，東漢時避光武帝劉秀諱改稱“茂才”。　孝廉：漢時始與茂才並爲舉士的科名。

［5］【李賢注】諧謂平論定其價也。

時鉅鹿太守河内司馬直新除，[1]以有清名，減責三百萬。直被詔，悵然曰："爲民父母，而反割剥百姓，以稱時求，吾不忍也。"辭疾，不聽。行至孟津，上書極陳當世之失，古今禍敗之戒，即吞藥自殺。書奏，帝爲暫絶修宫錢。

［1］【今注】鉅鹿：郡名。治廮陶縣（今河北寧晉縣）。

又造萬金堂於西園，引司農金錢繒帛，[1]仞積其中。[2]又還河間買田宅，起第觀。帝本侯家，宿貧，每歎桓帝不能作家居，故聚爲私臧，復臧寄小黄門常侍錢各數千萬。常云："張常侍是我公，趙常侍是我母。"宦官得志，無所憚畏，並起第宅，擬則宫室。帝常登永安侯臺，[3]宦官恐其望見居處，乃使中大人尚但諫曰：[4]"天子不當登高，登高則百姓虚散。"自是不敢復升臺榭。[5]

［1］【今注】司農：指大司農。朝廷管理財政的官職，九卿之一。漢末以後，財政收支職權劃歸太倉尚書、度支尚書、户部尚書，大司農漸爲掌國家倉廪之官，稱司農卿。

［2］【李賢注】初（紹興本、大德本、殿本作"仞"，是），滿也。

［3］【李賢注】永安，宫也。

［4］【李賢注】尚姓，但名。【今注】中大人：漢代對老年而

有勢太監的通稱。

［5］【李賢注】《春秋潛潭巴》曰："天子無高臺榭，高臺榭，則下畔之（畔，殿本作'半'）。"蓋因此以誚帝也。

明年，遂使鉤盾令宋典繕修南宮玉堂。[1]又使掖庭令畢嵐鑄銅人四列於倉龍、玄武闕。[2]又鑄四鐘，皆受二千斛，縣於玉堂及雲臺殿前。[3]又鑄天禄蝦蟇，[4]吐水於平門外橋東，轉水入宮。又作翻車渴烏，[5]施於橋西，用灑南北郊路，以省百姓灑道之費。又鑄四出文錢，[6]錢皆四道。識者竊言侈虐已甚，形象兆見，此錢成，必四道而去。及京師大亂，錢果流布四海。復以忠爲車騎將軍，百餘日罷。

［1］【今注】宋典：宦官。東漢十常侍之一。中常侍負責管理皇帝文件和代表皇帝發布詔書，爲皇帝最爲親近之人，權勢極大。

［2］【李賢注】倉龍（倉，大德本、殿本作"蒼"），東闕。玄武，北闕。【今注】掖庭令：官名。秦後宮有永巷。西漢武帝時改爲掖庭，置掖庭令，屬少府，由宦官出任。東漢末，袁紹殺宦官，掖庭、永巷一度用士人。後世仍用宦官。　案，倉，大德本、殿本作"蒼"。

［3］【今注】玉堂：宮殿名。漢朝侍中有玉堂之署，也是待詔之處。

［4］【今注】天禄：傳説中獸名，漢代多以石雕其形以爲飾。天禄有時被歸入麒麟的範疇，有時又與辟邪被歸入貔貅之中，其形象特徵存在争議。或參見李零《論中國的有翼神獸》（《中國學術》2001 年第 1 期）。　蝦蟇：即金蟾、蟾蜍，是"辟五兵、鎮凶邪、助生長、主富貴"的吉獸，又是"得而食之，壽千歲"的神獸。

[5]【李賢注】翻車，設機車以引水。渴烏，爲曲筒，以氣引水上也。

[6]【今注】四出文錢：東漢靈帝所鑄的五銖錢。錢背有四道斜紋，由穿孔四角直達邊緣，故稱。又名四出五銖（參見洪遵《泉志·四出文錢》）。

六年，帝崩。中軍校尉袁紹説大將軍何進，[1]令誅中官以悦天下。謀泄。讓、忠等因進入省，遂共殺進。而紹勒兵斬忠，捕宦官，無少長悉斬之。讓等數十人劫質天子，走河上。追急，讓等悲哭辭曰："臣等殄滅，天下亂矣。惟陛下自愛！"皆投河而死。

[1]【今注】中軍校尉：官名。東漢靈帝設立西園八校尉，即上軍校尉、中軍校尉、下軍校尉、典軍校尉等。曹操曾任典軍校尉。

論曰：自古喪大業絶宗禋者，[1]其所漸有由矣。三世以嬖色取禍，[2]嬴氏以奢虐致災，[3]西京自外戚失祚，東都緣閹尹傾國。[4]成敗之來，先史商之久矣。[5]至於釁起宦夫，其略猶或可言。何者？刑餘之醜，理謝全生，聲榮無暉於門閥，肌膚莫傳於來體，推情未鑒其敝，即事易以取信，加漸染朝事，頗識典物，故少主憑謹舊之庸，女君資出内之命，顧訪無猜憚之心，恩狎有可悦之色。亦有忠厚平端，懷術糾邪；[6]或敏才給對，飾巧亂實；[7]或借譽貞良，先時薦譽。[8]非直苟恣凶德，止於暴横而已。然真邪並行，情貌相越，[9]故能回惑昏幼，迷瞀視聽，蓋亦有其理焉。[10]詐利既滋，朋徒日廣，直臣抗議，必漏先言之間，[11]至戚發憤，方啓專奪之隙，[12]斯忠賢所以智屈，社稷故其爲墟。《易》曰："履霜堅冰至。"云所從來久矣。今迹其所以，亦豈一朝一夕哉![13]

[1]【今注】宗禋：祭祖。

[2]【李賢注】夏以末嬉，殷以妲己，周以褒姒。

[3]【李賢注】秦始皇，嬴姓也。

[4]【今注】閹尹：太監的首領。《吕氏春秋·仲冬》："是月也，命閹尹，申宫令，審門閭，謹房室，必重閉。"高誘注："閹，宫官；尹，正也。"

[5]【李賢注】商謂商略（兩"商"字，大德本作"啇"）。

[6]【李賢注】謂吕强也。

[7]【李賢注】若良賀對順帝不舉人也。

[8]【李賢注】曹騰進邊詔、延固等也。

[9]【李賢注】越，違也。謂貌雖似忠而情實姦邪。

[10]【李賢注】瞀，亂也，音茂。

[11]【李賢注】謂蔡邕對詔，王甫、曹節竊觀之，乃宣布於外，而邕下獄也。

[12]【李賢注】謂竇武謀誅宦者，反爲宦者所殺也。

[13]【李賢注】《易》曰："非一朝一夕之故，其所由來者漸矣（漸，大德本作'斬'），由辯之不早辯也（兩'辯'字，大德本、殿本皆作'辨'）。"《易》曰："履霜堅冰至。"蓋言順也（蓋，殿本作"亦"；順，殿本作"慎"，是）。言初履霜而堅冰至者，以喻物漸而至大也。【今注】案，"亦豈一朝一夕哉"，典出《周易·坤卦》。"履霜堅冰至"，句見《周易·坤卦》。

贊曰：任失無小，過用則違。況乃巷職，遠參天機。[1]舞文巧態，作惠作威。凶家害國，夫豈異歸！[2]

[1]【李賢注】《毛詩》曰："寺人巷伯，作爲此詩。"巷職即寺人之職也。【今注】巷職：宦官。

[2]【李賢注】《尚書》曰："臣無作威作福。臣有作威作福，其害于而家，凶于而國。"又曰："爲惡不同，同歸於亂。"【今注】案，前句語出《尚書·洪範》，後句語出《尚書·蔡仲之命》，與今本語句有異。

後漢書　卷七九上

列傳第六十九上

儒林上

劉昆　洼丹　任安　楊政　張興　戴憑　孫期　歐陽歙　牟長　宋登　張馴　尹敏　周防　孔僖　楊倫

昔王莽、更始之際，[1]天下散亂，禮樂分崩，典文殘落。及光武中興，愛好經術，未及下車，而先訪儒雅，採求闕文，補綴漏逸。[2]先是四方學士多懷協圖書，[3]遁逃林藪。自是莫不抱負墳策，[4]雲會京師，范升、陳元、鄭興、杜林、衛宏、劉昆、桓榮之徒，[5]繼踵而集。於是立五經博士，[6]各以家法教授，[7]《易》有施、孟、梁丘、京氏，[8]《尚書》歐陽、大小夏侯，[9]《詩》齊、魯、韓，[10]《禮》大小戴，[11]《春秋》嚴、顏，[12]凡十四博士，太常差次總領焉。[13]

［1］【今注】王莽：傳見《漢書》卷九九。　更始：劉玄。傳見本書卷一一。

［2］【李賢注】《禮記》曰："武王克殷反商，未及下車，而封黄帝之後於薊。"

［3］【今注】案，協，大德本、殿本作"挾"。

［4］【今注】墳策：經典。墳，三墳，古代典籍名。

［5］【今注】范升：字辯卿，代郡（今河北蔚縣東北）人。傳見本書卷三六。　陳元：字長孫，蒼梧廣信（今廣西梧州市）人。傳見本書卷三六。　鄭興：字少贛，河南開封（今河南開封市）人。傳見本書卷三六。　杜林：字伯山，扶風茂陵（今陝西興平市東北）人。傳見本書卷二七。　桓榮：字春卿，沛郡龍亢（今安徽懷遠縣西北）人。傳見本書卷三七。

［6］【今注】五經博士：西漢武帝始置。參與議政、制禮、顧問應對等，掌策試官吏，在太學中教授五經之學，各置弟子員。初秩比四百石，後升比六百石。

［7］【今注】家法：漢儒授受自成一家之説的學風。（參見高海雲《漢代經學師法家法研究述論》，《社會科學動態》2019年第11期）

［8］【今注】施：施讎，字長卿，沛（今安徽濉溪縣西北）人。傳見《漢書》卷八八。　孟：孟喜，字長卿，東海蘭陵（今山東蘭陵縣西南）人。傳見《漢書》卷八八。　梁丘：梁丘賀，字長翁，琅邪諸（今山東諸城市西南）人。傳見《漢書》卷八八。　京氏：京房，字君明，東郡頓丘（今河南浚縣北）人。傳見《漢書》卷八八。

［9］【今注】歐陽：歐陽生，字和伯，千乘（今山東高青縣東南）人。傳見《漢書》卷八八。　大小夏侯：夏侯勝、夏侯建。夏侯勝字長公。二人傳見《漢書》卷七五、卷八八。

［10］【今注】齊：齊詩。轅固生始傳。轅固生傳見《漢書》

卷八八。　魯：魯詩。申培始傳。申培傳見《漢書》卷八八。　韓：韓詩。韓嬰始傳。韓嬰傳見《漢書》卷八八。大德本、殿本“韓”後有“毛”字，誤。

［11］【今注】大小戴：戴德、戴聖。事見《漢書》卷八八《孟卿傳》。

［12］【今注】嚴：嚴彭祖，字公子，東海下邳（今江蘇睢寧縣西北）人。傳見《漢書》卷八八。　顏：顏安樂，字公孫，魯國薛（今山東滕州市）人。傳見《漢書》卷八八。

［13］【今注】太常：官名。漢初名奉常，景帝時改名太常，掌宗廟禮儀。位列九卿之首，秩中二千石。　差次：分別等級或輕重次序。

建武五年，[1]乃修起太學，[2]稽式古典，[3]籩豆干戚之容，備之於列，[4]服方領習矩步者，委它乎其中。[5]

［1］【今注】建武：東漢光武帝劉秀年號（25—56）。

［2］【今注】太學：古代大學。西漢武帝時始置。東漢規模愈盛，生員衆多。（參見史錫平《漢代的太學制度》，《史學月刊》1988年第3期）

［3］【今注】稽式：取法。

［4］【李賢注】籩豆，禮器也。竹謂之籩，木謂之豆。干，盾也（盾，大德本、殿本作“楯”）。戚，鉞也。舞者所執。

［5］【李賢注】方領，直領也。委它，行貌也。委音於危反。它音以支反。【今注】方領：領角呈方形的領型，爲儒者之服的式樣。　矩步：步伐端正規矩。　委它：同“逶迤”。自得之貌。

中元元年，[1]初建三雍。[2]明帝即位，親行其禮。

天子始冠通天，[3]衣日月，[4]備法物之駕，[5]盛清道之儀，[6]坐明堂而朝群后，[7]登靈臺以望雲物，[8]袒割辟雍之上，[9]尊養三老五更。[10]饗射禮畢，[11]帝正坐自講，諸儒執經問難於前，冠帶縉紳之人，[12]圜橋門而觀聽者蓋億萬計。[13]其後復爲功臣子孫、四姓末屬别立校舍，[14]搜選高能以受其業，自期門羽林之士，[15]悉令通《孝經》章句，[16]匈奴亦遣子入學。濟濟乎，[17]洋洋乎，盛於永平矣！[18]

[1]【今注】中元：亦稱建武中元，東漢光武帝劉秀年號（56—57）。

[2]【今注】三雍：辟雍、明堂、靈臺，爲帝王舉行祭祀、典禮的地方。

[3]【李賢注】徐廣《輿服雜注》曰："天子朝，冠通天冠，高九寸，黑介幘，金薄山（薄，殿本作'博'），所常服也。"【今注】通天：天子在郊祀和宗廟中所佩戴的一種冠。

[4]【李賢注】《續漢志》曰"乘輿備文日月星辰"也。

[5]【李賢注】胡廣《漢制度》曰"天子出，有大駕、法駕、小駕。大駕則公卿奉引，大將軍驂乘，太僕御，屬車八十一乘，備千乘萬騎。法駕，公不在鹵簿，唯河南尹、執金吾、洛陽令奉引，侍中驂乘，奉車郎御，屬車三十六乘。小駕，太僕奉駕，侍御史整車騎"也。

[6]【李賢注】《漢官》曰"清道以旄頭爲前驅"也（大德本、殿本"漢官"後有"儀"字，是）。

[7]【今注】群后：公卿諸侯。

[8]【李賢注】雲物，解見《明紀》。【今注】案，本書卷二《明帝紀》："事畢，升靈臺，望元氣，吹時律，觀物變。"李賢注：

“元氣，天氣也。王者承天心，理禮樂，通上下四時之氣也，故望之焉。時律者，即《月令》‘孟春律中太蔟，仲春律中夾鍾’之類。《大戴禮》曰：‘聖人截十二管，察八音之清濁，謂之律吕。律吕不正則諸氣不和。’《周禮·保章氏》：‘以五雲之色，辨吉凶、水旱、豐荒之祲象。’鄭司農注云：‘以二至二分觀雲色，青爲蟲，白爲喪，赤爲兵荒，黑爲水，黄爲豐。故《春秋傳》曰：“凡分至啓閉必書雲物，爲備故也。”’杜預注云：‘物謂氣色災變也。’”

［9］【今注】袒割：古代天子敬老、養老之禮，袒右膊而割切牲肉。《禮記·樂記》：“食三老、五更於太學，天子袒而割牲，執醬而饋，執爵而酳。”

［10］【今注】三老五更：“老”指年老，“更”指更事，即經歷世事。古代設三老五更之位，天子以父兄之禮養之，是中國古代敬老、養老習俗的體現。三和五，一種説法指人數，一種説法指三辰五星，一種説法指三德五事。《禮記·文王世子》：“適東序，釋奠於先老，遂設三老五更群老之席位焉。”鄭玄注：“三老五更各一人也，皆年老更事致仕者也。天子以父兄養之，示天下之孝悌也。名以三五者，取象三辰五星，天所因以照明天下者。”孔穎達疏曰：“三老五更各一人，蔡邕以爲更字爲叟。叟，老稱。又以三老爲三人，五更爲五人。非鄭義也。”《禮記·樂記》：“食三老五更於大學。”鄭玄注：“三老五更，互言之耳，皆老人更知三德五事者也。”孔穎達疏：“三德謂正直、剛、柔。五事謂貌、言、視、聽、思也。”

［11］【今注】饗射禮：朝廷每年春秋二季舉行饗射禮，宴會賓客。

［12］【今注】冠帶縉紳：這裏指習於禮教的士族或貴人。

［13］【李賢注】《漢官儀》曰：“辟雍四門外有水，以節觀者。”門外皆有橋，觀者水外，故云圜橋門也。圜，遶也。

［14］【今注】四姓：指樊、郭、陰、馬四大外戚家族。本書

《明帝紀》永平九年“爲四姓小侯開立學校，置《五經》師”，李賢注：“爲外戚樊氏、郭氏、陰氏、馬氏諸子弟立學，號四姓小侯，置《五經》師。以非列侯，故曰小侯。《禮記》曰‘庶方小侯’，亦其義也。”

［15］【今注】期門：期門郎。光禄勳屬官。西漢武帝時置。掌執兵扈從護衛。　羽林：羽林郎。掌宿衛侍從。西漢武帝時置，名曰建章營騎，後更名爲羽林騎。

［16］【今注】章句：分析文字的章節與句讀（參見楊權《論章句與章句之學》，《中山大學學報》2002 年第 4 期；王寶利《再論章句與章句之學》，《社會科學論壇》2007 年第 8 期；唐元《章句學與兩漢儒學風向》，《勵耘學刊》2010 年第 1 期；駱瑞鶴《漢代經學章句發展説略》，《人文論叢》2015 年第 1 期；高海雲《漢代章句之學研究述評》，《社會科學動態》2020 年第 11 期）。

［17］【今注】濟濟：盛大有威儀貌。

［18］【今注】永平：東漢明帝劉莊年號（58—75）。

建初中，[1]大會諸儒於白虎觀，[2]考詳同異，連月乃罷。肅宗親臨稱制，[3]如石渠故事，[4]顧命史臣，著爲通義。[5]又詔高才生受《古文尚書》《毛詩》《穀梁》《左氏春秋》，雖不立學官，然皆擢高第爲講郎，[6]給事近署，所以網羅遺逸，博存衆家。孝和亦數幸東觀，[7]覽閲書林。

［1］【今注】建初：東漢章帝劉炟年號（76—84）。

［2］【今注】白虎觀：宫觀名。爲東漢都邑洛陽宫殿建築群中著名宫觀之一。故址大致在宫城西，因東漢都邑洛陽兩大宫殿群，即南宫、北宫之西門均有白虎而得名。

［3］【今注】稱制：行使天子的職權。這裏指裁決。

［4］【李賢注】石渠見《章紀》。【今注】石渠：在未央宫殿北（今陝西西安市未央區小劉寨村西南），爲西漢皇家收藏典籍之所。

［5］【李賢注】即《白武通議》是（武，大德本、殿本作"虎"）。

［6］【今注】講郎：東漢章帝時置，掌講授經籍。

［7］【今注】東觀：東漢藏書、校書、撰修國史的重要機構，興建於光武帝末或明帝初年，在洛陽南宫（參見朱桂昌《後漢洛陽東觀考》，《洛陽大學學報》1996年第1期）。

及鄧后稱制，[1]學者頗懈。時樊準、徐防並陳敦學之宜，[2]又言儒職多非其人，於是制詔公卿妙簡其選，[3]三署郎能通經術者，[4]皆得察舉。自安帝覽政，薄於藝文，博士倚席不講，[5]朋徒相視怠散，學舍頽敝，鞠爲園蔬，[6]牧兒蕘豎，[7]至於薪刈其下。順帝感翟酺之言，[8]乃更脩黌宇，[9]凡所造構二百四十房，[10]千八百五十室。試明經下第補弟子，[11]增甲乙之科員各十人，除郡國耆儒皆補郎、舍人。[12]

［1］【今注】鄧后：鄧綏。紀見本書卷一〇上。

［2］【今注】樊準：字幼陵，南陽湖陽（今河南唐河縣南）人。傳見本書卷三二。　徐防：字謁卿，沛國銍（今安徽宿州市）人。傳見本書卷四四。　敦學：勤勉學習。

［3］【今注】妙簡：精心選擇。

［4］【今注】三署郎：即光禄勳（郎中令）屬官五官中郎將和左、右中郎將三署所屬的郎官，包括中郎、議郎、侍郎、郎中等。

［5］【李賢注】《禮記》曰："凡侍坐於大司成者，遠近間三

席。”又曰：“若非飲食之客則布席，席間函丈。”注云：“謂講問客也。”倚席言不施講坐也。

［6］【李賢注】《詩·小雅》曰：“鞫爲茂草。”注云：“鞫，窮也。”【今注】鞫：窮困。

［7］【今注】蕘豎：割草的人。

［8］【今注】翟酺：字子超，廣漢雒（今四川廣漢市東）人。傳見本書卷四八。

［9］【李賢注】《説文》曰：“黌，學也。”黌與横同。【今注】黌（hóng）：古代學校的稱呼。

［10］【今注】案，房，紹興本作“居”。

［11］【今注】明經：漢代選舉制度。指通曉經學。西漢武帝尊崇儒術，多補博士、議郎。東漢章帝元和二年（85）始令郡國舉通曉經學者，凡郡國人口十萬以上者舉五人，十萬以下舉三人。質帝本初元年（146）定年五十以上，七十以下。　下第：下等。

［12］【今注】舍人：太子舍人。秦置漢承，掌東宫宿衞，似郎中，秩二百石，無員額。

本初元年，[1]梁太后詔曰：[2]“大將軍下至六百石，[3]悉遣子就學，每歲輒於鄉射月一饗會之，以此爲常。”[4]自是遊學增盛，至三萬餘生。然章句漸疏，而多以浮華相尚，儒者之風蓋衰矣。黨人既誅，其高名善士多坐流廢，後遂至忿争，更相言告，[5]亦有私行金貨，定蘭臺桼書經字，[6]以合其私文。熹平四年，[7]靈帝乃詔諸儒正定五經，刊於石碑，爲古文、篆、隸三體書法以相參檢，樹之學門，[8]使天下咸取則焉。

［1］【今注】本初：東漢質帝劉纘年號（146）。本，大德本誤

作“太”。

［2］【今注】梁太后：梁妠。紀見本書卷一〇下。

［3］【今注】大將軍：官名。戰國時設，兩漢因之。地位因人而異，與三公相上下，與丞相相當。自西漢武帝時起領録尚書事，外主征戰，内秉國政，權勢超過丞相。東漢多以貴戚擔任，位在三公之上。　六百石：指秩六百石的官員，主要包括中央機構諸令、長，以及地方上的郡丞、縣令等官員。

［4］【李賢注】《漢官儀》曰："春三月，秋九月，習鄉射禮，禮生皆使太學學生。"

［5］【今注】言告：訴訟。

［6］【今注】蘭臺：漢代宫中藏書的地方。後設蘭臺令史，掌管書奏。　桼書：漆書。指先秦保留下來的古文字經典。

［7］【今注】熹平：東漢靈帝劉宏年號（172—178）。

［8］【李賢注】古文謂孔子壁中書。篆書，秦始皇使程邈所作也。隸書亦程邈所獻也，主於徒隸，從簡易也。《謝承書》曰："碑立大學門外（大，大德本、殿本作‘太’），瓦屋覆之，四面欄障，開門於南，河南郡設吏卒視之。"楊龍驤《洛陽記》載朱超石與兄書云："石經文都似碑，高一丈許，廣四尺，駢羅相接。"【今注】案，熹平石經共刻《魯詩》《尚書》《周易》《春秋》《公羊傳》《儀禮》《論語》七經，皆爲隸書，非"古文、篆、隸三體"。案，惠棟《後漢書補注》引趙明誠《金石録》曰："稱爲古文篆隸三體者，非也。蓋邕所書乃八分，而三體石經乃魏時所建也"。

初，光武遷還洛陽，其經牒祕書載之二千餘兩，[1]自此以後，參倍於前。及董卓移都之際，[2]吏民擾亂，自辟雍、東觀、蘭臺、石室、宣明、鴻都諸藏典策文章，[3]競共剖散，其縑帛圖書，[4]大則連爲帷蓋，小乃制爲縢囊。[5]及王允所收而西者，[6]裁七十餘乘，道路艱遠，復弃其半矣。後長安之亂，一時焚蕩，莫不泯盡焉。

[1]【今注】經牒：這裏指經典書籍。　兩：通“輛”。

[2]【今注】董卓：字仲穎，隴西臨洮（今甘肅岷縣）人。傳見本書卷七二。

[3]【今注】石室：漢代宫中藏書處。　宣明：殿名。在北宫。

[4]【今注】縑帛：質地細薄的絲織品。

[5]【李賢注】縢亦幐也，音徒恒反。《説文》曰：“幐，囊也。”

[6]【今注】王允：字子師，太原祁（今山西祁縣）人。傳見本書卷六六。

東京學者猥衆，[1]難以詳載，今但録其能通經名家者，以爲《儒林篇》。其自有列傳者，則不兼書。若師資所承，[2]宜摽名爲證者，[3]乃著之云。

[1]【今注】東京：指東漢。　猥衆：衆多。

[2]【李賢注】《老子》曰：“善人者，不善人之師也。不善人者，善人之資也。”故因曰師資。

[3]【今注】案，摽，紹興本、大德本、殿本作“標”。

《前書》云：[1]田何傳《易》授丁寬，[2]丁寬授田王孫，王孫授沛人施讎、東海孟喜、琅邪梁丘賀，[3]由是《易》有施、孟、梁丘之學。又東郡京房受《易》於梁國焦延壽，[4]别爲京氏學。又有東萊費直，[5]傳

《易》，授琅邪王横，爲費氏學。[6]本以古字，號古文《易》。又沛人高相傳《易》，授子康及蘭陵毋將永，爲高氏學。[7]施、孟、梁丘、京氏四家皆立博士，費、高二家未得立。

[1]【今注】前書：指班固《漢書》，本篇所述《漢書》内容多出自卷八八《儒林傳》。

[2]【李賢注】《前書》寬字子襄。

[3]【李賢注】《前書》讎字長卿（殿本無“長”字），喜字長卿，賀字長翁。【今注】沛：郡名。西漢高帝改泗水郡置，治相縣（今安徽濉溪縣西北）。　東海：郡名。治郯縣（今山東郯城縣北）。

[4]【李賢注】《前書》延壽名贛。【今注】東郡：治濮陽縣（今河南濮陽市華龍區西南）。　梁國：都睢陽縣（今河南商丘市睢陽區）。

[5]【李賢注】《前書》直字長翁。【今注】東萊：郡名。治掖縣（今山東萊州市）。

[6]【李賢注】《前書》“横”作“璜”，字平仲。

[7]【李賢注】毋將姓也，毋讀曰無。【今注】蘭陵：縣名。治所在今山東蘭陵縣西南。

劉昆字桓公，陳留東昏人，[1]梁孝王之胤也。[2]少習容禮。[3]平帝時，受《施氏易》於沛人戴賓。能彈雅琴，知清角之操。[4]王莽世，教授弟子恒五百餘人。每春秋饗射，常備列典儀，以素木瓠葉爲俎豆，桑弧蒿矢，以射“菟首”。[5]每有行禮，縣宰輒率吏屬而觀之。[6]王莽以昆多聚徒衆，私行大禮，有僭上心，乃繫昆及家屬於外黄獄。[7]尋莽敗得免。既而天下大亂，昆避難河南負犢山中。[8]建武五年，舉孝廉，[9]不行，遂逃，教授於江陵。[10]光武聞之，即除爲江陵令。時縣連年火灾，昆輒向火叩頭，多能降雨止風。徵拜議郎，[11]稍遷侍中、弘農太守。[12]先是崤黽驛道多虎灾，[13]行旅不通。昆爲政三年，仁化大行，虎皆負子度河。帝聞而異之。二十二年，徵代杜林爲光禄勳。[14]詔問昆曰："前在江陵，反風滅火，後守弘農，虎北度河，行何德政而致是事？"昆對曰："偶然耳。"左右皆笑其質訥。帝歎曰："此乃長者之言也。"顧命書諸策。乃令入授皇太子及諸王小侯五十餘人。二十七年，拜騎都尉。[15]三十年，以老乞骸骨，詔賜洛陽第舍，以千石禄終其身。[16]中元二年卒。子軼，字君文，傳昆業，門徒亦盛。永平中，爲太子中庶子。[17]建初中，稍遷宗正，[18]卒官，遂世掌宗正焉。

[1]【李賢注】東昏屬陳留郡，東緡屬山陽郡，諸本作"緡"者誤。【今注】陳留：郡名。治陳留縣（今河南開封市東南）。東昏：縣名。治所在今河南蘭考縣東北。

[2]【今注】梁孝王：劉武。西漢文帝子，竇皇后所生。景帝中元六年（前144）薨。傳見《漢書》卷四七。　胤：後代。

[3]【李賢注】容，儀也。《前書》魯徐生善爲容，孝文時，以容爲禮官大夫。

[4]【李賢注】劉向《别録》曰："雅琴之意，事皆出龍德《諸琴雜事》中。"《前書·蓺文志》曰："雅琴，龍氏名德，趙氏名定。"《韓子》曰："師曠對晉平公曰：'昔黄帝合鬼神，駕象

車，交龍畢，方並轄，蚩尤居前，風伯進埽，雨師灑道，作爲清角。今君德薄，不足以聽之。’”【今注】清角：惠棟《後漢書補注》：“雅琴中有少宫清角諸聲也。《管子》曰：‘凡聽角如雉登木以鳴，音疾以清。’許慎《淮南子注》曰：‘清角，弦急其聲清也。’王充曰：‘白雪與清角同曲而異名，清角木音也。’”

［5］【李賢注】《詩·小雅·瓠葉》詩《序》曰：“刺幽王弃禮而不能行，故思古之人，不以微薄廢禮焉。”《詩》曰：“幡幡瓠葉，采之亨之。君子有酒，酌言嘗之。有菟斯首，炰之燔之。君子有酒，酌言獻之。”昆懼禮之廢，故引以瓠葉爲俎實，射則歌“菟首”之詩而爲節也。

［6］【今注】縣宰：縣長。

［7］【今注】外黄：縣名。治所在今河南蘭考縣東南。

［8］【李賢注】《郡國志》河南郡有負犢山。【今注】河南：郡名。治洛陽縣（今河南洛陽市東北漢魏故城）。

［9］【今注】孝廉：漢朝選拔舉薦人才的科目之一。孝指孝悌，廉指廉潔。漢制，每年郡國從所屬吏民中推舉孝、廉各一人。東漢和帝時始以人口爲標準，每二十萬人歲舉孝廉一人。

［10］【今注】江陵：縣名。治所在今湖北荆州市荆州城西北。

［11］【今注】議郎：官名。秦置漢承。掌顧問應對，參與議政。不入直宿衛。漢九卿之一光禄勳（郎中令）屬官。秩比六百石。

［12］【今注】侍中：秦始置。西漢時爲加官，無員，凡官員加此頭銜即可入禁中，親近皇帝。初掌雜務，後漸與聞朝政、贊導衆事、顧問應對，與公卿大臣論辯，平議尚書奏事，爲中朝要職。本書《百官志三》：“侍中，比二千石。本注曰：無員。掌侍左右，贊導衆事，顧問應對。法駕出，則多識者一人參乘，餘皆騎在乘輿車後。本有僕射一人，中興轉爲祭酒，或置或否。”　弘農：郡名。治弘農縣（今河南靈寶市北）。

［13］【今注】崤黽：崤澠。爲崤山、澠池間東西交通要隘，在今河南三門峽市陝州區東南、澠池縣西。《國語·周語中》："晉人敗諸崤。"徐元誥《集解》："崤，山名，或謂之崤澠，或謂之崤塞，《水經注》因崤有盤崤、石崤、千崤，謂之'三崤'，《讀史方輿紀要》因崤有二陵，謂之'二崤'。今河南澠池縣亦以崤澠名，山在今河南永寧縣北六十里。"

［14］【今注】光禄勳：秦時稱郎中令，漢因之，武帝時更名光禄勳，掌宫掖門户。秩中二千石，位列九卿。本書《百官志二》："光禄勳，卿一人，中二千石。本注曰：掌宿衛宫殿門户，典謁署郎更直執戟，宿衛門户，考其德行而進退之。郊祀之事，掌三獻。"

［15］【今注】騎都尉：西漢武帝置建章營騎，後更名爲羽林騎。宣帝令中郎將、騎都尉監羽林。掌監羽林騎。秩比二千石，名義上隸屬於光禄勳，無常員。

［16］【今注】案，《太平御覽》卷二二九引《東觀漢記》："昆老退位，以二千石禄終其身。"

［17］【今注】太子中庶子：官名。職如侍中，掌侍左右，贊導衆事，顧問應對。太子少傅屬官，員五人，秩六百石。

［18］【今注】宗正：官名。秦置，西漢沿置，職掌管理皇族及外戚事務。例由宗室成員擔任。位列九卿，秩中二千石。本書《百官志三》："宗正，卿一人，中二千石。本注曰：掌序録王國嫡庶之次及諸宗室親屬遠近，郡國歲因計上宗室名籍。若有犯法當髡以上，先上諸宗正，宗正以聞，乃報決。丞一人，比千石。"

洼丹字子玉，[1]南陽育陽人也。[2]世傳《孟氏易》。王莽時，常避世教授，專志不仕，徒衆數百人。建武初，爲博士，稍遷，十一年，爲大鴻臚。[3]作《易通論》七篇，世號《洼君通》。丹學義研深，《易》家宗之，稱爲大儒。十七年，卒於官，年七十。時中山觟陽鴻，字孟孫，[4]亦以《孟氏易》教授，有名稱，永平中爲少府。[5]

［1］【李賢注】《風俗通》“洼”音“圭”。

［2］【今注】南陽：郡名。治宛縣（今河南南陽市卧龍區）。育陽：縣名。也作“淯陽”。治所在今河南南陽市宛城區瓦店鎮。

［3］【今注】大鴻臚：官名。秦置典客，掌諸歸義蠻夷。漢景帝中更名大行令，武帝太初元年（前104）更名大鴻臚。成帝河平元年（前28）罷典屬國併大鴻臚。王莽時改稱典樂。東漢復稱大鴻臚。九卿之一，秩中二千石。本書《百官志二》：“大鴻臚，卿一人，中二千石。本注曰：掌諸侯及四方歸義蠻夷。其郊廟行禮，贊導，請行事，既可，以命群司。諸王入朝，當郊迎，典其禮儀。及郡國上計，匡四方來，亦屬焉。皇子拜王，贊授印綬。及拜諸侯、諸侯嗣子及四方夷狄封者，臺下鴻臚召拜之。王薨則使弔之，及拜王嗣。”

［4］【李賢注】姓觟陽，名鴻也。觟音胡瓦反。其字從“角”，字或作“鮭”（殿本“角”後無“字”字）。從“魚”者，音胡佳反。【今注】中山：諸侯王國名。治盧奴縣（今河北定州市）。

［5］【今注】少府：漢承秦置。掌帝室財政。列位九卿，秩中二千石。本書《百官志三》：“少府，卿一人，中二千石。本注曰：掌中服御諸物，衣服寶貨珍膳之屬。”

任安字定祖，廣漢綿竹人也。[1]少遊太學，受《孟氏易》，兼通數經。又從同郡楊厚學圖讖，[2]究極其術。時人稱曰：“欲知仲桓問任安。”又曰：“居今行古任定祖。”學終，還家教授，諸生自遠而至。初仕州郡。後太尉再辟，[3]除博士，公車徵，[4]皆稱疾不就。[5]州牧劉焉表薦之，[6]時王塗隔塞，[7]詔命竟不至。年七十九，建安七年，[8]卒于家。

［1］【今注】廣漢：郡名。西漢時治梓潼縣（今四川梓潼縣）。東漢安帝永初二年（108）移治涪縣（今四川綿陽市東），又徙治雒縣（今四川廣漢市）。　綿竹：縣名。治所在今四川德陽市北。

［2］【今注】楊厚：字仲桓，廣漢新都（今四川成都市新都區）人。傳見本書卷三〇上。　圖讖：即“讖書”。一種隱語或預言，作爲吉凶的符驗，也常爲王者膺受“天命”的徵兆。本書卷一《光武帝紀上》：“宛人李通等，以圖讖説光武云劉氏復起，李氏爲輔。”唐李賢注：“圖，讖者，驗也；讖，符命之書。讖，驗也。言爲王者受命之徵驗也。”有些附圖的讖書也稱爲“圖讖”。

［3］【今注】太尉：官名。東漢光武帝建武二十七年（51）改大司馬置，秩萬石，爲三公之首。本書《百官志一》：“太尉，公一人。本注曰：掌四方兵事功課，歲盡即奏其殿最而行賞罰。凡郊祀之事，掌亞獻。大喪則告謚南郊。凡國有大造大疑，則與司徒、司空通而論之。國有過事，則與二公通諫争之。”

［4］【今注】公車：本爲漢代官署名，設公車令，掌管宫殿中車馬警衛等事。本書《百官志二》：“公車司馬令一人，六百石。本注曰：掌宫南闕門，凡吏民上章，四方貢獻，及徵詣公車者。”

［5］【今注】案，惠棟《後漢書補注》引《高士傳》：“安不營名利，時人稱安曰：‘任孔子’，連辟不就。建安中讀《史記·魯連傳》，歎曰：‘性以潔白爲治，情以得志爲樂。性治情得，體道而不憂。彼弃我取，與時而無争。’遂終身不仕，時人號曰‘任徵君’云。”

［6］【今注】州牧：官名。西漢武帝時分全國爲十三州部，各置刺史監察諸郡，秩六百石。成帝綏和元年（前8）更名州牧，秩二千石，位次九卿。哀帝建平二年（前5）復舊稱。元壽二年（前

1）又改州牧。東漢復置刺史，逐漸演變爲州一級行政長官。靈帝中平五年（188）天下紛亂，劉焉以刺史威輕，建議改制州牧，選重臣以居其位。靈帝從之。州牧掌全州軍政大權，地位高於郡守。劉焉：字君郎，江夏竟陵（今湖北潛江市西北）人。傳見本書卷七五。

［7］【今注】王塗：王道。

［8］【今注】建安：東漢獻帝劉協年號（196—220）。

楊政字子行，京兆人也。[1]少好學，從代郡范升受《梁丘易》，[2]善説經書。京師爲之語曰："説經鏗鏗楊子行。"[3]教授數百人。范升嘗爲出婦所告，坐繫獄，政乃肉袒，[4]以箭貫耳，抱升子潛伏道傍，候車駕，而持章叩頭大言曰："范升三娶，唯有一子，今適三歲，孤之可哀。"武騎虎賁懼驚乘輿，[5]舉弓射之，猶不肯去；旄頭又以戟叉政，[6]傷胸，政猶不退。哀泣辭請，有感帝心，詔曰："乞楊生師。"[7]即尺一出升。[8]政由是顯名。爲人嗜酒，不拘小節，果敢自矜，然篤於義。時帝壻梁松，[9]皇后弟陰就，[10]皆慕其聲名，而請與交友。政每共言論，常切磋懇至，[11]不爲屈撓。嘗詣楊虚侯馬武，[12]武難見政，稱疾不爲起。政入户，徑升牀排武，[13]把臂責之曰："卿蒙國恩，備位藩輔，不思求賢以報殊寵，而驕天下英俊，此非養身之道也。今日動者刀入脅。"武諸子及左右皆大驚，以爲見劫，操兵滿側，政顔色自若。會陰就至，責數武，令爲交友。其剛果任情，皆如此也。建初中，官至左中郎將。[14]

［1］【今注】京兆：京兆尹。三輔之一，治長安縣（今陝西西安市西北）。

［2］【今注】代郡：治所在今河北蔚縣東北。

［3］【今注】鏗鏗：形容言語明確響亮。

［4］【今注】肉袒：解衣露出上身，常用來表示請罪、投降。

［5］【今注】虎賁：漢朝時屬中央禁衛軍。原名期門，武帝置，平帝元始元年（1）更名虎賁郎，由虎賁中郎將率領，職掌宿衛，禁衛皇宫。

［6］【今注】旄頭：先驅騎兵。

［7］【李賢注】乞讀曰氣。

［8］【今注】尺一：天子詔書。皇帝的詔板長一尺一寸，故稱。

［9］【今注】梁松：字伯孫，安定烏氏（今寧夏固原市東南）人。傳見本書卷三四。

［10］【今注】陰就：南陽新野（今河南新野縣）人。東漢光武帝陰皇后弟。封信陽侯。善結交，性剛傲，不得衆譽。明帝時爲少府，位特進。永平二年（59）以子豐殺妻酈邑公主，當連坐，乃自殺。

［11］【今注】案，瑳，殿本作“磋”，同。

［12］【今注】馬武：字子張，南陽湖陽（今河南唐河縣西南）人。傳見本書卷二二。

［13］【今注】排：推。

［14］【今注】左中郎將：官名。漢置。掌宫殿宿衛侍從。屬光禄勳，秩比二千石。本書《百官志二》載：“左中郎將，比二千石。本注曰：主左署郎。”

張興字君上，潁川鄢陵人也。[1]習《梁丘易》以教授。建武中，舉孝廉爲郎，謝病去，復歸聚徒。後辟司徒馮勤府,[2]勤舉爲孝廉，稍遷博士。永平初，遷侍中祭酒。[3]十年，拜太子少傅。[4]顯宗數訪問經術。[5]既而聲稱著聞，弟子自遠至者，著録且萬人，爲梁丘家宗。[6]十四年，卒於官。子魴，傳興業，位至張掖屬國都尉。[7]

[1]【今注】潁川：郡名。治陽翟縣（今河南禹州市）。　鄢陵：縣名。治所在今河南鄢陵縣西北。

[2]【今注】司徒：官名。西周始置，西漢哀帝罷丞相置大司徒。東漢光武建武二十七年（51），去“大”，稱司徒。掌民政，凡教民孝悌、遜順、謙儉、養生送死之事，則議其制，建其度，與太尉、司空並列“三公”。本書《百官志一》：“司徒，公一人。本注：掌人民事。”　馮勤：字偉伯，魏郡繁陽（今河南内黄縣）人。傳見本書卷二六。

[3]【今注】侍中祭酒：官名。西漢置侍中僕射，東漢改置祭酒，爲侍中之長，不常置。本書《百官志三》：“侍中，比二千石。本注曰：無員。掌侍左右，贊導衆事，顧問應對。法駕出，則多識者一人參乘，餘皆騎在乘輿車後。本有僕射一人，中興轉爲祭酒，或置或否。”

[4]【今注】太子少傅：官名。漢置。掌保養、輔翼、教育、監護太子。東漢太子少傅除輔導太子外，還統管太子官屬。秩二千石。

[5]【今注】顯宗：東漢明帝劉莊，公元 57 年至 75 年在位。顯宗是其廟號。紀見本書卷二。

[6]【李賢注】著於籍録。

[7]【今注】張掖：郡名。治觻得縣（今甘肅張掖市西北）。　屬國都尉：官名。西漢武帝置屬國於西北邊郡，安置内附少數民族，設都尉主之，掌民政軍事，兼掌戍衛邊塞。秩比二千石。宣帝

以後，屬國或增置，或廢罷，兼安置羌族。東漢西北、東北、西南等邊境地區皆置，多從諸郡中分以安置降附，内屬匈奴、胡、羌等少數民族。屬官又或設長史、主簿等員。

戴憑字次仲，汝南平輿人也。[1]習《京氏易》。年十六，郡舉明經，徵試博士，拜郎中。[2]時詔公卿大會，群臣皆就席，憑獨立。光武問其意。憑對曰："博士説經皆不如臣，而坐居臣上，是以不得就席。"帝即召上殿，令與諸儒難説，憑多所解釋。帝善之，拜爲侍中，數進見問得失。帝謂憑曰："侍中當匡補國政，勿有隱情。"憑對曰："陛下嚴。"帝曰："朕何用嚴？"憑曰："伏見前太尉西曹掾蔣遵，[3]清亮忠孝，學通古今，陛下納膚受之訴，遂致禁錮，[4]世以是爲嚴。"帝怒曰："汝南子欲復黨乎？"憑出，自繫廷尉，[5]有詔勑出。後復引見，憑謝曰："臣無謇諤之節，[6]而有狂瞽之言，不能以尸伏諫，[7]偷生苟活，誠慙聖朝。"帝即勑尚書解遵禁錮，[8]拜憑虎賁中郎將，[9]以侍中兼領之。正旦朝賀，[10]百僚畢會，帝令群臣能説經者更相難詰，義有不通，輒奪其席以益通者，憑遂重坐五十餘席。故京師爲之語曰："解經不窮戴侍中。"在職十八年，卒於官，詔賜東園梓器，[11]錢二十萬。時南陽魏滿字叔牙，亦習《京氏易》，教授。永平中，至弘農太守。

[1]【今注】汝南：郡名。治平輿縣（今河南平輿縣北）。

[2]【今注】郎中：官名。漢承秦置。西漢有車、户、騎三

將，内充侍衛，外從作戰。東漢罷郎中三將，遂分隸五官、左、右中郎將三署，備宿衛，充車騎。屬光禄勳，比三百石。

［3］【今注】西曹掾：太尉屬官，東、西曹掾比四百石，其餘掾比三百石，統稱“公府掾”。

［4］【李賢注】《論語》孔子曰：“膚受之訴。”注云（云，大德本誤作“大”）：“謂受人之訴辭，皮膚之不深知其情核也。”

［5］【今注】廷尉：官名。漢承秦置，西漢景帝時更名爲大理，武帝時復爲廷尉，哀帝復更名爲大理，王莽時更名爲作士。掌管刑獄，九卿之一，秩中二千石。本書《百官志二》：“廷尉，卿一人，中二千石。本注曰：掌平獄，奏當所應。凡郡國讞疑罪，皆處當以報。”

［6］【今注】謇諤：直言。

［7］【李賢注】《韓詩外傳》曰：“昔衛大夫史魚病且死，謂其子曰：‘我數知蘧伯玉之賢而不能進，彌子瑕不肖而不能退，死不當居喪正堂，殯我於側室足矣。’衛君問其故，子以父言聞於君，君乃召蘧伯玉而貴之，彌子瑕退之，徙殯於正堂，成禮而後去。”

［8］【今注】尚書：官名。東漢尚書臺六曹，每曹設尚書一人，分别負責本曹事務。秩六百石。本書《百官志三》：“尚書六人，六百石。本注曰：成帝初置尚書四人，分爲四曹：常侍曹尚書主公卿事；二千石曹尚書主郡國二千石事；民曹尚書主凡吏上書事；客曹尚書主外國夷狄事。世祖承遵，後分二千石曹，又分客曹爲南主客曹、北主客曹，凡六曹。”

［9］【今注】虎賁中郎將：官名。西漢武帝時置期門，平帝時更名虎賁，置虎賁中郎將統領。東漢時主虎賁宿衛。光武帝、明帝時常以侍中兼領之，其後多以貴戚充任，或領兵出征。隸屬光禄勳，秩比二千石。屬官有左右僕射、左右陛長各一人，比六百石。

［10］【今注】正旦：農曆正月一日。

［11］【今注】東園梓器：東園祕器。皇室、高官葬具。《漢書》卷六八《霍光傳》："東園温明。" 服虔注曰："東園處此器，形如方漆桶，開一面，漆畫之，以鏡置其中，以懸屍上，大斂并蓋之。"

孫期字仲或，[1]濟陰成武人也。[2]少爲諸生，習《京氏易》《古文尚書》。家貧，事母至孝，牧豕於大澤中，以奉養焉。遠人從其學者，皆執經壟畔以追之，[3]里落化其仁讓。[4]黄巾賊起，[5]過期里陌，相約不犯孫先生舍。郡舉方正，[6]遣吏齎羊酒請期，[7]期驅豕入草不顧。司徒黄琬特辟，[8]不行，終於家。

［1］【今注】案，周天游《八家後漢書輯注》輯謝承《後漢書》："孫期字仲式。" 惠棟《後漢書補注》指出《經典釋文序録》"或" 作 "奇"。

［2］【今注】濟陰：郡名。治定陶縣（今山東菏澤市定陶區西北）。　成武：縣名。治所在今山東成武縣。

［3］【今注】壟畔：田邊。

［4］【今注】里落：村落；里巷。

［5］【今注】黄巾賊：對東漢末太平道首領張角於靈帝中發動農民起義的蔑稱。因起義軍皆以黄巾裹頭，故稱。

［6］【今注】方正：漢代選拔官吏的科目之一。文帝前元二年（前178），詔舉賢良方正能直言極諫者。方正，指處事正直。

［7］【今注】齎（jī）：贈。

［8］【今注】黄琬：字子琰，江夏安陸（今湖北雲夢縣）人。傳見本書卷六一。

建武中，范升傳《孟氏易》，[1]以授楊政，而陳元、鄭衆皆傳《費氏易》，[2]其後馬融亦爲其傳。[3]融授鄭玄，[4]玄作《易注》，[5]荀爽又作《易傳》，[6]自是費氏興，而京氏遂衰。

[1]【今注】案，錢大昭《後漢書辨疑》："'孟氏'當作'梁丘'。《范升傳》云：'及長習《梁丘易》'又上疏云：'臣與博士梁恭山、陽太守吕羌俱修《梁丘易》'。《楊政傳》亦云，'從范升受《梁丘易》'。漢儒師法各不相謀，此云'傳《孟氏易》'，傳寫之譌也。"

[2]【今注】鄭衆：字仲師，河南開封（今河南開封市）人。傳見本書卷三六。

[3]【今注】馬融：字季長，扶風茂陵（今陝西興平市東北）人。傳見本書卷六〇上。

[4]【今注】鄭玄：字康成，北海高密（今山東高密市西南）人。傳見本書卷三五。

[5]【今注】案，玄，大德本誤作"不"。

[6]【今注】荀爽：字慈明，潁川潁陰（今河南許昌市）人。傳見本書卷六二。

《前書》云：濟南伏生[1]傳《尚書》，授濟南張生及千乘歐陽生，[2]歐陽生授同郡兒寬，[3]寬授歐陽生之子，世世相傳，至曾孫歐陽高，[4]爲《尚書》歐陽氏學；張生授夏侯都尉，[5]都尉授族子始昌，始昌傳族子勝，爲大夏侯氏學；勝傳從兄子建，建别爲小夏侯氏學：三家皆立博士。又魯人孔安國傳《古文尚書》，授都尉朝，[6]朝授膠東庸譚，[7]爲《尚書》古文學，未得立。

[1]【李賢注】名勝。【今注】濟南：郡名。治東平陵縣（今山東濟南市章丘區）。

[2]【李賢注】《前書》字和伯（和伯，殿本作"伯和"）。【今注】千乘：縣名。治所在今山東高青縣東南。

[3]【今注】兒寬：傳見《漢書》卷五八。

[4]【李賢注】高字子陽。

[5]【李賢注】都尉名。

[6]【李賢注】姓都尉名朝。

[7]【今注】膠東：郡國名。治即墨縣（今山東平度市東南）。漢初屬齊國，文帝前元十六年（前164）改置膠東國。景帝前元三年（前154）除爲郡。景帝四年，分置東萊郡，改膠東郡爲膠東國。

歐陽歙字正思，樂安千乘人也。[1]自歐陽生傳伏生《尚書》，至歙八世，皆爲博士。[2]歙既傳業，而恭謙好禮讓。王莽時，爲長社宰。[3]更始立，爲原武令。[4]世祖平河北，到原武，見歙在縣脩政，遷河南都尉，[5]後行太守事。世祖即位，始爲河南尹，[6]封被陽侯。[7]建武五年，坐事免官。明年，拜揚州牧，[8]遷汝南太守。[9]推用賢俊，政稱異迹。[10]九年，更封夜侯。[11]歙在郡，教授數百人，視事九歲，徵爲大司徒。坐在汝南臧罪千餘萬發覺下獄。[12]諸生守闕爲歙求哀者千餘人，至有自髡剔者。[13]平原禮震，[14]年十七，聞獄當斷，馳之京師，行到河内獲嘉縣，[15]自繫，上書求代歙死。曰："伏見臣師大司徒歐陽歙，學爲儒宗，八世博士，而以臧咎當伏重辜。歙門單子幼，未能傳學，身死之後，永爲廢絶，上令陛下獲殺賢之譏，下使學者喪師資之益。乞殺臣身以代歙命。”[16]書奏，而歙已死獄中。歙掾陳元上書追訟之，言甚切至，帝乃賜棺木，贈印綬，賻縑三千匹。[17]子復嗣。復卒，[18]無子，國除。濟陰曹曾字伯山，從歙受《尚書》，門徒三千人，位至諫議大夫。[19]子祉，河南尹，傳父業教授。又陳留陳弇，字叔明，亦受歐陽尚書於司徒丁鴻，[20]仕爲蘄長。[21]

[1]【今注】樂安：王國名。此當爲千乘郡。治千乘縣（今山東高青縣東北）。案，曹金華《後漢書稽疑》："據《和帝紀》《郡國志》與《章帝八王傳》，樂安國本千乘郡，和帝永元七年改名樂安，歐陽歙建武十五年死，不當謂樂安人也。"

[2]【今注】惠棟《後漢書補注》引《歐陽氏譜》曰："歐陽欽字子敬，生三子，曰容，曰述，曰興，同受業於伏生。容爲博士，生子曰巨，巨生遠，遠生高，高生仲仁，仲仁生地餘，地餘生政，政生歙。歐陽修曰：'漢氏以歙爲和伯八世孫，今譜無生而有容，疑漢世所謂歐生者以其經師謂之生，如伏生之類，而其實名容。容字和伯，於義爲通。'"

[3]【李賢注】長社，今許州縣也。【今注】長社：縣名。治所在今河南長葛市東北。

[4]【今注】原武：縣名。治所在今河南原陽縣。

[5]【今注】都尉：郡尉，郡級軍事長官，佐助郡守職掌武事。《漢書·百官公卿表上》："郡尉，秦官，掌佐守典武職甲卒，秩比二千石。有丞，秩皆六百石。景帝中二年更名都尉。"都尉雖言佐助郡守，但實際地位和郡守接近，不但與郡守秩級相同，而且

有單獨的治所和屬官，都尉單獨稱“府”，與郡守二府並立。都尉府和太守府一樣分曹辦事，且有主簿、功曹及其各種掾、史、屬、書佐等屬吏。（參見安作璋、熊鐵基《秦漢官制史稿》，齊魯書社2007年版，第574—584頁）

［6］【今注】河南尹：官名。東漢光武帝建武十五年（39）置。爲京都雒陽所在河南郡長官。主掌京都事務，春行屬縣，勸農桑，振乏絶；秋冬案訊囚徒，平其罪法；並舉孝廉，典禁兵。歲終遣吏上計。秩二千石。

［7］【李賢注】被陽故城在今淄州高苑縣西南。【今注】被陽：侯國名。治所在今山東高青縣東南。

［8］【今注】揚州：西漢武帝時所置十三刺史部之一。東漢時治所在歷陽縣（今安徽和縣），東漢末年移治壽春縣（今安徽壽縣）、合肥縣（今安徽合肥市西北）。

［9］【今注】汝南：郡名。治平輿縣（今河南平輿縣北）。

［10］【今注】案，《北堂書鈔》卷七五引《東觀漢記》：“歐陽歙爲汝南太守，策用賢俊，吏民從化。”

［11］【李賢注】夜，今萊州掖縣。【今注】夜：侯國名。治所在今山東萊州市。

［12］【今注】臧罪：貪污受賄之罪。

［13］【今注】髠剔：謂剃去頭髮。亦作“髠薙”。

［14］【李賢注】《謝承書》曰：“震字仲威。光武嘉其仁義，拜震郎中，後以公事左遷淮陽王廄長。”【今注】平原：縣名。治所在今山東平原縣南。

［15］【今注】河内：郡名。治懷縣（今河南武陟縣西南）。獲嘉縣：治所在今河南新鄉市西。

［16］【今注】案，大德本、殿本無“臣”字。

［17］【今注】賻：給予錢物助喪。

［18］【今注】案，復，大德本作“後”。

[19]【今注】諫議大夫：官名。秦始置，漢武帝時復置，稱“諫大夫”。掌諫争、顧問應對，議論朝政。屬光禄勳，無定員，秩比八百石。本書《百官志二》：“諫議大夫，六百石。本注曰：無員。”

[20]【今注】案，受，大德本作“授”，誤。

[21]【李賢注】《續漢書》曰：“弇以《尚書》教授，躬自耕種，常有黄雀飛來，隨弇翱翔。”【今注】蘄：縣名。治所在今安徽宿州市南。

牟長字君高，樂安臨濟人也。[1]其先封牟，[2]春秋之末，國滅，因氏焉。長少習歐陽《尚書》，不仕王莽世。[3]建武二年，大司空弘[4]特辟，拜博士，稍遷河内太守，坐墾田不實免。[5]長自爲博士及在河内，諸生講學者常有千餘人，著録前後萬人。著《尚書章句》，皆本之歐陽氏，俗號爲《牟氏章句》。復徵爲中散大夫，[6]賜告一歲，[7]卒於家。[8]子紆，又以隱居教授，門生千人。肅宗聞而徵之，欲以爲博士，道物故。[9]

[1]【今注】臨濟：縣名。治所在今河南封丘縣東。

[2]【今注】牟：春秋時小國。治所在今山東萊蕪市東。

[3]【今注】案，大德本、殿本“世”後有“祖”字。

[4]【李賢注】宋弘也。【今注】大司空：官名。西周置，西漢成帝更名御史大夫爲大司空。東漢光武帝建武二十七年（51），去“大”字，稱“司空”。掌水土事。與太尉、司徒合稱三公。本書《百官志一》：“司空，公一人。本注曰：掌水土事。凡營城起邑、浚溝洫、修墳防之事，則議其利，建其功。凡四方水土功課，歲盡則奏其殿最而行賞罰。凡郊祀之事，掌掃除樂器，大喪則掌將

校復土。凡國有大造大疑，諫争，與太尉同。”　弘：宋弘，字仲子，京兆長安（今陝西西安市）人。傳見本書卷二六。

[5]【今注】墾田：指丈量田土。

[6]【今注】中散大夫：官名。西漢平帝時置，掌顧問應對，無常事，唯詔令所使。東漢時秩六百石。

[7]【今注】賜告：皇帝給假休息或養病。

[8]【今注】案，《北堂書鈔》卷五四引《東觀漢記》：“牟長，字君高，建武中拜少府，太子中庶子王異尚書比爲長所侵，詔敕異曰：‘少府大儒，不失法度。’其見優如此。”

[9]【李賢注】在路死也。案，魏臺訪問物故之義，高堂隆答曰（隆，大德本誤作“陰”；答，紹興本誤作“合”）：“聞之先師，物，無也，故，事也。言死者無復所能於事也（大德本、殿本‘事’後有‘故’字）。”

宋登字叔陽，京兆長安人也。父由，爲太尉。登少傳歐陽《尚書》，教授數千人。爲汝陰令，[1]政爲明能，號稱“神父”。遷趙相，[2]入爲尚書僕射。[3]順帝以登明識禮樂，使持節臨太學，[4]奏定典律，[5]轉拜侍中。數上封事，[6]抑退權臣，由是出爲潁川太守。市無二價，道不拾遺。病免，卒于家，汝陰人配社祠之。[7]

[1]【今注】汝陰：縣名。治所在今安徽阜陽市。

[2]【今注】趙：諸侯王國名。治邯鄲縣（今河北邯鄲市西南）。　相：諸侯王國相。

[3]【今注】尚書僕射：官名。秦置，漢因之。爲尚書令副貳，掌拆閲封緘章奏文書，令不在，則代理其職。東漢獻帝建安四年（199）分置尚書左、右僕射，若尚書令缺，則以左僕射爲尚書

省長官。

[4]【今注】持節：使者持節代表皇帝出使、指揮軍隊或處理政務。節，漢代使者所持的信物，以竹爲杆，柄長八尺，上綴飾旄牛尾。

[5]【今注】典律：典章律令。

[6]【今注】封事：密封的奏章。爲防止奏章泄密，用皂囊密封。

[7]【今注】配社：配食於社廟。

張馴字子儁，濟陰定陶人也。[1]少遊太學，能誦《春秋左氏傳》。以大夏侯《尚書》教授。辟公府，舉高第，拜議郎。與蔡邕共奏定六經文字。[2]擢拜侍中，典領祕書近署，[3]甚見納異。多因便宜陳政得失，朝廷嘉之。遷丹陽太守，[4]化有惠政。光和七年，[5]徵拜尚書，遷大司農。[6]初平中，[7]卒於官。

[1]【今注】定陶：縣名。治所在今山東菏澤市定陶區西北。

[2]【今注】蔡邕：字伯喈，陳留圉（今河南杞縣）人。傳見本書卷六〇下。

[3]【今注】祕書：宫中藏書。

[4]【今注】丹陽：郡名。治宛陵縣（今安徽宣城市宣州區）。

[5]【今注】光和：東漢靈帝劉宏年號（178—184）。案，錢大昭《後漢書辨疑》："光和紀元無七年，考中平之改元在是年十二月，則光和七年即中平元年也。"

[6]【今注】大司農：官名。秦置治粟内史，西漢景帝時更名大農令，武帝時更名大司農，王莽改大司農曰羲和，後更爲納言。職掌全國租賦收入和國家財政開支。九卿之一，秩中二千石。本書《百官志三》載："大司農，卿一人，中二千石。本注曰：掌諸錢穀

金帛諸貨幣。郡國四時上月旦見錢穀簿，其逋未畢，各具别之。邊郡諸官請調度者，皆爲報給，損多益寡，取相給足。”

[7]【今注】初平：東漢獻帝劉協年號（190—193）。

尹敏字幼季，南陽堵陽人也。[1]少爲諸生。初習歐陽《尚書》，後受古文，兼善《毛詩》《穀梁》《左氏春秋》。建武二年，[2]上疏陳《洪範》消灾之術。[3]時世祖方草創天下，未遑其事，命敏待詔公車，[4]拜郎中，辟大司空府。帝以敏博通經記，令校圖讖，使蠲去崔發所爲王莽著録次比。[5]敏對曰：“讖書非聖人所作，其中多近鄙别字，頗類世俗之辭，恐疑誤後生。”帝不納。敏因其闕文增之曰：“君無口，爲漢輔。”帝見而怪之，召敏問其故。敏對曰：“臣見前人增損圖書，敢不自量，竊幸萬一。”帝深非之，雖竟不罪，而亦以此沈滯。[6]與班彪親善，[7]每相遇，輒日旰忘食，夜分不寢，[8]自以爲鍾期伯牙、莊周惠施之相得也。[9]後三遷長陵令。[10]永平五年，詔書捕男子周慮。慮素有名稱，而善於敏，敏坐繫免官。及出，歎曰：“瘖聾之徒，[11]真世之有道者也，何謂察察而遇斯患乎？”十一年，除郎中，遷諫議大夫。卒於家。

[1]【李賢注】堵音者。【今注】堵陽：縣名。治所在今河南方城縣東。

[2]【今注】案，二，大德本作“一”，誤。

[3]【今注】洪範：《尚書》篇名。舊傳爲箕子向周武王陳述的“天地之大法”。這裏或指《洪範五行傳》，屬伏生《尚書大

傳》。(參見馬楠《〈洪範五行傳〉作者補證》,《中國史研究》2013年第1期)

[4]【今注】待詔：兩漢時對待有名望的才異之士，欲重用而尚未重用者，則給以待詔之名，意爲等待詔命重用。

[5]【李賢注】《前書》王莽居攝三年，廣饒侯劉京、車騎將軍千人扈雲、太保屬臧鴻奏符命。京言齊郡新井，雲言巴郡石牛，鴻言扶風雍石，莽皆迎受。十一月甲子，莽上奏太后曰："巴郡石牛，雍石文，皆到未央宫之前殿，臣與太保安陽侯舜等視。天風起塵冥，風止，得銅章帛圖於石前，文曰：'天告帝符，獻者封侯，承天命，用神説。'"騎都尉崔發等視説，其後莽封發爲説符侯。【今注】崔發：涿郡安平（今河北安平縣）人，崔篆之兄，崔駰之叔祖也。本書卷五二《崔駰傳》稱其以佞巧幸於莽，位至大司空。其母師氏能通經學、百家之言，莽寵以殊禮，賜號義成夫人，金印紫綬，顯於新莽一朝。　次比：排列的次第。

[6]【今注】沈滯：指仕宦久不遷升。

[7]【今注】班彪：字叔皮，扶風安陵（今陝西咸陽市東北）人。傳見本書卷四〇。

[8]【李賢注】旰，晚也。

[9]【李賢注】《説苑》曰，伯牙子鼓琴，其友鍾子期聽之，志在於山水，子期皆知之。子期死，伯牙屏琴絶絃，終身不復鼓琴。《莊子》曰，莊子送葬過惠子之墓，顧謂從者曰："郢人堊墁其鼻端若蠅翼，使匠石斲之，匠石運斤成風，聽而斲之，盡堊而鼻不傷，郢人立不失容。元君聞之，召匠石曰：'嘗爲寡人爲之。'匠石曰：'臣則嘗斲之。雖然，臣之質死久矣。自惠子之死，吾無以爲質矣，吾無與言之。'"堊墁，有泥墁之也。堊音於各反。墁音莫干反。蠅翼薄也。【今注】惠施：戰國時宋人。嘗爲魏惠王相。主張聯合齊楚，爲"合縱"之策。後受張儀排斥，游於楚、宋。善辯，與莊周友善。莊子稱"惠施多方，其書五車"，爲名家

代表。案，《文選》卷五五劉峻《廣絶交論》李善注引《東觀漢記》:“尹敏與班彪相厚，每相與談，常晏暮不食，晝即至冥，夜即徹旦。彪曰:‘相與久語，爲俗人所怪，然鍾子期死，伯牙破琴，曷爲陶陶哉!’”

[10]【今注】長陵:縣名。治所在今陝西咸陽市東北。漢高祖十二年（前195）築陵置縣。

[11]【今注】瘖:啞。

周防字偉公，汝南汝陽人也。[1]父揚，少孤微，常脩逆旅，[2]以供過客，而不受其報。防年十六，仕郡小吏。世祖巡狩汝南，召掾史試經，防尤能誦讀，拜爲守丞。[3]防以未冠，謁去。[4]師事徐州刺史蓋豫，[5]受《古文尚書》。經明，舉孝廉，拜郎中。撰《尚書雜記》三十二篇，四十萬言。太尉張禹薦補博士，[6]稍遷陳留太守，坐法免。年七十八，卒於家。子舉，自有傳。

[1]【今注】汝陽:縣名。治所在今河南商水縣西北。

[2]【李賢注】杜預注《左傳》曰:“逆旅，客舍也。”

[3]【今注】守丞:郡丞。

[4]【李賢注】禮，男子二十而冠（殿本無“而”字）。自以年未成人，故請去。謁，請也。

[5]【今注】徐州:西漢武帝時所置十三刺史部之一。東漢時治所在郯縣（今山東郯城縣）。　刺史:官名。西漢武帝時始置，分全國爲十三部州，州置刺史一人。奉詔巡行諸郡，以六條問事，省察治政，黜陟能否，斷理冤獄。無治所，秩六百石。成帝時改刺史爲州牧，秩二千石。哀帝中復爲刺史，旋復爲牧。東漢光武帝建

武十八年（42），罷州牧，復置刺史。東漢刺史，秩亦六百石。靈帝中平元年（184），黄巾起義爆發，復改刺史爲州牧，成爲郡之上的一級行政組織。

［6］【今注】張禹：字伯達，趙國襄國（今河北邢臺市）人。傳見本書卷四四。

孔僖字仲和，魯國魯人也。[1]自安國以下，世傳《古文尚書》《毛詩》。曾祖父子建，少遊長安，與崔篆友善。及篆仕王莽爲建新大尹，[2]嘗勸子建仕。對曰："吾有布衣之心，子有衮冕之志，[3]各從所好，不亦善乎！道既乖矣，請從此辭。"遂歸，終於家。僖與崔篆孫駰復相友善，同遊太學，習《春秋》。因讀吴王夫差時事，僖廢書歎曰："若是，所謂畫龍不成反爲狗者。"[4]駰曰："然。昔孝武皇帝始爲天子，年方十八，崇信聖道，師則先王，五六年間，號勝文、景。[5]及後恣己，忘其前之爲善。"[6]僖曰："書傳若此多矣！"鄰房生梁郁儳和之曰：[7]"如此，武帝亦是狗邪？"僖、駰默然不對。郁怒恨之，陰上書告駰、僖誹謗先帝，刺譏當世。事下有司，駰詣吏受訊。僖以吏捕方至，恐誅，乃上書肅宗自訟曰："臣之愚意，以爲凡言誹謗者，謂實無此事而虚加誣之也。至如孝武皇帝，政之美惡，顯在漢史，坦如日月。是爲直説書傳實事，非虚謗也。夫帝者爲善，則天下之善咸歸焉；其不善，則天下之惡亦萃焉。斯皆有以致之，故不可以誅於人也。[8]且陛下即位以來，政教未過，而德澤有加，[9]天下所具也，臣等獨何譏刺哉？假使所非實是，則固應悛改；[10]儻其不當，亦宜含容，又何罪焉？陛下不推原大數，[11]深自爲計，徒肆私忿，以快其意。臣等受戮，死即死耳，顧天下之人，必回視易慮，以此事闚陛下心。自今以後，苟見不可之事，終莫復言者矣。臣之所以不愛其死，猶敢極言者，誠爲陛下深惜此大業。陛下若不自惜，則臣何賴焉？齊桓公親揚其先君之惡，以唱管仲，[12]然後群臣得盡其心。今陛下乃欲以十世之武帝，遠諱實事，豈不與桓公異哉？臣恐有司卒然見構，銜恨蒙枉，不得自叙，使後世論者，擅以陛下有所方比，寧可復使子孫追掩之乎？謹詣闕伏待重誅。”帝始亦無罪僖等意，及書奏，立詔勿問，拜僖蘭臺令史。[13]元和二年春，[14]帝東巡狩，還過魯，幸闕里，[15]以太牢祠孔子及七十二弟子，[16]作六代之樂，[17]大會孔氏男子二十以上者六十三人，命儒者講論。僖因自陳謝。帝曰：“今日之會，寧於卿宗有光榮乎？”對曰：“臣聞明王聖主，莫不尊師貴道。今陛下親屈萬乘，辱臨敝里，此乃崇禮先師，增煇聖德。至於光榮，非所敢承。”帝大笑曰：“非聖者子孫，焉有斯言乎！”遂拜僖郎中，賜褒成侯損及孔氏男女錢帛，詔僖從還京師，使校書東觀。冬，拜臨晉令，[18]崔駰以家林筮之，[19]謂爲不吉，止僖曰：“子盍辭乎？”僖曰：“學不爲人，仕不擇官，凶吉由己，[20]而由卜乎？”在縣三年，卒官，遺令即葬。二子長彦、季彦，並十餘歲。蒲坂令許君然勸令反魯。[21]對曰：“今載柩而歸，則違父令；舍墓而去，心所不忍。”遂留華陰。[22]長彦好章句學，季彦守其家業，門徒數百人。延光元年，[23]河西大雨雹，[24]大者如斗。安帝詔有道術之士極陳變眚，乃召季彦見於德陽殿，[25]帝親問其故。對曰："此皆陰乘陽之徵也。今貴臣擅權，母后黨盛，陛下宜脩聖德，慮此二者。"帝默然，左右皆惡之。舉孝廉，不就。三年，年四十七，終於家。初，平帝時王莽秉政，乃封孔子後孔均爲褒成侯，追謚孔子爲褒成宣尼。及莽敗，[26]失國。建武十三年，世祖復封均子志爲褒成侯。志卒，子損嗣。永元四年，[27]徙封褒亭侯。損卒，子曜嗣。[28]曜卒，子完嗣。世世相傳，至獻帝初，國絶。[29]

［1］【今注】魯國：西漢高后元年（前 187）改薛郡置，治魯縣（今山東曲阜市東北古城村）。

［2］【李賢注】莽改千乘國曰建信，又改曰建新。郡守曰大尹。

［3］【今注】衮冕：衮衣和冕。古代帝王與上公的禮服和禮冠。這裏指仕宦之志。

［4］【李賢注】夫差伐越，敗之，越王句踐乃以甲兵五千人棲於會稽（句，大德本、殿本作"勾"，本注下同），使大夫種因吴太宰嚭而行成（殿本"成"後有"矣"字）。吴王將許之，伍子胥諫曰："今不滅，後必悔之。"吴王不聽。後句踐滅吴。吴王曰："吾悔不用子胥之言！"遂自剄死。

［5］【李賢注】《前書》，武帝年十七即位。即位一年，議立明堂，安車蒲輪徵魯申公。六年，舉賢良。班固贊曰"以武帝之雄才大略，不改文、景之恭儉，以濟斯人，雖《詩》《書》所稱，何以加兹"也。【今注】則：效法。

［6］【李賢注】謂武帝末年好神仙祭祀之事，征伐四夷，連兵三十餘年，又信巫蠱，天下户口减半，人相食，筭及舟車，官賣鹽鐵也。

［7］【李賢注】儳謂不與之言而傍對也。《禮記》曰："無儳言。"儳音士鑒反（士，紹興本作"仕"，大德本作"作"，殿本作"大"）。

［8］【李賢注】誅，責也。

［9］【李賢注】言政教未有過失也。

［10］【今注】悛：悔改。

［11］【今注】大數：命運氣數。

［12］【李賢注】《國語》曰，魯莊公束縛管仲以與齊桓公，公親迎於郊，而與之坐，問焉。曰（殿本無"曰"字）："昔吾先君襄公，築臺以爲高位，田狩畢弋，不聽國政，卑聖侮士，而唯女是崇，九妃六嬪，陳妾數百，食必粱肉，衣必文繡，戎士凍餒，是以國家不日引，不月長。恐宗廟不埽除，社稷不血食，敢問爲此若何？"管子曰："昔者聖王之理天下，走人之居（走，紹興本、大德本、殿本作'定'，是），成人之事，而慎用其六柄焉。四人者勿使雜處，雜處則其言哤，其事易"也。

［13］【今注】蘭臺令史：官名。東漢始置，掌書奏及印工文書，兼校定宫廷藏書文字。隸屬御史中丞，秩六百石。

［14］【今注】元和：東漢章帝劉炟年號（84—87）。

［15］【今注】闕里：孔子舊居里巷，在今山東曲阜市城内闕里街。

［16］【李賢注】案《史記》達者七十二人（殿本無此注）。

［17］【李賢注】黄帝曰《雲門》，堯口《咸池》（口，紹興本、殿本作"曰"，是），舜曰《大韶》，禹曰《大夏》，湯曰《大護》（護，殿本作"濩"），周曰《大武》。

［18］【今注】臨晉：縣名。治所在今陝西大荔縣朝邑鎮。

［19］【李賢注】崔篆所作《易林》也。【今注】崔駰：字亭伯，涿郡安平（今河北安平縣）人。傳見本書卷五二。

［20］【今注】案，凶吉，殿本作“吉凶”。

［21］【今注】蒲坂：縣名。治所在今山西永濟市西。

［22］【今注】華陰：縣名。治所在今陝西華陰市東。

［23］【今注】延光：東漢安帝劉祜年號（122—125）。

［24］【今注】河西：今甘肅、青海兩省黄河以西，即河西走廊與湟水流域。

［25］【今注】德陽殿：東漢雒陽北宫的正殿，在今河南洛陽市東北漢魏故城内。張衡《東京賦》曰：“逮至顯宗，六合殷昌，乃新崇德，遂作德陽。”本書卷六《孝順帝紀》載，“迎濟陰王於德陽殿西鐘下，即皇帝位”。李賢注引《漢宫儀》曰“崇賢門内德陽殿也”，又卷八《靈帝紀》稱“張讓、段珪等劫少帝及陳留王幸北宫德陽殿”。據《藝文類聚》卷六二引《漢宫典儀》曰：“德陽殿，周旋容萬人，激洛水於殿下。”

［26］【今注】案，殿本“莽”前有“王”字。

［27］【今注】永元：東漢和帝劉肇年號（89—105）。

［28］【今注】案，惠棟《後漢書補注》引《韓勑碑陰》曰：“曜字仲雅。”《孔氏譜》曰：“曜爲孔子十九世孫也。”

［29］【李賢注】臣賢案：獻帝後至魏，封孔子二十一葉孫羡爲崇聖侯（羡，大德本、殿本作“美”）。晉封二十三葉孫震爲奉聖亭侯。後魏封二十七葉孫乘爲崇聖大夫。太和十九年，孝文幸魯，親祠孔子廟，又改封二十八葉孫珍爲崇聖侯。北齊改封三十一葉孫爲恭聖侯，周武帝平齊，改封鄒國公，隋文帝仍舊封鄒國公，隋煬帝改封爲紹聖侯。貞觀十一年，封夫子裔孫子德倫爲褒聖侯，倫今見存。

楊倫字仲理，陳留東昏人也。少爲諸生，師事司徒丁鴻，[1]習《古文尚書》。爲郡文學掾。[2]更歷數將，志乖於時，以不能人間事，遂去職，不復應州郡命。講授於大澤中，弟子至千餘人。元初中，[3]郡禮請，三府並辟，公車徵，皆辭疾不就。後特徵博士，爲清河王傅。[4]是歲，安帝崩，倫輒弃官奔喪，號泣闕下不絶聲。閻太后以其專擅去職，[5]坐抵罪。順帝即位，詔免倫刑，遂留行喪于恭陵。[6]服闋，徵拜侍中。是時邵陵令任嘉在職貪穢，[7]因遷武威太守，[8]後有司奏嘉臧罪千萬，[9]徵考廷尉，其所牽染將相大臣百有餘人。倫乃上書曰："臣聞《春秋》誅惡及本，本誅則惡消；振裘持領，領正則毛理。今任嘉所坐狼籍，[10]未受辜戮，猥以垢身，[11]改典大郡，自非案坐舉者，無以禁絶姦萌。往者湖陸令張疊、蕭令駟賢、徐州刺史劉福等，[12]釁穢既章，[13]咸伏其誅，而豺狼之吏至今不絶者，豈非本舉之主不加之罪乎？昔齊威之霸，殺姦臣五人，并及舉者，以弭謗讟。[14]當斷不斷，黄石所戒。[15]夫聖王所以聽僮夫匹婦之言者，猶塵加嵩岱，霧集淮海，雖未有益，不爲損也。惟陛下留神省察。"奏御，有司以倫言切直，辭不遜順，下之。尚書奏倫探知密事，激以求直。[16]坐不敬，結鬼薪。[17]詔書以倫數進忠言，特原之，免歸田里。陽嘉二年，[18]徵拜太中大夫。[19]大將軍梁商以爲長史。[20]諫諍不合，出補常山王傅，[21]病不之官。詔書敕司隸催促發遣，倫乃留河内朝歌，[22]以疾自上，曰："有留死一尺，無北行一寸。刎頸不易，九裂不恨。[23]匹夫所執，彊於三軍。[24]固敢有辭。”帝乃下詔曰：“倫出幽升高，[25]寵以藩傳，稽留王命，擅止道路，託疾自從，苟肆狷志。”[26]遂徵詣廷尉，有詔原罪。倫前後三徵，皆以直諫不合。既歸，閉門講授，自絶人事。公車復徵，遜遁不行，卒於家。[27]

[1]【今注】丁鴻：字孝公，潁川定陵（今河南舞陽縣東北）人。傳見本書卷三七。

[2]【今注】郡文學掾：兩漢於州郡及王國皆置文學官，掌學校教育。其組織今可考者，有文學師、文學孝掾、文學掾、文學主事掾等（參見陳直《武威漢簡文學弟子題字的解釋》，《考古》1961年第10期）。

[3]【今注】元初：東漢安帝劉祜年號（114—120）。

[4]【今注】清河：諸侯王國名。治甘陵縣（今山東臨清市東）。

[5]【今注】閻太后：閻姬。紀見本書卷一〇下。

[6]【今注】恭陵：東漢安帝陵墓。陵址在今河南洛陽市東北漢魏故城西北。

[7]【今注】邵陵：縣名。治所在今河南漯河市郾城區東。

[8]【今注】武威：郡名。治姑臧縣（今甘肅武威市）。

[9]【今注】案，司，大德本、殿本作“人”。

[10]【今注】狼籍：行爲不檢，名聲差。

[11]【今注】案，身，殿本作“臭”。

[12]【今注】湖陸：縣名。治所在今山東魚臺縣東南。　蕭：縣名。治所在今安徽蕭縣西北。

[13]【今注】釁（xìn）穢：過失，穢行。

[14]【今注】謗讟（dú）：怨恨譭謗。

[15]【李賢注】黄石公《三略》曰：“當斷不斷，反受其

亂。"【今注】黄石：事迹見《漢書》卷四〇《張良傳》。

[16]【今注】案，激，大德本、殿本作"徼"。

[17]【李賢注】結，正其罪也。鬼薪，取薪以給宗廟，三歲刑也。

[18]【今注】陽嘉：東漢順帝劉保年號（132—135）。

[19]【今注】太中大夫：官名。秦置，掌顧問應對、奉詔出使，隸屬郎中令。西漢時秩比千石，東漢時秩千石。

[20]【今注】梁商：字伯夏，安定烏氏（今寧夏固原市東南）人。東漢外戚、大臣，女爲順帝皇后。傳見本書卷三四。　長史：官名。漢代丞相、太尉、御史大夫、大將軍、車騎將軍、前後左右將軍皆置，爲所在官署掾屬之長，秩皆千石。

[21]【今注】常山：郡國名。治元氏縣（今河北元氏縣西北）。

[22]【今注】朝歌：縣名。治所在今河南淇縣。

[23]【李賢注】裂，死也。《楚詞》曰"雖九死其猶未悔"也。

[24]【李賢注】《論語》曰："三軍可奪帥，匹夫不可奪志。"

[25]【李賢注】《詩》曰："出于幽谷（于，紹興本、殿本作'自'，大德本作'爲'），升于喬木。"

[26]【李賢注】狷，狂狷也，音絹。

[27]【李賢注】遁，逃也。

中興，北海牟融習大夏侯《尚書》，[1]東海王良習小夏侯《尚書》，[2]沛國桓榮習歐陽《尚書》。榮世習相傳授，東京最盛。扶風杜林傳《古文尚書》，[3]林同郡賈逵爲之作訓，[4]馬融作傳，鄭玄注解，由是《古文尚書》遂顯于世。

[1]【今注】北海：郡國名。治劇縣（今山東昌樂市西）。

牟融：字子優，北海安丘（今山東安丘市西南）人。傳見本書卷二六。

［2］【今注】王良：字仲子，東海蘭陵（今山東蘭陵縣西南）人。傳見本書卷二七。

［3］【今注】扶風：右扶風。三輔之一，東漢時治槐里縣（今陝西興平市東南）。

［4］【今注】賈逵：字景伯，扶風平陵（今陝西咸陽市）人。傳見本書卷三六。

後漢書　卷七九下

列傳第六十九下

儒林下

高詡　包咸　魏應　伏恭　任末　景鸞　薛漢　杜撫
召馴　楊仁　趙曄　衞宏　董鈞　丁恭　周澤　鍾興
甄宇　樓望　程曾　張玄　李育　何休　服虔　潁容
謝該　許慎　蔡玄

《前書》魯人申公受《詩》於浮丘伯,[1]爲作詁訓,[2]是爲《魯詩》;齊人轅固生亦傳《詩》,[3]是爲《齊詩》;燕人韓嬰亦傳《詩》,[4]是爲《韓詩》:三家皆立博士。趙人毛萇傳《詩》,[5]是爲《毛詩》,未得立。

[1]【今注】浮丘伯:複姓浮丘,又作“包丘”“鮑丘”等,名伯。荀子弟子,戰國秦漢之際儒生。

[2]【今注】詁訓：用通俗的話來解釋古書中的詞語。

[3]【今注】齊：指今山東泰山以北及膠東半島東周齊國故地。

[4]【今注】無：紹興本、大德本、殿本作“燕”，是。燕，指今河北北部、遼寧西部東周燕國故地。

[5]【今注】趙：指今河北西部，山西中部、北部，陝西東北部和内蒙古河套戰國時趙國故地。

高詡字季回，平原般人也。[1]曾祖父嘉，以《魯詩》授元帝，仕至上谷太守。[2]父容，少傳嘉學，哀平間爲光禄大夫。[3]詡以父任爲郎中，世傳《魯詩》。以信行清操知名。王莽篡位，父子稱盲，逃，不仕莽世。光武即位，大司空宋弘薦詡，徵爲郎，除符離長。[4]去官，後徵爲博士。建武十一年，拜大司農。在朝以方正稱。十三年，卒官，賜錢及冢田。

[1]【李賢注】般音卜滿反。【今注】般：縣名。治所在今山東樂陵市西南。

[2]【今注】上谷：郡名。治沮陽縣（今河北懷來縣東南）。

[3]【今注】光禄大夫：官名。西漢武帝時改中大夫置，掌論議。屬光禄勳，秩比二千石。西漢晚期，多作爲貴戚重臣的加官。無員限。東漢時，因權臣不復冠此號，漸成閑散之職，雖仍掌顧問應對，但多用以拜假賵贈之使及監護諸國嗣喪事。本書《百官志二》載：“光禄大夫，比二千石。本注曰：無員。凡大夫、議郎皆掌顧問應對，無常事，唯詔令所使。凡諸國嗣之喪，則光禄大夫掌弔。”

[4]【李賢注】符離，縣，故城在今徐州符離縣東也。【今

注】符離：縣名。治所在今安徽宿州市埇橋區東北。

包咸字子良，會稽曲阿人也。[1]少爲諸生，受業長安，師事博士右師細君，[2]習《魯詩》《論語》。王莽末，去歸鄉里，於東海界爲赤眉賊所得，遂見拘執。十餘日，咸晨夜誦經自若，賊異而遣之。因住東海，立精舍講授。光武即位，乃歸鄉里。太守黄讜署户曹史，[3]欲召咸入授其子。咸曰："禮有來學，而無往教。"[4]讜遂遣子師之。舉孝廉，除郎中。建武中，入授皇太子《論語》，又爲其章句。拜諫議大夫、侍中、右中郎將。[5]永平五年，遷大鴻臚。每進見，錫以几杖，入屏不趨，[6]贊事不名。[7]經傳有疑，輒遣小黄門就舍即問。[8]顯宗以咸有師傅恩，而素清苦，常特賞賜珍玩束帛，奉禄增於諸卿，咸皆散與諸生之貧者。病篤，帝親輦駕臨視。八年，年七十二，卒於官。子福，拜郎中，亦以《論語》入授和帝。

[1]【李賢注】曲阿今潤州縣。【今注】會稽：郡名。治山陰縣（今浙江紹興市越城區）。　曲阿：縣名。治所在今江蘇丹陽市。

[2]【李賢注】姓右師。

[3]【今注】署：代理、暫任或試充官職。　户曹史：漢朝郡縣的佐吏，爲户曹的副職，助户曹掾掌民户、禮俗、祠祀、農桑等事。案，周天游《八家後漢書輯注》輯謝承《後漢書》："包咸爲吴郡主簿，有好馬，太守黄讜借乘行春，及歸放就，甚奇之。"

[4]【李賢注】《禮記》曰"禮聞來學，不聞往教"也。

[5]【今注】右中郎將：官名。漢代右署郎官之長。東漢掌其

署中郎、侍郎、郎中等後備官員。本書《百官志二》："右中郎將，比二千石。本注曰：主右署郎。"

[6]【今注】屏：退。　趨：小步快走，表示恭敬。

[7]【今注】贊：報告。　名：自稱名字。

[8]【今注】小黄門：宦官。名義上隸屬少府。掌侍從皇帝，收受尚書奏事，宣布詔令。秩六百石。

魏應字君伯，任城人也。[1]少好學。建武初，詣博士受業，習《魯詩》。閉門誦習，不交僚黨，京師稱之。後歸爲郡吏，舉明經，除濟陰王文學。[2]以疾免官，教授山澤中，徒衆常數百人。永平初，爲博士，再遷侍中。十三年，遷大鴻臚。十八年，拜光禄大夫。建初四年，拜五官中郎將，[3]詔入授千乘王伉。[4]應經明行修，弟子自遠方至，著録數千人。肅宗甚重之，數進見，論難於前，特受賞賜。時會京師諸儒於白虎觀，講論五經同異，使應專掌難問，侍中淳于恭奏之，[5]帝親臨稱制，如石渠故事。明年，出爲上黨太守，[6]徵拜騎都尉，卒於官。

[1]【今注】任城：縣名。治所在今山東濟寧市東南。

[2]【今注】王文學：王國文學掾、文學史。以明經者爲之，職掌地方教育。

[3]【今注】五官中郎將：官名。秦置漢承。主五官署郎，掌宫禁宿衛。漢時屬光禄勳。東漢時，或參與征戰，或共典選舉，或將副監喪，或承制問難，或持節奉策。章帝建初元年（76），復以五官中郎將行長樂衛尉事。但事實上，東漢中後期，虎賁、羽林郎更多承擔宫禁宿衛職能，五官中郎將的宿衛作用較弱。本書《百官

志二》載："五官中郎將一人，比二千石。本注曰：主五官郎。"

[4]【今注】伉：劉伉。東漢章帝建初四年封。和帝即位，以伉長兄，甚見尊禮。立十五年薨。傳見本書卷五五。

[5]【今注】淳于恭：字孟孫，北海淳于（今山東安丘市東北）人。傳見本書卷三六。

[6]【今注】上黨：郡名。治長子縣（今山西長子縣西南）。

伏恭字叔齊，琅邪東武人，[1]司徒湛之兄子也。[2]湛弟黯，字稚文，[3]以明《齊詩》，改定章句，作解説九篇，位至光禄勳，無子，以恭爲後。恭性孝，事所繼母甚謹，少傳黯學，以任爲郎。[4]建武四年，除劇令。[5]視事十三年，以惠政公廉聞。青州舉爲尤異，[6]太常試經第一，拜博士，遷常山太守。敦脩學校，教授不輟，由是北州多爲伏氏學。永平二年，代梁松爲太僕。[7]四年，帝臨辟雍，於行禮中拜恭爲司空，儒者以爲榮。初，父黯章句繁多，恭乃省減浮辭，定爲二十萬言。在位九年，以病乞骸骨罷，詔賜千石奉以終其身。十五年，行幸琅邪，引遇如三公儀。建初二年冬，肅宗行饗禮，以恭爲三老。年九十，元和元年卒，賜葬顯節陵下。[8]子壽，官至東郡太守。[9]

[1]【今注】東武：縣名。治所在今山東諸城市。

[2]【今注】湛：伏湛，字惠公，琅邪東武（今山東諸城市）人。傳見本書卷二六。

[3]【今注】案，稚，大德本作"雅"。

[4]【今注】以任爲郎：漢制，凡二千石以上官員，任滿三年，可以保任子弟爲郎官。

［5］【今注】劇：縣名。治所在今山東昌樂縣。

［6］【今注】青州：西漢武帝時所置十三刺史部之一。轄境相當於今山東德州市、齊河縣以東，馬頰河以南，濟南、臨朐、安丘、高密、萊陽、棲霞、乳山等市縣以北、以東和河北吴橋縣地。東漢時治臨菑縣（今山東淄博市臨淄區北）。

［7］【今注】梁松：字伯孫，安定烏氏（今寧夏固原市東南）人。傳見本書卷三四。　太僕：官名。周置，秦、漢沿置。掌皇帝專用車馬，兼管官府畜牧業。列位九卿，秩中二千石。本書《百官志二》："太僕，卿一人，中二千石。本注曰：掌車馬。天子每出，奏駕上鹵簿用；大駕則執馭。丞一人，比千石。"

［8］【今注】顯節陵：東漢明帝陵。在今河南洛陽市北。

［9］【今注】案，大德本無"和元年卒賜葬顯節陵下子壽官至東郡太守"十八字。

任末字叔本，蜀郡繁人也。[1]少習《齊詩》，遊京師，教授十餘年。友人董奉德於洛陽病亡，末乃躬推鹿車，[2]載奉德喪致其墓所，由是知名。爲郡功曹，[3]辭以病免。後奔師喪，於道物故。[4]臨命，勑兄子造曰："必致我尸於師門，使死而有知，魂靈不慙；如其無知，得土而已。"造從之。

［1］【李賢注】繁，縣，故城在今益州新繁縣北。【今注】蜀郡：治成都縣（今四川成都市）。　繁：縣名。治所在今四川彭州市西北。

［2］【今注】鹿車：古代人力推輓的小車。本書卷二六《趙憙傳》李賢注："俗説鹿車窄小，載容一鹿。"

［3］【今注】郡功曹：漢制，郡守屬吏有功曹，爲郡守自選之屬吏中地位較高者，主選署功勞，議論賞罰，爲郡守的左右手。秩

百石。

[4]【今注】物故：死亡。

景鸞字漢伯，廣漢梓潼人也。[1]少隨師學經，涉七州之地。能理《齊詩》《施氏易》，[2]兼受《河》《洛》圖緯，[3]作《易説》及《詩解》，文句兼取《河》《洛》，以類相從，名爲交集。又撰《禮内外記》，號曰《禮略》。又抄風角雜書，[4]列其占驗，作《興道》一篇。及作《月令章句》。凡所著述五十餘萬言。數上書陳救災變之術。州郡辟命不就。以壽終。

[1]【今注】梓潼：縣名。治所在今四川梓潼縣。

[2]【今注】理：治。

[3]【今注】河洛：《河圖》《洛書》。

[4]【今注】風角：一種占候之術，指觀察四面八方的風來預測吉凶。

薛漢字公子，淮陽人也。[1]世習《韓詩》，父子以章句著名。[2]漢少傳父業，尤善説災異讖緯，教授常數百人。[3]建武初，爲博士，受詔校定圖讖。當世言《詩》者，推漢爲長。永平中，爲千乘太守，政有異迹。後坐楚事辭相連，[4]下獄死。弟子犍爲杜撫、會稽澹臺敬伯、鉅鹿韓伯高最知名。[5]

[1]【今注】淮陽：諸侯王國名。治陳縣（今河南淮陽縣）。

[2]【今注】案，惠棟《後漢書補注》引《世系》："廣德生

饒，長沙太守饒生愿，爲淮陽太守，因徙居焉。生方丘，字夫子。方丘生漢。”王先謙《後漢書集解》引惠棟曰：“《韓詩》二十二卷，薛氏章句。”並指出：“唐人所引《韓詩》其稱薛君者漢也，稱薛夫子者乃方丘也。故《馮衍傳》注有薛夫子《章句》是也。傳不載漢父名字，後人以《章句》專屬諸漢，失之。”

［3］【今注】案，《北堂書鈔》卷六七引《東觀漢記》：“薛漢，字子公，才高名遠，兼通書傳，無不昭覽，推道術尤精，教授常數百弟子，自遠方至者著爲録。”

［4］【今注】楚事：指楚王劉英謀反事件。

［5］【今注】犍爲：郡名。治武陽縣（今四川眉山市彭山區東）。　鉅鹿：郡名。治廮陶縣（今河北寧晉縣西南）。

杜撫字叔和，犍爲武陽人也。[1]少有高才。受業於薛漢，定《韓詩》章句。後歸鄉里教授。沈静樂道，舉動必以禮。弟子千餘人。後爲驃騎將軍東平王蒼所辟，[2]及蒼就國，掾史悉補王官屬，未滿歲，皆自劾歸。[3]時撫爲大夫，不忍去，蒼聞，賜車馬財物遣之。辟太尉府。建初中，爲公車令，[4]數月卒官。其所作《詩題約義通》，學者傳之，曰杜君法云。

［1］【今注】武陽：縣名。治所在今四川眉山市彭山區東北。

［2］【今注】驃騎將軍：西漢武帝時置爲重號將軍，僅次於大將軍。秩萬石。東漢位比三公，地位尊崇。　東平王蒼：劉蒼。傳見本書卷四二。

［3］【今注】自劾：檢舉自己的過失。

［4］【今注】公車令：官名。公車司馬令。西漢時掌公車司馬門，受天下奏章，主宫中巡邏。東漢時掌南闕門，受吏民奏章四方

貢獻等。屬衛尉，俸六百石。

召馴字伯春，九江壽春人也。[1]曾祖信臣，元帝時爲少府。[2]父建武中爲卷令，[3]俶儻不拘小節。[4]馴少習《韓詩》，博通書傳，以志義聞，鄉里號之曰“德行恂恂召伯春”。[5]累仕州郡，辟司徒府。建初元年，稍遷騎都尉，侍講肅宗。拜左中郎將，入授諸王。帝嘉其義學，恩寵甚崇。出拜陳留太守，賜刀劍錢物。元和二年，入爲河南尹。章和二年，[6]代任隗爲光禄勳，[7]卒於官，賜冢塋陪園陵。[8]孫休，位至青州刺史。

[1]【今注】九江：郡名。治壽春縣（今安徽壽縣）。東漢章帝章和元年（87）徙治陰陵縣（今安徽定遠縣西北）。

[2]【李賢注】《前書》信臣字翁卿，爲南陽太守，吏人親愛，號曰“召父”。【今注】信臣：召信臣，字翁卿，九江壽春（今安徽壽縣）人。歷任上蔡長、南陽太守等。其治視民如子，好爲民興利，吏民親愛信臣，號之曰“召父”。傳見《漢書》卷八九。案，曹金華《後漢書稽疑》指出，“元帝時”當作“元成時”。《漢書·召信臣傳》載，“竟寧中，徵爲少府”，《百官公卿表下》載竟寧元年“召信臣爲少府，二年徙”，建始二年“温順爲少府”。“竟寧”止一年，即元帝末年，“建始”乃成帝年號，故謂當作“元成時”。

[3]【李賢注】卷，縣，屬滎陽郡。卷音丘圓反。【今注】卷：縣名。治所在今河南原陽縣原武鎮西北。

[4]【今注】俶儻：豪爽灑脱。

[5]【今注】恂恂：温和恭敬貌。

[6]【今注】章和：東漢章帝劉炟年號（87—88）。

[7]【今注】任隗：字仲和，南陽宛（今河南南陽市卧龍區）人。傳見本書卷二一。

[8]【今注】冢塋：墳墓。

楊仁字文義，巴郡閬中人也。[1]建武中，詣師學習《韓詩》，數年歸，静居教授。仕郡爲功曹，舉孝廉，除郎。太常上仁經中博士，[2]仁自以年未五十，不應舊科，[3]上府讓選。[4]顯宗特詔補北宫衛士令，[5]引見，問當世政迹。仁對以寬和任賢，抑黜驕戚爲先。又上便宜十二事，皆當世急務。帝嘉之，賜以縑錢。及帝崩，時諸馬貴盛，[6]各争欲入宫。[7]仁被甲持戟，嚴勒門衛，莫敢輕進者。肅宗既立，諸馬共譖仁刻峻，帝知其忠，愈善之，拜什邡令。[8]寬惠爲政，勸課掾史弟子，[9]悉令就學。其有通明經術者，顯之右署，[10]或貢之朝，由是義學大興。[11]墾田千餘頃。行兄喪去官。後辟司徒桓虞府。[12]掾有宋章者，貪奢不法，仁終不與交言同席，時人畏其節。後爲閬中令，卒於官。

[1]【今注】巴郡：郡名。治江州縣（今重慶市江北區）。閬中：縣名。治所在今四川閬中市嘉陵江北岸。

[2]【李賢注】上音時掌反，下同。

[3]【李賢注】《漢官儀》曰："博士限年五十以上。"

[4]【今注】上府：上級官署。

[5]【李賢注】《漢官儀》曰："北宫衛士令一人，秩六百石。"

[6]【今注】諸馬：馬援一族。

[7]【今注】案，王先謙《後漢書集解》："欲入北宫謁后也。"

[8]【李賢注】今益州什邡縣也，音十方。【今注】什邡：縣名。治所在今四川什邡縣。

[9]【今注】勸課：鼓勵督責。

[10]【李賢注】右署，上司。

[11]【今注】案，由，大德本作“猶”。

[12]【今注】桓虞：字仲春，馮翊（今陝西西安市高陵區西南）人。東漢章帝初爲南陽太守，建初四年（79）拜司徒，章和元年（87）免。不久任光禄勳。

趙曄字長君，會稽山陰人也。[1]少嘗爲縣吏，奉檄迎督郵，[2]曄耻於厮役，遂弃車馬去。到犍爲資中，[3]詣杜撫受《韓詩》，究竟其術。積二十年，絶問不還，家爲發喪制服。曄卒業乃歸。[4]州召補從事，[5]不就。舉有道。[6]卒于家。曄著《吴越春秋》《詩細歷神淵》。[7]蔡邕至會稽，讀《詩細》而歎息，以爲長於《論衡》。[8]邕還京師，傳之，學者咸誦習焉。時山陽張匡，[9]字文通。亦習《韓詩》，作章句。後舉有道，博士徵，不就。卒於家。

[1]【今注】山陰：縣名。治所在今浙江紹興市。

[2]【今注】檄：用以徵召的文書。　督郵：漢置。掌監屬縣、督送郵書，兼及案系盜賊、點録囚徒、催繳租賦等。郡府屬吏，秩六百石。漢代每郡依據所轄縣多少，分東、西、南、北、中等爲五部（或二部、三部），分部循行。督郵位卑權重，“分明善惡于外”，遂爲郡守之“耳目”。

[3]【李賢注】資中，縣名，今資州資陽縣。【今注】資中：縣名。治所在今四川資陽市。

[4]【今注】案，畢，殿本作“撫”；殿本無“業”字。

[5]【今注】從事：官名。又稱“從事史”，漢三公府至州郡自辟僚屬，多以從事爲稱。州府有别駕從事史、治中從事史、簿曹從事史、兵曹從事史、部郡國從事史。秩百石。

[6]【今注】有道：漢代選舉科目之一。意爲選拔有道德、有才能的人。

[7]【今注】吴越春秋：以記述春秋戰國時期吴、越兩國史事爲主的史學著作。今存十卷。

[8]【今注】論衡：東漢王充著，今存。

[9]【今注】山陽：郡名。治昌邑縣（今山東巨野縣東南）。

衞宏字敬仲，東海人也。少與河南鄭興俱好古學。初，九江謝曼卿善《毛詩》，乃爲其訓。宏從曼卿受學，因作《毛詩序》，善得風雅之旨，于今傳於世。後從大司空杜林更受《古文尚書》，爲作訓旨。時濟南徐巡師事宏，後從林受學，亦以儒顯，由是古學大興。光武以爲議郎。宏作《漢舊儀》四篇，[1]以載西京雜事；又著賦、頌、誄七首，[2]皆傳於世。

[1]【今注】漢舊儀：已佚。清孫星衍有輯本。

[2]【今注】誄（lěi）：文體名。叙述亡者生前德行功業，以表哀祭。《文心雕龍》卷三《誄碑》：“周世盛德，有銘誄之文。大夫之材，臨喪能誄。誄者，累也；累其德行，旌之不朽也。夏商已前，其詳靡聞。周雖有誄，未被于士。又賤不誄貴，幼不誄長，在萬乘則稱天以誄之，讀誄定謚，其節文大矣。”

中興後，鄭衆、賈逵傳《毛詩》，後馬融作《毛詩傳》，鄭玄作《毛詩箋》。[1]

[1]【李賢注】箋，薦也，薦成毛義也。張華《博物志》曰："鄭注《毛詩》曰箋，不解此意。或云毛公嘗爲北海相，玄是郡人，故以爲敬云。"

《前書》魯高堂生，[1]漢興傳《禮》十七篇。[2]後瑕丘蕭奮以授同郡后蒼，[3]蒼授梁人戴德及德兄子聖、沛人慶普。[4]於是德爲《大戴禮》，聖爲《小戴禮》，普爲《慶氏禮》，三家皆立博士。孔安國所獻《禮古經》五十六篇及《周官經》六篇，[5]前世傳其書，未有名家。中興已後，亦有大、小戴博士，雖相傳不絶，然未有顯於儒林者。建武中，曹充習慶氏學，傳其子襃，遂撰《漢禮》，事在《襃傳》。[6]

[1]【今注】案，大德本、殿本"生"後有李賢注"高堂生名隆"。

[2]【今注】禮：指《儀禮》。

[3]【今注】瑕丘：縣名。治所在今山東濟寧市兖州區東北。

[4]【李賢注】德字近君。聖字次君。普字孝公。【今注】梁：諸侯王國名。都睢陽縣（今河南商丘市睢陽區）。

[5]【今注】周官經：指《周禮》。

[6]【今注】襃：曹襃。傳見本書卷三五。

董鈞字文伯，犍爲資中人也。習《慶氏禮》。事大鴻臚王臨。元始中，[1]舉明經，遷廩犧令，[2]病去官。建武中，舉孝廉，辟司徒府。鈞博通古今，數言政事。

永平初，[3]爲博士。時草創五郊祭祀，[4]及宗廟禮樂，威儀章服，輒令鈞參議，多見從用，當世稱爲通儒。累遷五官中郎將，常教授門生百餘人。後坐事左轉騎都尉。[5]年七十餘，卒於家。

［1］【今注】元始：西漢平帝劉衎年號（1—5）。

［2］【李賢注】《前書》平帝元始五年，舉明經。《漢官儀》曰："廩犧令一人（大德本、殿本'廩'前有'今'字），秩六百石。"【今注】廩犧令：掌供宗廟祭祀的穀物和牲畜。

［3］【今注】初，大德本、殿本作"中"。

［4］【李賢注】《續漢志》曰："永平中，以《禮儀讖》及《月令》有五郊迎氣，因採元和中故事，兆五郊于洛陽四方，中兆在未，壇皆三尺。"【今注】五郊：東漢在東、南、西、北、中五郊之地設祭以迎氣。

［5］【今注】左轉：降職、貶官。

中興，鄭衆傳《周官經》，後馬融作《周官傳》，授鄭玄，玄作《周官注》。玄本習《小戴禮》，後以古經校之，取其義長者，故爲鄭氏學。玄又注小戴所傳《禮記》四十九篇，[1]通爲三《禮》焉。

［1］【今注】禮記：即今《禮記》。

《前書》齊胡母子都傳《公羊春秋》，授東平嬴公，[1]嬴公授東海孟卿，孟卿授魯人眭孟，眭孟授東海嚴彭祖、魯人顏安樂。彭祖爲《春秋》嚴氏學，安樂爲《春秋》顏氏學，[2]又瑕丘江公傳《穀梁春秋》，三家皆立博士。梁太傅賈誼爲《春秋左氏傳》訓詁，[3]授趙人貫公。

[1]【今注】東平：諸侯王國名。西漢宣帝時改大河郡置，治無鹽縣（今山東東平縣東）。

[2]【李賢注】《前書》彭祖字公子，安樂字翁孫，安樂即眭孟姊子也。

[3]【今注】太傅：官名。掌輔導諸侯王。可向朝廷奏諸侯王不法。秩二千石。　賈誼：洛陽（今河南洛陽市）人。傳見《漢書》卷四八。

丁恭字子然，山陽東緡人也。[1]習《公羊嚴氏春秋》。恭學義精明，教授常數百人，州郡請召不應。建武初，爲諫議大夫、博士，封關内侯。[2]十一年，遷少府。諸生自遠方至者，著録數千人，當世稱爲大儒。太常樓望、侍中承宫、長水校尉樊儵等皆受業於恭。[3]二十年，拜侍中祭酒、騎都尉，與侍中劉昆俱在光武左右，每事諮訪焉。卒於官。

[1]【李賢注】東緡，今兗州金鄉縣。【今注】東緡：縣名。治所在今山東金鄉縣。

[2]【今注】關内侯：爵位名。秦漢二十等爵的第十九級，僅低於列侯。有封號，無封國。一般是對立有軍功將領的獎勵，封有食邑數户，有按規定户數徵收租税之權（參見師彬彬《兩漢關内侯問題研究綜述》，《中國史研究動態》2015 年第 2 期）。

[3]【今注】承宫：字少子，琅邪姑幕（今山東諸城市）人。

傳見本書卷二七。　長水校尉：官名。西漢武帝時置，領長水宣曲胡騎，屯戍京師，兼任征伐。爲北軍八校尉之一，秩二千石。

周澤字穉都，北海安丘人也。[1]少習《公羊嚴氏春秋》，隱居教授，門徒常數百人。建武末，辟大司馬府，[2]署議曹祭酒。[3]數月，徵試博士。中元元年，遷黽池令。[4]奉公尅己，矜恤孤羸，吏人歸愛之。永平五年，遷右中郎將。十年，拜太常。澤果敢直言，數有據爭。[5]後北地太守廖信[6]坐貪穢下獄，没入財産，顯宗以信臧物班諸廉吏，唯澤及光禄勳孫堪、大司農常沖特蒙賜焉。是時京師翕然，[7]在位者咸自勉勵。堪字子穉，河南緱氏人也。[8]明經學，有志操，清白貞正，愛士大夫，然一豪未嘗取於人，[9]以節介氣勇自行。王莽末，兵革並起，宗族老弱在營保間，[10]堪常力戰陷敵，無所回避，數被創刃，宗族賴之，郡中咸服其義勇。建武中，仕郡縣。公正廉絜，奉禄不及妻子，皆以供賓客。及爲長吏，所在有迹，爲吏人所敬仰。喜分明去就。嘗爲縣令，謁府，趨步遲緩，門亭長譴堪御吏，[11]堪便解印綬去，不之官。後復仕爲左馮翊，[12]坐遇下促急，[13]司隸校尉舉奏免官。[14]數月，徵爲侍御史，[15]再遷尚書令。[16]永平十一年，拜光禄勳。堪清廉，果於從政，數有直言，多見納用。十八年，以病乞身，爲侍中騎都尉，卒於官。堪行類於澤，故京師號曰“二穉”。十二年，以澤行司徒事，如真。[17]澤性簡，忽威儀，頗失宰相之望。數月，復爲太常。清絜循行，盡敬宗廟。嘗卧疾齋宮，[18]其妻哀澤老病，闞問所苦。[19]澤大怒，以妻干犯齋禁，遂收送詔獄謝罪。當世疑其詭激。時人爲之語曰：“生世不諧，作太常妻，一歲三百六十日，三百五十九日齋。”[20]十八年，拜侍中騎都尉。後數爲三老五更。建初中致仕，卒於家。

［1］【今注】安丘：縣名。治所在今山東安丘市西南。

［2］【今注】大司馬：官名。西漢武帝改太尉置，性質是加官，不同時期或加將軍，或不加。《漢書·百官公卿表上》：“太尉，秦官，金印紫綬，掌武事。武帝建元二年省。元狩四年初置大司馬，以冠將軍之號。宣帝地節三年置大司馬，不冠將軍，亦無印綬官屬。成帝綏和元年初賜大司馬金印紫綬，置官屬，禄比丞相，去將軍。哀帝建平二年復去大司馬印綬、官屬，冠將軍如故。元壽二年復賜大司馬印綬，置官屬，去將軍，位在司徒上。有長史，秩千石。”東漢光武帝復改大司馬爲太尉。

［3］【今注】議曹祭酒：漢置，掌參謀議，多以資深德重年長者爲之。

［4］【今注】黽池：縣名。治所在今河南澠池縣西。

［5］【今注】據争：王先謙《後漢書集解》：“據争猶執諫。”

［6］【李賢注】廖音力弔反。【今注】北地：郡名。治義渠縣（今甘肅寧縣西北）。

［7］【今注】翕然：一致稱頌。

［8］【今注】緱氏：縣名。治所在今河南偃師市東南府店鎮北。

［9］【今注】案，豪，紹興本、大德本、殿本作“毫”。

［10］【今注】營保：營房保壘。保，同“堡”。

［11］【今注】門亭長：州郡府門的門亭長，掌通報、糾察等。本書《百官志四》：“門亭長，主州正門。”

［12］【今注】左馮翊：官名。西漢武帝時改左内史置。《漢書·百官公卿表上》注："馮，輔也。翊，佐也。"職掌相當於郡太守，轄區相當於一郡。治所在長安城。轄境範圍相當於今陝西渭河以北、涇河以東洛河中下游地區。東漢都洛陽，改河南郡爲尹，因陵廟在三輔，故不改京兆尹、左馮翊、右扶風之名，祇減其俸。

［13］【今注】案，遇，大德本、殿本作"御"。

［14］【今注】司隸校尉：官名。西漢武帝時置。持節，從中都官徒千二百人，捕巫蠱，督大奸猾。後罷其兵。察三輔、三河、弘農。元帝時去節，成帝時省。哀帝中復置，但稱司隸，冠進賢冠，屬大司空，比司直。東漢時復爲司隸校尉，所部河南尹、河内、右扶風、左馮翊、京兆尹、河東、弘農凡七郡，治河南洛陽。無所不糾，唯不察三公。廷議處九卿上，朝賀處公卿下。光武帝特詔朝會時與御史中丞、尚書令並專席而坐，時號"三獨坐"。秩比二千石。

［15］【今注】侍御史：官名。漢置。掌察舉非法，受公卿群吏奏事，有違失舉劾之。御史中丞屬官。有十五人，秩六百石。本書《百官志三》："侍御史十五人，六百石。本注曰：掌察舉非法，受公卿群吏奏事，有違失舉劾之。凡郊廟之祠及大朝會、大封拜，則二人監威儀，有違失則劾奏。"

［16］【今注】尚書令：官名。漢承秦置。初爲尚書署長官，掌收發文書，隸少府。秩六百石，漢武帝以後，職權漸重，爲宫廷機要官員，掌傳達記録詔命章奏，秩千石。東漢時爲尚書臺長官，掌決策出令、綜理政務，秩位低而總領朝政，名義上仍隸少府。本書《百官志三》："尚書令一人，千石。本注曰：承秦所置，武帝用宦者，更爲中書謁者令，成帝用士人，復故。掌凡選署及奏下尚書曹文書衆事。"

［17］【今注】如真：代行而俸禄如真司徒。

［18］【今注】案，嘗，紹興本、大德本、殿本作"常"。疾，大德本、殿本作"病"。

[19]【今注】闚問：探望問候。

[20]【李賢注】《漢官儀》此下云"一日不齋醉如泥"。

鍾興字次文，汝南汝陽人也。少從少府丁恭受《嚴氏春秋》。恭薦興學行高明，光武召見，問以經義，應對甚明。帝善之，拜郎中，稍遷左中郎將。詔令定《春秋》章句，去其復重，[1]以授皇太子。又使宗室諸侯從興受章句。封關内侯。興自以無功，不敢受爵。帝曰："生教訓太子及諸王侯，非大功邪?"興曰："臣師丁恭。"於是復封恭，而興遂固辭不受爵，卒於官。

[1]【李賢注】復音複。重音直容反。

甄宇字長文，北海安丘人也。清静少欲。習《嚴氏春秋》，教授常數百人。建武中，爲州從事，徵拜博士，[1]稍遷太子少傅，卒於官。傳業子普，普傳子承。承尤篤學，未嘗視家事，[2]講授常數百人。[3]諸儒以承三世傳業，莫不歸服之。建初中，舉孝廉，卒於梁相。子孫傳學不絶。[4]

[1]【李賢注】《東觀記》曰："建武中每臘，詔書賜博士一羊。羊有大小肥瘦。時博士祭酒議欲殺羊分肉，又欲投鉤，宇復恥之。宇因先自取其最瘦者，由是不復有爭訟（由，大德本作'猶'）。後召會，問'瘦羊博士'所在，京師因以號之。"

[2]【今注】案，嘗，殿本作"常"。

[3]【今注】案，常，大德本、殿本作“嘗”。

[4]【今注】案，《北堂書鈔》卷五六引《東觀漢記》：“甄宇，字長文，子晉，晉子丞，周澤董魯平叔，叔子軼，並以儒學拜議郎。”惠棟《後漢書補注》：“後漢末北海有甄子然知名，早卒。常與鄭康成難問《周禮》，見《鄭志》，當是宇之後也。”

樓望字次子，陳留雍丘人也。[1]少習《嚴氏春秋》。操節清白，有稱鄉閭。建武中，趙節王栩[2]聞其高名，遣使齎玉帛請以爲師，望不受。後仕郡功曹。永平初，爲侍中、越騎校尉，[3]入講省内。[4]十六年，遷大司農。十八年，代周澤爲太常。建初五年，坐事左轉太中大夫，後爲左中郎將。教授不倦，世稱儒宗，諸生著録九千餘人。年八十，永元十二年，卒於官，門生會葬者數千人，儒家以爲榮。

[1]【今注】雍丘：縣名。治所在今河南杞縣。

[2]【李賢注】光武叔父趙王良之子，謚曰節。

[3]【今注】越騎校尉：官名。西漢武帝時所置八校尉之一。掌越地騎兵。東漢光武帝建武十五年（39）改青巾左校尉置，爲五校尉之一，隸北軍中候，掌宿衛兵。秩比二千石。

[4]【今注】省内：宫中。

程曾字秀升，豫章南昌人也。[1]受業長安，習《嚴氏春秋》，積十餘年，還家講授。會稽顧奉等數百人常居門下。[2]著書百餘篇，皆《五經》通難，又作《孟子章句》。建初三年，舉孝廉，遷海西令，[3]卒於官。

［1］【今注】豫章：郡名。治南昌縣（今江西南昌市東湖區）。

［2］【今注】顧奉：曾爲會稽郡處士，東漢和帝永元中爲會稽太守張霸舉薦，任潁川太守。

［3］【今注】海西：縣名。治所在今江蘇灌雲縣東南。

張玄字君夏，河内河陽人也。[1]少習《春秋》顔氏，[2]兼通數家法。建武初，舉明經，補弘農文學，遷陳倉縣丞。[3]清浄無欲，專心經書，方其講問，乃不食終日。及有難者，輒爲張數家之説，令擇從所安。諸儒皆伏其多通，著録千餘人。玄初爲縣丞，嘗以職事對府，不知官曹處，吏白門下責之。時右扶風琅邪徐業，[4]亦大儒也，聞玄諸生，試引見之，與語，大驚曰："今日相遭，真解矇矣！"[5]遂請上堂，難問極日。後玄去官，舉孝廉，除爲郎。會顔氏博士缺，玄試策第一，拜爲博士。居數月，諸生上言玄兼説嚴氏、宣氏，[6]不宜專爲顔氏博士。光武且令還署，未及遷而卒。

［1］【今注】河陽：縣名。治所在今河南孟州市西。

［2］【今注】案，春秋顔氏，殿本作"顔氏春秋"。

［3］【今注】陳倉：縣名。治所在今陝西寶雞市東。

［4］【今注】右扶風：漢三輔之一。西漢武帝太初元年（前104）改主爵都尉置。相當於郡太守。治長安縣（今陝西西安市西北）。東漢時移治槐里縣（今陝西興平市東南）。

［5］【李賢注】遭，逢也。【今注】矇：昏暗不明。

［6］【今注】宣氏：錢大昭《後漢書辨疑》以爲"宣氏"二字疑衍，"是時《春秋》嚴顔並立博士，言其學通二家，當兼二家博

士也”。

李育字元春，扶風漆人也。[1]少習《公羊春秋》。沈思專精，博覽書傳，知名太學，深爲同郡班固所重。固奏記薦育於驃騎將軍東平王蒼，由是京師貴戚争往交之。州郡請召，育到，輒辭病去。常避地教授，門徒數百。頗涉獵古學。嘗讀《左氏傳》，雖樂文采，然謂不得聖人深意，以爲前世陳元、范升之徒更相非折，[2]而多引圖讖，不據理體，[3]於是作《難左氏義》四十一事。建初元年，衛尉馬廖舉育方正，[4]爲議郎。後拜博士。四年，詔與諸儒論《五經》於白虎觀，育以《公羊》義難賈逵，往返皆有理證，最爲通儒。再遷尚書令。及馬氏廢，[5]育坐爲所舉免歸。歲餘復徵，再遷侍中，卒於官。[6]

[1]【李賢注】漆，縣，今豳州辛平縣。【今注】漆：縣名。治所在今陝西彬州市。

[2]【李賢注】折，難也，音之舌反。

[3]【今注】理體：指文義事理。

[4]【今注】衛尉：官名。戰國秦置，西漢沿置，掌宫門屯衛兵，秩中二千石，列位九卿。本書《百官志二》：“衛尉，卿一人，中二千石。本注曰：掌宫門衛士，宫中徼循事。” 馬廖：字敬平，扶風茂陵（今陝西興平市東北）人。傳見本書卷二四。

[5]【李賢注】建初八年，順陽侯馬廖子豫爲步兵校尉，坐投書怨謗，豫免，廖歸國。見《馬援傳》。

[6]【今注】案，《北堂書鈔》卷五八引《東觀漢記》：“李育，字元春，爲侍中。時章帝西謁園陵，育陪乘，問舊事，育輒對，由

是見重。”

何休字邵公，任城樊人也。[1]父豹，少府。休爲人質朴訥口，而雅有心思，精研《六經》，世儒無及者。以列卿子詔拜郎中，非其好也，辭疾而去。不仕州郡。進退必以禮。太傅陳蕃辟之，[2]與參政事。蕃敗，休坐廢錮，乃作《春秋公羊解詁》，[3]覃思不闚門，[4]十有七年。[5]又注訓《孝經》《論語》、風角七分，[6]皆經緯典謨，不與守文同説。又以《春秋》駁漢事六百餘條，妙得《公羊》本意。休善歷筭，與其師博士羊弼，追述李育意以難二《傳》，作《公羊墨守》[7]《左氏膏肓》《穀梁廢疾》。[8]黨禁解，又辟司徒。群公表休道術深明，宜侍帷幄，[9]倖臣不悦之，乃拜議郎，屢陳忠言。再遷諫議大夫，年五十四，光和五年卒。

[1]【李賢注】樊，縣，故城在今兖州瑕丘縣西南。【今注】樊：縣名。治所在今山東濟寧市兖州區西南。

[2]【今注】太傅：官名。古三公之一。西漢高后時曾置太傅，後省。哀帝間復置。東漢不置太師、太保，上公唯太傅一人。秩萬石。本書《百官志一》：“太傅，上公一人。本注曰：掌以善導，無常職。世祖以卓茂爲太傅，薨，因省。其後每帝初即位，輒置太傅録尚書事，薨，輒省。” 陳蕃：字仲舉，汝南平輿（今河南平輿縣北）人。傳見本書卷六六。

[3]【李賢注】《博物志》曰：“何休注《公羊》云‘何氏學’，有不解者，或答曰‘休謙辭受學於師，乃宣此義不出於己’。”此言爲允也。

[4]【今注】覃思：深思。

［5］【今注】案，錢大昕《廿二史考異》卷一二《後漢書三》："陳蕃事敗，在建寧元年九月，是歲歲在戊申。而休卒於光和五年壬戌，首尾僅十有五載，而晚年又應公府之辟，歷官議郎諫議大夫，則著書杜門，大約不過十年耳。光和二年，以上禄長和海言，令黨人禁錮小功以下皆除之。傳所謂'黨禁解'者，當在此時，至中平元年，大赦天下黨人，則休已先卒矣。"

［6］【今注】七分：六日七分。一種占卦術。以坎冬、離夏、震春、兑秋四正卦主一時。每卦六爻，爻主一氣，共主二十四氣，餘六十卦，每卦六爻，爻主一日，凡主三百六十日，餘由五日四分日之一。每日分爲八十分，五日四百分。四分日之一，又爲二十分，是爲四百二十分。六十卦，分之六七，四百二十分，每卦各得七分。

［7］【李賢注】言《公羊》之義不可攻，如墨翟之守城也。

［8］【今注】膏肓：人體心臟與横膈膜之間的部分。舊説以爲是藥效無法達到的地方，引申爲病症已達難治的階段。　廢疾：身體或精神上有殘缺。

［9］【今注】帷幄：宫殿的帳幕。代指帝王。

服虔字子慎，初名重，又名祇，後改爲虔，河南滎陽人也。[1]少以清苦建志，入太學受業。有雅才，善著文論，作《春秋左氏傳解》，行之至今。又以《左傳》駁何休之所駁漢事六十條。舉孝廉，稍遷，中平末，[2]拜九江太守。免，遭亂行客，病卒。所著賦、碑、誄、書記、連珠、九憤，[3]凡十餘篇。

［1］【今注】滎陽：縣名。治所在今河南滎陽市東北。

［2］【今注】中平：東漢靈帝劉宏年號（184—189）。

［3］【今注】連珠：文體名。多排偶用韻，藉串連事例或比喻

以傳達微旨。服虔連珠佚文見嚴可均輯《全後漢文》卷七四："道爲知者設，馬爲御者良，賢爲聖者用，辨爲知者通。""臣聞目瞤耳鳴，近夫小戒也。狐鳴犬嘷，家人小祅也。猶忌慎動作，封鎮書符，以防其禍。是故天地示異，災變横起，則人主恒恐懼而修政。"

潁容字子嚴，陳國長平人也。[1]博學多通，善《春秋左氏》，師事太尉楊賜。[2]郡舉孝廉，州辟，公車徵，皆不就。初平中，避亂荆州，聚徒千餘人。[3]劉表以爲武陵太守，[4]不肯起。著《春秋左氏條例》五萬餘言，建安中卒。[5]

[1]【李賢注】長平，縣，故城在今陳州西北。【今注】陳國：諸侯王國名。治陳縣（今河南淮陽縣）。　長平：縣名。治所在今河南西華縣東北。

[2]【今注】楊賜：字伯獻，弘農華陰（今陝西華陰市東）人。傳見本書卷五四。

[3]【今注】案，徒，大德本作"吏"。

[4]【今注】劉表：字景升，山陽高平（今山東鄒城市西南）人。傳見本書卷七四下。　武陵：郡名。治臨沅縣（今湖南常德市武陵區）。

[5]【今注】建安：東漢獻帝劉協年號（196—220）。

謝該字文儀，南陽章陵人也。[1]善明《春秋左氏》，爲世名儒，門徒數百千人。建安中，河東人樂詳條《左氏》疑滯數十事以問，[2]該皆爲通解之，名爲《謝氏釋》，行於世。[3]仕爲公車司馬令，以父母老，託疾去官。欲歸鄉里，會荆州道斷，不得去。少府孔融上書薦之曰：[4]“臣聞高祖創業，韓、彭之將征討暴亂，[5]陸賈、叔孫通進説《詩》《書》。[6]光武中興，吴、耿佐命，[7]范升、衛宏脩述舊業，故能文武並用，成長久之計。陛下聖德欽明，[8]同符二祖，勞謙戹運，[9]三年乃讙。[10]今尚父鷹揚，方叔翰飛，[11]王師電鷲，[12]群凶破殄，始有櫜弓卧鼓之次，[13]宜得名儒，典綜禮紀。竊見故公車司馬令謝該，體曾、史之淑性，[14]兼商、偃之文學，[15]博通群蓺，周覽古今，物來有應，事至不惑，清白異行，敦悦道訓。求之遠近，少有疇匹。若乃巨骨出吴，[16]隼集陳庭，[17]黄能入寢，[18]亥有二首，[19]非夫洽聞者，莫識其端也。雋不疑定北闕之前，[20]夏侯勝辯常陰之驗，然後朝士益重儒術。[21]今該實卓然比跡前列，間以父母老疾，弃官欲歸，道路險塞，無由自致。猥使良才抱樸而逃，[22]踰越山河，沈淪荆楚，所謂往而不反者也。[23]後日當更饋樂以釣由余，剋像以求傅説，豈不煩哉？[24]臣愚以爲可推録所在，召該令還。楚人止孫卿之去國，[25]漢朝追匡衡於平原，[26]尊儒貴學，惜失賢也。”書奏，詔即徵還，拜議郎。以壽終。

[1]【今注】章陵：縣名。治所在今湖北棗陽市南。

[2]【今注】河東：郡名。治安邑縣（今山西夏縣西北）。

[3]【李賢注】《魏略》曰：“詳字文載，少好學，聞謝該善《左氏傳》，乃從南陽步涉詣許，從該問疑難諸要。今《左氏問》七十二事，詳所撰也。杜畿爲太守，署詳文學祭酒。黄初中，徵拜博士。十餘人，學多褊，又不孰悉（孰，大德本、殿本作

‘熟’），唯詳五業並授。其或質難不解（質難，大德本、殿本作‘難質’），詳無愠色，以杖畫地，牽譬引類，至忘寢食也。”

［4］【今注】孔融：字文舉，魯國（今山東曲阜市）人。傳見本書卷七〇。

［5］【今注】韓彭：韓信、彭越。二人傳見《漢書》卷三四。

［6］【李賢注】陸賈爲太中大夫，時時前説稱《詩》《書》(殿本作“時”字不重)，著書十二篇，每奏一篇，高祖未嘗不稱善。叔孫通爲高祖制禮儀。並見《前書》。【今注】陸賈叔孫通：二人傳見《漢書》卷四三。

［7］【今注】吴：吴漢，字子顔，南陽宛（今河南南陽市卧龍區）人。傳見本書卷一八。　耿：耿弇，字伯昭，右扶風茂陵（今陝西興平市東北）人。傳見本書卷一九。

［8］【今注】欽明：敬肅明察。

［9］【今注】戹運：同“厄運”。這裏指天命。

［10］【李賢注】《史記》：“高宗諒闇，三年不言，言乃讙。”時靈帝崩後，獻帝居諒闇，初釋服也。

［11］【李賢注】尚父，太公也。《毛詩》曰：“惟師尚父(惟，大德本、殿本作‘維’)，時惟鷹揚。”又曰：“方叔涖止，其車三千。鴪彼飛隼，翰飛戾天。”注云：“方叔，卿士，命爲將也。涖，臨也。鴪，急疾之貌也。飛乃至天，喻士卒至勇，能深入攻敵。”【今注】鷹揚：威武奮揚如鷹。　翰飛：高飛。

［12］【今注】電鷙：指軍隊行進快速、威力猛烈。

［13］【李賢注】《毛詩》曰：“載櫜弓矢。”櫜所以盛弓。言今太平，櫜弓卧鼓，不用征伐，故須賢人也。

［14］【李賢注】曾參、史魚。【今注】史：史魚。春秋衛國賢臣。以直諫稱。

［15］【李賢注】卜商、言偃也。《論語》曰：“文學則子游、子夏（殿本無‘則’字)。”【今注】商偃：即子夏、子游。二人

事迹見《史記》卷六七《仲尼弟子列傳》。

[16]【李賢注】《史記》曰："吴伐越，隳會稽，得骨節專車。吴使使問仲尼：'骨何者最大？'仲尼曰：'禹致群神於會稽山（神，殿本作"臣"），防風氏後至，禹殺而僇之，其節專車，此爲大也。'"

[17]【李賢注】《史記》曰："有隼集于陳庭而死，楛矢貫之（楛，大德本、殿本作'楛'，紹興本誤作'楛'），石砮矢長尺有咫。陳湣公使問仲尼，仲尼曰：'隼來遠矣，此肅愼之矢也。昔武王克商，通道九夷百蠻，使各以其方賄來貢，於是肅慎貢楛矢石砮，長尺有咫。先王以分大姬，配虞胡公而封諸陳。'試求之故府，果得之。"

[18]【李賢注】《左傳》曰："鄭子産聘于晉，晉侯有疾，韓宣子曰：'寡君寢疾，於今三月矣。今夢黄能入於寢門，其何厲鬼邪？'對曰：'昔堯殛鯀于羽山，其神化爲黄能，以入羽泉，實爲夏郊，三代祀之。晉爲盟主，其或者未之祀也（未，紹興本、大德本、殿本作"未"）？'韓子祀夏郊，晉侯有間。"

[19]【李賢注】《左傳》："晉悼夫人食輿人之城杞者（杞，紹興本、大德本、殿本作'杞'），絳縣人或年長矣，無子，而往與於食。有與疑年，使之年，曰：'臣小人也，不知紀年。臣生之歲，正月甲子朔，四百有四十五甲子矣。其季於今，三之一也。'吏走問諸朝。師曠曰：'魯叔仲惠伯會郤成子于承匡之歲也（郤，紹興本、殿本作"郄"），七十三年矣。'史趙曰：'亥有二首六身，下二如身，是其日數也。'士文伯曰：'然則二萬六千六百有六旬也。'"杜注云："'亥'字二畫在上，併三六爲身，如筭之六也。"

[20]【李賢注】《前書》昭帝時，有男子成方遂詣北闕，自稱衞太子。丞相、御史、二千石至者，並莫敢發言，京兆尹雋不疑後到，叱從吏收縛。或曰："是非未可知？"不疑曰："諸君何患

於衛太子？昔蒯聵違命世奔（世，紹興本、大德本、殿本作‘出’，是），輒距而不納，《春秋》是之。衛太子得罪先帝，亡不即死，今來自詣，此罪人也。”遂送下詔獄。天子與大將軍霍光聞而嘉之，曰“公卿大臣當用經術，明於大義”也。【今注】雋不疑：字曼倩，勃海（今河北滄州市）人。初爲勃海郡文學，西漢武帝天漢年間，因暴勝之舉薦任青州刺史，因此次鎮壓劉澤反事有功，後被擢拔爲京兆尹。傳見《漢書》卷七一。

［21］【李賢注】《前書》曰，昌邑王嗣立，數出，勝當乘輿車前諫曰：“天久陰不雨，臣下有謀上者，陛下欲何之？”王怒，謂勝爲妖言，縛以屬吏。吏白霍光。是時光與張子孺謀欲廢王，光讓子孺，以爲世（世，紹興本、大德本、殿本作“泄”，是），子孺實不泄，召問勝，對言“在《洪範》”。光、子孺以此益重儒術士。

［22］【今注】抱樸：守有質樸淡泊的天性。案，樸，殿本作“璞”。

［23］【李賢注】《韓詩外傳》曰：“山林之士爲名，故往而不能反也。朝廷之士爲禄，故入而不能出。”

［24］【李賢注】《史記》曰：“由余，其先晉人也，亡入戎，能晉言。聞繆公賢（殿本‘聞’前有‘戎王’二字），故使由余觀袁（袁，紹興本、大德本、殿本作‘秦’，是）。秦繆公示以宫室積聚。由余曰：‘使鬼爲之，則勞神矣；使人爲之，亦苦人矣。’繆公退而問内史廖曰（殿本‘問’後有‘於’字）：‘孤聞鄰國有聖人（大德本、殿本無“鄰”字），敵國之憂也。今由余寡人之害，將奈何？’廖曰：‘戎王處僻，未聞中國之聲，君試遺以女樂，以奪其志；爲由余請，以疏其間；留而莫遣，以失其期。戎王怪之，必疑由余。君臣有間，乃可慮也。’乃令内史廖以女樂二八遺戎王，戎王受而説之。由余數諫不聽，繆公又數使人間要由余，由余遂去降秦。”【今注】傳説：殷商時期賢臣。事迹見《史記》

卷三《殷本紀》。

[25]【李賢注】劉向《孫卿子後序》所論孫卿事曰："卿名況，趙人也。楚相春申君以爲蘭陵令。或謂春申君曰：'湯以七十里，文王以百里。孫卿賢者，今與之百里地，楚其危乎！'春申君謝之。孫卿去之趙，後客或謂春申君曰：'伊尹去夏入殷，殷王而夏亡，管仲去魯入齊，魯弱而齊彊，故賢者所在，君尊國安。今孫卿天下賢人，何去之國其不安乎（何，紹興本、大德本、殿本作"所"，是）？'春申君使人聘孫卿，乃還，復爲蘭陵令。"

[26]【李賢注】《前書》匡衡爲平原文學，長安令楊興薦之於車騎將軍史高，曰："衡材智有餘，經學絶倫，但以無階朝廷，故隨牒在遠方。將軍試召置幕府，貢之朝廷，必爲國器。"高然其言，辟衡爲議曹史，薦衡於帝，帝以爲郎中。【今注】匡衡：字稚圭。傳見《漢書》卷八一。

建武中，鄭興、陳元傳《春秋左氏學》。時尚書令韓歆上疏，[1]欲爲《左氏》立博士，范升與歆争之未決，陳元上書訟《左氏》，遂以魏郡李封爲《左氏》博士。[2]後群儒蔽固者數廷争之。[3]及封卒，光武重違衆議，[4]而因不復補。[5]

[1]【今注】韓歆：字翁君，南陽（今河南南陽市）人。好直言。東漢光武帝建武十三年（37），沛郡太守韓歆爲大司徒。建武十五年，大司徒韓歆坐非帝讀隗囂書而被免，後不得已，與子自殺。

[2]【今注】魏郡：治鄴縣（今河北臨漳縣西南鄴鎮）。

[3]【今注】蔽固：迂拙固執。

[4]【今注】重違：難違。

［5］【今注】案，惠棟《後漢書補注》引《外黄令高彪碑》曰："君師汝南許公明于《左氏》，桓帝時上立博士。"

許慎字叔重，汝南召陵人也。[1]性淳篤，少博學經籍，馬融常推敬之，時人爲之語曰："《五經》無雙許叔重。"爲郡功曹，舉孝廉，再遷除洨長。卒于家。[2]初，慎以《五經》傳説臧否不同，於是撰爲《五經異義》，又作《説文解字》十四篇，皆傳於世。

［1］【今注】召陵：縣名。或寫作"邵陵"。治所在今河南漯河市郾城區東。

［2］【李賢注】洨音侯交反。【今注】洨：縣名。治所在今安徽固鎮縣東。

蔡玄字叔陵，汝南南頓人也。[1]學通《五經》，門徒常千人，其著録者萬六千人。徵辟並不就。順帝特詔徵拜議郎，講論《五經》異同，甚合帝意。遷侍中，出爲弘農太守，卒官。

［1］【今注】南頓：縣名。治所在今河南項城市南頓鎮。

論曰：自光武中年以後，干戈稍戢，[1]專事經學，自是其風世篤焉。其服儒衣，稱先王，[2]遊庠序，[3]聚横[4]塾者，蓋布之於邦域矣。若乃經生所處，不遠萬里之路，[5]精廬暫建，嬴糧動有千百，[6]其耆名高義開門受徒者，編牒不下萬人，皆專相傳祖，莫或訛雜。

至有分争王庭，樹朋私里，繁其章條，穿求崖穴，以合一家之說。故楊雄曰：“今之學者，非獨爲之華藻，又從而繡其鞶帨。”[7]夫書理無二，義歸有宗，而碩學之徒，莫之或徙，[8]故通人鄙其固焉，又雄所謂“譊譊之學，各習其師”也。[9]且觀成名高第，終能遠至者，蓋亦寡焉，而迂滯若是矣。然所談者仁義，所傳者聖法也。故人識君臣父子之綱，家知違邪歸正之路。自桓、靈之間，君道秕僻，[10]朝綱日陵，國隙屢啓，[11]自中智以下，靡不審其崩離；而權彊之臣，息其闚盜之謀，[12]豪俊之夫，屈於鄙生之議者，[13]人誦先王言也，下畏逆順埶也。[14]至如張温、皇甫嵩之徒，[15]功定天下之半，聲馳四海之表，俯仰顧眄，則天業可移，猶鞠躬昏主之下，狼狽折札之命，散成兵，就繩約，而無悔心。[16]暨乎剥橈自極，人神數盡，[17]然後群英乘其運，世德終其祚。[18]跡衰敝之所由致，而能多歷年所者，斯豈非學之效乎？[19]故先師垂典文，褒勵學者之功，篤矣切矣。不循《春秋》，至乃比於殺逆，其將有意乎！[20]

［1］【今注】戢：收斂。

［2］【李賢注】儒服爲章甫之冠，縫掖之衣也。《禮記》曰：“言必則古昔，稱先王。”

［3］【今注】庠序：先秦地方學校。後亦泛稱學校。

［4］【李賢注】“横”又作“黌”。

［5］【李賢注】經生謂博士也。就之者不以萬里爲遠而至也。

［6］【李賢注】精廬，講讀之舍。贏，檐負也（檐，大德本、

殿本作“擔”）。

［7］【李賢注】楊雄《法言》之文也。喻學者文煩碎也。鞶，帶也，字或作“幋”。《説文》曰：“幋（幋，殿本作‘鞶’），覆衣巾也。”音盤。帨，佩巾也，音稅。

［8］【李賢注】無二，專一也。

［9］【李賢注】亦《法言》之文也。譊譊，諠也（諠，大德本、殿本作“喧”），音奴交反。

［10］【李賢注】秕，穀不成也。以喻政化之惡也。

［11］【李賢注】陵，陵遲也。

［12］【李賢注】謂閻忠勸皇甫嵩，令推亡漢而自立，嵩不從其言。

［13］【李賢注】謂董卓欲大起兵，鄭泰止之，卓從其言。

［14］【李賢注】言政化雖壞，而朝久不傾危者（久，大德本作“夕”），以經籍道行，下人懼逆順之埶。【今注】埶：通“勢”。

［15］【今注】張温：字伯慎，官至太尉，曾封互鄉侯，後因謀誅董卓被殺。　皇甫嵩：字義真，安定朝那（今寧夏彭陽縣東）人。傳見本書卷七一。

［16］【李賢注】昏王謂獻帝也（王，紹興本、大德本、殿本作“主”）。札，簡也。折簡而召，言不勞重命也。繩約猶拘制也。謂温及嵩並被徵而就拘制也。

［17］【李賢注】《易·大過卦》曰（大過，大德本作“剥”；殿本無“卦”字）：“棟橈凶。”橈，折也。極，終也。言漢祚自終，人神之數盡。橈音女教反。

［18］【李賢注】群英謂袁術、曹操之屬。代德終其祚謂曹丕即位，廢獻帝爲山陽公，自廢至薨十四年，以壽終。

［19］【李賢注】跡猶尋也。言由有儒學，故能長久也。

［20］【李賢注】《史記》曰“爲人君父而不通《春秋》之義

者，必蒙首惡之名。人臣子而不通《春秋》之義者（紹興本、大德本、殿本‘人’前有‘爲’字），必陷篡弒誅死之罪”也。

贊曰：斯文未陵，亦各有承。[1]塗分流別，專門並興。精疏殊會，通閡相徵。千載不作，淵原誰澂？[2]

[1]【李賢注】《論語》曰（殿本“曰”前有“孔子”二字）：“天之將喪斯文也（大德本‘天’前有‘不知’二字）。”言斯文未陵遲，故學者分門，各自承襲其家業也。

[2]【李賢注】説經者，各自是其一家，或精或疏，或通或閡，去聖既久，莫知是非。若千載一聖，不復作起，則泉原混濁（原，大德本、殿本作“源”），誰能澂之。【今注】案，原，大德本、殿本作“源”。

後漢書　卷八〇上

列傳第七十上

文苑上

杜篤　王隆　夏恭　傅毅　黄香　劉毅　李尤　蘇順
劉珍　葛龔　王逸　崔琦　邊韶

杜篤字季雅，京兆杜陵人也。[1]高祖延年，宣帝時爲御史大夫。[2]篤少博學，不修小節，不爲鄉人所禮。居美陽，[3]與美陽令遊，[4]數從請託，[5]不諧，頗相恨。令怒，[6]收篤送京師。[7]

［1］【今注】京兆：西漢“三輔”之一。治長安縣（今陝西西安市西北）。長官京兆尹，西漢武帝時改右内史置，掌治京師，又得參與朝政。位列九卿，秩中二千石。　杜陵：縣名。西漢宣帝於杜縣建杜陵，並改杜縣爲杜陵縣，治所在今陝西西安市雁塔區曲江街道辦事處三兆村西北。

［2］【李賢注】《前書》延年字幼公，周之子也，爲御史大夫。延年居父官府，不敢當舊位，卧坐皆易其處也。【今注】高祖：曾祖的父親。顧炎武《日知録》卷二四："漢儒以曾祖之父爲高祖。"　延年：杜延年。傳見《漢書》卷六〇。《新唐書·宰相世系表二上》："杜氏出自祁姓，帝堯裔孫劉累之後。在周爲唐杜氏，成王滅唐，以封弟叔虞，改封唐氏子孫於杜城，京兆杜陵縣是也……札生周，御史大夫，以豪族徙茂陵。三子：延壽、延考、延年。延年字幼公，御史大夫、建平敬侯。六子：緩、繼、他、紹、緒、熊。熊字少卿，荆州刺史，生後漢諫議大夫穰，字子饒。二子：敦、篤。"胡旭《先唐文苑傳箋證》引《杜氏起源》："杜延年徙杜陵。延年生六子：緩、繼、他、欽、緒、熊。熊官至郡太守，生子少卿；少卿官荆州刺史，生子穰、篤。穰官河郡太守，篤官車騎將軍從事；篤生碩，以貨殖聞。"並指出："《宰相世系二上》與《杜氏起源》差異有三：一爲杜紹與杜欽之異，二爲杜熊與少卿之異。前者云熊即少卿，後者云少卿爲熊之子。三爲杜敦與杜穰之異。前者云篤兄爲敦，後者云篤兄爲穰。何者爲是，不詳。"（鳳凰出版社 2012 年版，第 2 頁）又，據二書所載杜氏世系，杜延年爲杜篤曾祖。　宣帝：西漢宣帝劉詢，公元前 74 年至前 49 年在位。紀見《漢書》卷八。　御史大夫：官名。漢承秦置。丞相副貳，協調處理天下政務，而以監察、執法爲主要職掌。並主管圖籍秘書檔案、四方文書，百官奏議經其上呈，皇帝詔命由其承轉丞相下達執行。負責考課、監察、彈劾官吏，典掌刑獄，收捕、審訊有罪官吏等；或派員巡察地方，鎮壓事變，有時亦督兵出征。丞相缺位，常由其遞補。三公之一，銀印青綬，秩中二千石。成帝時更名大司空，金印紫綬，禄比丞相。西漢御史大夫職權有所轉變，最初有皇帝私屬性質，武帝後逐漸外朝化，職權漸歸中朝尚書，變爲丞相輔佐，《漢書·百官公卿表》記載的是轉變後的職能（參見安作璋、熊鐵基《秦漢官制史稿》，齊魯書社 2007 年版，第 47—53 頁；侯

旭東《西漢御史大夫寺位置的變遷——兼論御史大夫的職掌》,《中華文史論叢》2015 年第 1 期;張金龍《御史大夫職掌辨》,《北京大學學報》1985 年第 4 期)。

[3]【今注】美陽:縣名。治所在今陝西扶風縣東南。秦孝公時即已置縣。秦封泥有“美陽丞印”“美陽”。秦始皇帝陵北魚池秦遺址出土秦陶文有“美陽工蒼”。秦漢美陽城址在今陝西扶風縣法門寺一帶。曹金華《後漢書稽疑》以爲,“杜篤京兆杜陵人,‘居美陽’當作‘客居美陽’。《第五倫傳》、《御覽》卷五九六引《東觀記》皆作‘客居美陽’”。(中華書局 2014 年版,第 1077 頁)

[4]【今注】令:縣令。 遊:交往。

[5]【今注】請託:以事相託付。

[6]【今注】案,怒,大德本、殿本作“怨”。

[7]【今注】收:逮捕。 京師:東漢都城雒陽。案,本書卷四一《第五倫傳》載倫上疏劾馬防云:“篤爲鄉里所廢,客居美陽,女弟爲馬氏妻,恃此交通,在所縣令苦其不法,收繫論之。”

會大司馬吴漢薨,[1]光武詔諸儒誄之,[2]篤於獄中爲誄,辭最高,帝美之,賜帛免刑。篤以關中表裏山河,[3]先帝舊京,[4]不宜改營洛邑,[5]乃上奏《論都賦》曰:

[1]【今注】大司馬:官名。漢初承秦制,置太尉掌軍事,西漢武帝元狩四年(前 119)改置大司馬。西漢中後期,大將軍、驃騎將軍、車騎將軍、衛將軍等重號將軍加此職,即爲職掌中央政務的輔政大臣。通常由貴戚擔任。成帝時賜大司馬印綬,開府置屬,大司馬遂爲三公之一,不再爲加官。東漢光武帝劉秀即位,置大司馬,建武二十七年(51)復稱太尉,與司徒、司空合稱三公。(參見郭俊然《漢代大司馬職官叢考》,《運城學院學報》2012 年第 6

期）　吴漢：字子顔，南陽宛（今河南南陽市卧龍區）人。傳見本書卷一八。　薨：公侯死稱“薨”。

［2］【今注】誄（lěi）：文體名。叙述亡者生前德行功業，以表哀祭。《文心雕龍·誄碑》：“周世盛德，有銘誄之文。大夫之材，臨喪能誄。誄者，累也；累其德行，旌之不朽也。夏商已前，其詳靡聞。周雖有誄，未被于士。又賤不誄貴，幼不誄長，在萬乘則稱天以誄之，讀誄定謚，其節文大矣。”又：“杜篤之誄，有譽前代，《吴誄》雖工，而他篇頗疎，豈以見稱光武而改眄千金哉？”《藝文類聚》卷四七《職官部三》“大司馬”載杜篤《大司馬吴漢誄》佚文片段。

［3］【今注】關中：函谷關以西地區。秦漢時期廣義的關中概念，泛指“包括巴蜀在内的‘殽函’以西的西部地區”（參見王子今《秦漢區域地理學的“大關中”概念》，《人文雜志》2003年第1期）。　表裏山河：指内外有山、河天險可以憑據。

［4］【今注】先帝：指西漢諸帝。

［5］【今注】營：營建。

臣聞知而復知，是爲重知。[1]臣所欲言，陛下已知，故略其梗概，[2]不敢具陳。昔般庚去奢，行儉於亳，[3]成周之隆，乃即中洛。[4]遭時制都，不常厥邑。[5]賢聖之慮，蓋有優劣；霸王之姿，[6]明知相絶。[7]守國之埶，[8]同歸異術。

［1］【李賢注】《韓詩外傳》曰：“知者知其所知，乃爲知矣。”

［2］【李賢注】梗概，猶粗略也。

［3］【李賢注】《帝王紀》曰：“般庚以耿在河北，迫近山川，自祖辛以來，奢淫不絶，般庚乃南度河（度，大德本、殿本作

‘渡’），徙都於亳。人咨嗟相怨，不欲遷（遷，紹興本、大德本、殿本作‘徙’），乃作書三篇以告之。”【今注】般庚：又作“盤庚”。商朝君主，事迹見《尚書·盤庚》、《史記》卷三《殷本紀》。　亳：商代都城。一説在今河南商丘市東南（南亳説），一説在今山東曹縣東南（北亳説），一説在今河南偃師市西（西亳説），一説在今陝西西安市東南（杜亳説），一説在今河南鄭州市（鄭亳説）。

［4］【李賢注】周成王就土中都洛陽也。【今注】成周：西周的東都洛邑。故址據傳在今河南洛陽市東郊。　即：就。

［5］【李賢注】《尚書》曰：“不常厥邑，于今五遷。”【今注】邑：國都。顧頡剛、劉起釪《尚書校釋譯論》：“甲骨文中‘大邑商’‘天邑商’，係指國都。商人指國都之地爲邑。‘不常厥邑’即‘厥邑不常’，是説它的國都不常固定在一個地方。”（中華書局2005年版，第933頁）

［6］【今注】霸王：行王道與行霸道。

［7］【今注】知：通“智”。

［8］【今注】埶：通“勢”。形勢。

或弃去阻阸，務處平易；[1]或據山帶河，并吞六國；[2]或富貴思歸，不顧見襲；或掩空擊虚，自蜀漢出；[3]即日車駕，策由一卒；[4]或知而不從，久都墝埆。[5]臣不敢有所據。竊見司馬相如、楊子雲作辭賦以諷主上，[6]臣誠慕之，伏作書一篇，[7]名曰《論都》，謹并封奏如左。[8]

［1］【李賢注】《淮南子》曰：“武王克殷，欲築宫於五行之山。周公曰：‘不可。夫五行之山，固塞險阻之地（險，大德本作

"崄")。使我德能覆之，則天下納其貢職者固矣；使我有暴亂之行，則天下之伐我難也。'"高誘注云："明周公恃德不恃險也。"【今注】阸（è）：阻塞；阻隔。

［2］【李賢注】謂秦也。【今注】帶：圍繞。　六國：指戰國時代的韓、魏、趙、燕、齊、楚。

［3］【李賢注】韓生勸項羽都關中，羽曰："富貴不歸故鄉，如衣錦夜行（殿本'錦'後有'衣'字）。"乃歸都彭城，而高祖自蜀漢出襲擊之也。見《前書》。

［4］【李賢注】《前書》戍卒婁敬説高祖都關中，即日車駕西都長安。【今注】策由一卒：曹金華《後漢書稽疑》以爲，"本傳前及項羽、劉邦，後云光武，則此當指鄭興勸更始劉玄西都長安也。《鄭興傳》載'更始諸將皆山東人，咸勸留洛陽'，鄭興説之，更始曰：'朕西決也'"。（中華書局2014年版，第1077頁）案，曹説非，本書卷三六《鄭興傳》："更始立，以司直李松行丞相事，先入長安，松以興爲長史，令還奉迎遷都。"可知當時鄭興爲丞相長史，不可稱爲"一卒"，李賢注是。

［5］【李賢注】謂光武久都洛陽也。墝埆，薄地也。《前書》張良曰："洛陽田地薄，四面受敵。"墝音苦交反（苦，大德本、殿本作"古"）。埆音苦角反（苦，大德本、殿本作"古"）。【今注】墝（qiāo）埆（què）：又作"磽确"。土地貧瘠。

［6］【今注】司馬相如：字長卿，蜀郡成都（今四川成都市）人。善辭賦。西漢景帝時爲武騎常侍。武帝任爲郎，以中郎將通西南夷。後爲孝文園令。撰《子虛賦》《上林賦》《大人賦》等。傳見《漢書》卷五七。　楊子雲：揚雄，字子雲。傳見《漢書》卷八七。　諷：諷諫。

［7］【今注】伏：敬辭。

［8］【今注】左：古人書寫自右向左，故下文在左。

皇帝以建武十八年二月甲辰，[1]升輿洛邑，[2]巡于西岳。[3]推天時，順斗極，[4]排閶闔，入函谷，[5]觀阸於崤黽，[6]圖險於隴蜀。[7]

［1］【今注】建武：東漢光武帝劉秀年號（25—56）。案，本書卷一下《光武帝紀下》載，建武十八年春二月“甲寅，西巡狩，幸長安”，十九年“復置函谷關都尉，修西京宫室”。據此，胡旭《先唐文苑傳箋證》以爲，“陸侃如《中古文學繫年》據此認定《論都賦》作於建武二十年，頗有道理。推其所由，不外乎三：其一，建武二十年之前杜篤居美陽，與美陽令遊，因請託不諧，被收送京師，不具上奏條件。其二，因上《大司馬吴漢誄》，杜篤得到光武帝的賞識，因此獲得上書條件。其三，光武帝營建西都長安的行爲，令人懷疑他有遷都長安的打算，他自己也可能有此想法。杜篤之作《論都賦》，一方面是揣摩了光武帝的心思，另一方面他是京兆杜陵人，可能確實希望遷都長安”（鳳凰出版社2012年版，第21—22頁）。

［2］【今注】升輿：登車。

［3］【李賢注】《光武紀》曰：“甲寅西巡狩。”【今注】西岳：華山。案，下文云，“其三月丁酉，行至長安”。“二月甲辰”“三月丁酉”與本書卷一下《光武帝紀下》“甲寅，西巡狩，幸長安。三月壬午，祠高廟，遂有事十一陵”記載不同。本書《光武帝紀下》曹金華《後漢書稽疑》指出，“是年二月辛酉朔，是月無‘甲寅’，也無‘甲辰’；三月庚寅朔，‘丁酉’爲初八，無‘壬午’。又《後漢紀》卷七載：‘春二月……壬午，上幸長安，祠園陵’，則‘壬午’爲二月二十二日，若是此日‘上幸長安’，則‘三月丁酉，行至長安’可也。而‘甲辰’爲三月十五日，‘甲寅’三月二十五日，此豈‘祠高廟，遂有事十一陵’之日乎？未詳。又據下文‘夏四月（甲戌）〔癸酉〕，車駕還宫。（癸酉）〔甲戌〕詔曰’，二

日爲誤倒，此又孰知非如是乎？諸書所載踳駁如此，無從悉正”(中華書局2014年版，第41—42頁)。

[4]【李賢注】楊雄《長揚賦》曰："順斗極，運天關。"極，北極星也，言順斗建及北極之星運轉而行也（及北極之，大德本、殿本作"及斗極北"）。

[5]【李賢注】閶闔，天門也。函谷故關在今洛州新安縣也。【今注】函谷：關名。本在今河南靈寶市境。戰國秦置。漢武帝元鼎三年（前114）徙關至今河南新安縣東，是爲新關，西去故關三百里。三國魏正始元年（240）廢。

[6]【今注】崤黽：崤澠。爲崤山、澠池間東西交通要隘，在今河南三門峽市陝州區東南、澠池縣西。《國語·周語中》："晉人敗諸崤。"徐元誥《集解》："崤，山名，或謂之崤澠，或謂之崤塞，《水經注》因崤有盤崤、石崤、千崤，謂之'三崤'，《讀史方輿紀要》因崤有二陵，謂之'二崤'。今河南澠池縣亦以崤澠名，山在今河南永寧縣北六十里。"

[7]【李賢注】圖猶規度也。【今注】隴蜀：隴右、西蜀，即今甘肅、四川及青海部分地區。

其三月丁酉，行至長安。經營宮室，傷愍舊京，[1]即詔京兆，[2]迺命扶風，[3]齋肅致敬，告覲園陵。[4]悽然有懷祖之思，[5]喟乎以思諸夏之隆。[6]

[1]【今注】傷愍：哀痛。

[2]【今注】京兆：指京兆尹。

[3]【今注】扶風："三輔"之一。秦置主爵都尉。西漢景帝中元六年（前144）更名都尉，武帝太初元年（前104）更名右扶風，取扶助風化之意。轄地在今陝西西安市長安區西。

[4]【今注】園陵：指西漢諸帝陵廟。

[5]【李賢注】懷，思也。

[6]【李賢注】喟，歎聲。【今注】諸夏：這裏指西漢朝廷及其分封的諸侯國。

遂天旋雲遊，[1]造舟于渭，北斻涇流。[2]千乘方轂，[3]萬騎騈羅，[4]衍陳於岐、梁，東橫乎大河。[5]瘞后土，[6]禮邠郊。[7]其歲四月，反于洛都。

[1]【今注】天旋：喻指皇帝出行。

[2]【李賢注】《爾雅》曰："天子造舟。"造，並也。以舟相並而濟也。斻，舟度也，音胡郎反。《方言》："關而東或謂舟爲航。"《説文》"斻"字在方部，今流俗不解，遂與"杭"字相亂者，誤也。【今注】造舟：併船做橋。《詩·大雅·大明》："造舟爲梁，不顯其光。"毛《傳》："天子造舟，諸侯維舟，大夫方舟，士特舟。造舟然後可以顯其光輝。"孔穎達《正義》："天子造舟至特舟，皆《釋水》文。李巡曰：'比其舟而渡曰造舟，中央左右相維持曰維舟，併兩船曰方舟，一舟曰特舟。'孫炎曰：'造舟，比舟爲梁也。維舟，連四舟也。'然則造舟者，比船於水，加板於上，即今之浮橋，故杜預云'造舟爲梁'，則河橋之謂也。"《爾雅·釋水》："天子造舟。"郭璞注："比船爲橋。"邢昺疏："云'天子造舟'者，《詩·大雅·大明》云'造舟爲梁'是也。言'造舟'者，比船於水，加版於上，即今之浮橋。故杜預云：'造舟爲梁，則河橋之謂也。'" 渭：渭水。源出今甘肅渭源縣鳥鼠山，向東穿過陝西關中平原，在潼關縣注入黄河。 斻：義同"航"。洪亮吉《卷施閣文甲集》卷三《釋舟》："《説文》：'斻，方舟也。'徐鉉曰：'今俗别作航，非是。'《方言》：'舟自關而東，或謂之舟，或謂之航。'戴震疏證《後漢書·文苑傳》'北斻涇流'，注：'斻，

舟度也。'《方言》：'自關而東，或謂舟爲航。'《説文》'斻'在'方部'。今流俗不解，與'杭'字相亂，誤也。《淮南王書·主術訓》：'大者以爲舟航。'高誘注：'方兩小船並濟爲航。杭同。'又《氾論訓》云：'乃爲窬木方板，以爲舟航。'注：'舟相連爲航也。'又《説林訓》：'釣魚者泛杭。'注：'杭航通。'按《集韻》：'䑵，方舟也。'《群書》無此字，惟《釋文》首序云：'吴興大䑵頭。'蓋又屬航字之別。今考'斻''杭'雖各部，然古人率皆通用。如《漢書·地理志》餘杭縣，《吴興記》云：'秦始皇舍舟杭于此，因以爲名'，以迄《淮南王書》等，是矣。'航'既'斻'之別字，若作'䑵'，則又別之別耳。"　涇：涇水。源出今甘肅平涼市，東南流經陝西涇陽縣東南入渭水。

［3］【今注】方轂（gǔ）：並駕。

［4］【今注】騈羅：騈比羅列。

［5］【李賢注】衍，布也。横，絶流度也。《楚辭》曰"横人江兮揚舲"也（人，紹興本、大德本、殿本作"大"，是）。【今注】岐：岐山，即狐岐之山，在今山西介休市境。一説即今岐山，在今陝西岐山縣北。　梁：吕梁山，在今山西吕梁市離石區東北。一説在今陝西韓城市西，爲黄河西岸大山。

［6］【李賢注】瘞，埋也，謂埋牲幣也。《爾雅》曰："祭地曰瘞埋。"后土祠在今蒲州汾陰縣北也。【今注】瘞（yì）：埋牲玉以祭地。《周禮·秋官·犬人》："伏、瘞亦如之。"鄭玄注引鄭衆："瘞，謂埋祭也。《爾雅》曰：'祭地曰瘞埋。'"　后土：祭土地神的社壇。

［7］【李賢注】甘泉祭天所也，在邠地之郊。【今注】邠：古地名。又作"豳"，在今陝西旬邑縣西南。公劉率周人由郃（今陝西咸陽市楊陵區）遷居於此。《詩·大雅·公劉》："篤公劉，于豳斯館。"

明年，有詔復函谷關，[1]作大駕宫、[2]六王邸、高車厩於長安，[3]脩理東都城門，[4]橋涇、渭。[5]往往繕離觀，[6]東臨霸、滻，[7]西望昆明，[8]北登長平，[9]規龍首，撫未央，覛平樂，儀建章。[10]

[1]【今注】復函谷關：或指復函谷關都尉。本書卷一下《光武帝紀下》載十九年："是歲，復置函谷關都尉。"李賢注："九年省，今復置。"

[2]【李賢注】大駕見《儒林傳》。大駕宫即天子行幸也。【今注】大駕：本指天子的一種儀仗。本書《輿服志上》："乘輿大駕，公卿奉引，太僕御，大將軍參乘。屬車八十一乘，備千乘萬騎。西都行祠天郊，甘泉備之。官有其注，名曰甘泉鹵簿。東都唯大行乃大駕。大駕，太僕校駕；法駕，黄門令校駕。"這裏代指天子。

[3]【今注】邸：官邸。　高車：立乘之車。《釋名·釋車》："高車，其蓋高，立乘載之車也。"或以爲即高大的車。

[4]【李賢注】長安外城門，東面北頭第一門也。

[5]【今注】橋：建橋。

[6]【今注】往往：處處。　繕：整治。　離觀：離宫。

[7]【今注】霸：又作"灞水"，"長安八水"之一。源出今陝西藍田縣東秦嶺北麓，北流注入渭河。　滻：滻水。源出今陝西藍田縣秦嶺山中，流經西安市東北，合灞水注入渭水。

[8]【今注】昆明：昆明池。西漢武帝欲從西南通身毒國，爲越嶲、昆明所阻，遂於元狩三年（前 120）引水穿地修成巨池，演練水軍，取名"昆明池"，以象昆明滇池。後成爲長安城用水之源，亦爲皇家泛舟游樂之所。遺址在今陝西西安市長安區南豐村、石匣口村、斗門鎮、萬村一帶。

[9]【李賢注】長平，坂名也，在池陽宫南也。【今注】長

平：長平坂。地在今陝西涇陽縣，北臨涇水。

［10］【李賢注】龍首，山名，蕭何於其上作未央宮。撫，巡也。或云“撫”亦“模”，其字從“木”。覛，視也，音麥。平樂，觀名，建章，宫名，並在城西。謂光武規模而修理也。【今注】規：同“窺”。泛指看。　龍首：又名“龍首原”。在今陝西西安市舊城北。本書卷四〇上《班彪傳》：“據龍首。”李賢注引《三秦記》曰：“龍首山六十里，頭入渭水，尾達樊川。”《三輔黄圖》卷一：“盡鑿龍首山土爲城。”何清谷《校釋》：“龍首山，一名龍首原，在西安市北郊，西起渭河南岸漢長安城，迤邐東行，至滻河西岸向南延伸，遂漸與杜陵原合爲一體。其西端突兀而起，勢如龍首，故名。漢築京城於龍首山北麓，城墻自然是就地取土而築的。”（中華書局2005年版，第22—23頁）　未央：未央宫。西漢高祖七年（前200），蕭何主持興建。遺址在今陝西西安市西北漢長安故城内西南隅。《三輔黄圖》卷二：“未央宫周迴二十八里，前殿東西五十丈，深十五丈，高三十五丈。營未央宫因龍首山以制前殿。”“有宣室、麒麟、金華、承明、武臺、鉤弋等殿。又有殿閣三十有二，有壽成、萬歲、廣明、椒房、清涼、永延、玉堂、壽安、平就、宣德、東明、飛羽、鳳凰、通光、曲臺、白虎等殿。”何清谷《校釋》指出，未央宫的命名，一般認爲是當時的吉祥語，是未盡、未已、未完之意。認爲何漢南《漢唐文史漫論》“未央宫位於長安城中西南隅，按照古人觀念，以西北爲乾，西南爲坤，坤代表地。西南在十二支中又屬於未，未地代表地的中心，未央宫位於長安城中的西南隅，即在地的中央，故其宫便命爲未央宫，就是中央宫”可備一説。（中華書局2005年版，第112頁）　覛（mì）：巡視。　平樂：平樂館，又作“平樂觀”，爲西漢皇家游樂場所。漢高祖時興建，武帝時增修。在未央宫北上林苑中。《三輔黄圖》卷四載有“平樂觀”。何清谷《校釋》引《資治通鑑》卷一八武帝元光五年胡三省注“平樂觀在未央宫北，周回十五里；高祖時制度草

創。至武帝增修之”，指出《漢書》卷九九下《王莽傳下》載平樂觀是王莽拆除的長安城西上林苑中十餘所建築之一，與未央宮北之説不同。猜測平樂觀可能在建章宮之北，也可説在未央宮西北。(中華書局 2005 年版，第 235 頁）　儀：望。宋文民《後漢書考釋》指出，“儀古讀若俄，字或作睋。《公羊傳·定公八年》注訓睋爲望”，又《吕氏春秋·處方》：“射者儀毫而失墻，畫者儀髮而易貌。”《淮南子·説林》：“射者儀小而遺大”，高注並云：“儀，望也。”（上海古籍出版社 1995 年版，第 309 頁）　建章：建章宮。在今陝西西安市西北二十里，漢長安故城西。《三輔黄圖》卷二：“帝於是作建章宮，度爲千門萬户，宮在未央宮西長安城外。”何清谷《校釋》：“建章宮建於漢長安城西的上林苑内，其地原爲建章鄉，因鄉名爲宮名。遺址的範圍南起今西安市未央區三橋鎮，北到柏梁村、孟家村。”（中華書局 2005 年版，第 122—123 頁）

是時山東翕然狐疑，[1]意聖朝之西都，懼關門之反拒也。[2]客有爲篤言：“彼埳井之潢汙，固不容夫吞舟；[3]且洛邑之渟瀯，曷足以居乎萬乘哉？[4]咸陽守國利器，不可久虚，以示姦萌。”[5]篤未甚然其言也，故因爲述大漢之崇，[6]世據廱州之利，[7]而今國家未暇之故，以喻客意。[8]曰：

[1]【今注】山東：戰國秦漢時指崤山或華山以東地區。　翕然：一致貌。

[2]【李賢注】恐西都置關，所以拒外山東也。【今注】反拒：惠棟《後漢書補注》引《文選》張衡《南都賦》：“是以關門反距，漢德久長。”李善注：“言居西而距東，居東而距西，故言反也。”

[3]【李賢注】埳井喻小也。《莊子》曰："埳井之蛙。"潢汙，停水也（停，大德本、殿本作"渟"）。吞舟，大魚也。賈誼曰："彼尋常之汙瀆，豈容夫吞舟之魚。"【今注】埳（kǎn）井：淺井。《莊子·秋水》："子獨不聞夫埳井之蛙乎？"成玄英《疏》："埳井，猶淺井也。"　潢汙：聚積不流的水。汙，同"污"。

[4]【李賢注】楊雄《甘泉賦》曰："梁弱水之濎濙。"濎濙，小貌也。渟音天鼎反。濙音烏迥反。【今注】渟濙：水迴旋不進貌，這裏指水池。　萬乘：借指皇帝。

[5]【李賢注】老子曰："國之利器，不可以示人。"【今注】咸陽：秦國都城。故城遺址在今陝西咸陽市渭城區窰店鎮一帶。　萌：通"氓"。民。

[6]【李賢注】崇，高盛也。

[7]【今注】廱州：雍州。九州之一。故地在今陝西、甘肅及青海東部地區。

[8]【李賢注】喻，曉也。

昔在强秦，爰初開畔，[1]霸自岐、廱，國富人衍，卒以并兼，桀虐作亂。[2]天命有聖，託之大漢。大漢開基，高祖有勳，斬白蛇，屯黑雲，[3]聚五星於東井，提干將而呵暴秦。[4]蹈滄海，跨崑崙，[5]奮彗光，埽項軍，[6]遂濟人難，蕩滌于泗、沂。[7]劉敬建策，初都長安。[8]太宗承流，守之以文。[9]躬履節儉，側身行仁，[10]食不二味，衣無異采，賑人以農桑，[11]率下以約己，曼麗之容不悦於目，鄭衛之聲不過於耳，[12]佞邪之臣不列於朝，巧僞之物不鬻於市，[13]故能理升平而刑幾措。[14]

富衍於孝景，功傳於後嗣。[15]

[1]【李賢注】畔，疆界也。【今注】爰：助詞無義。

[2]【李賢注】衍，饒也，音以戰反。桀虐，如桀之無道也。【今注】桀虐：周壽昌《後漢書注補正》："桀，猶桀驁言不馴也，不得訓爲夏桀之桀。"

[3]【李賢注】《前書》高祖斬大蛇，有一老嫗夜哭，曰："吾子，白帝子，今赤帝子斬之。"故曰白蛇。又吕后曰："季所居上常有雲氣。"

[4]【李賢注】高祖初至霸上，五星聚東井。干將，劍名也。高祖曰："吾提三尺劍取天下。"【今注】五星：指東方歲星（木星）、南方熒惑（火星）、中央鎮星（土星）、西方太白（金星）、北方辰星（水星）。　東井：二十八宿之一。簡稱"井宿"，屬於南宫朱雀七宿之第一宿。五星聚於東井被視爲漢高祖劉邦受命之符。　干將：劍名。爲春秋時吴國鑄劍大師干將所鑄。這裏泛指劍。

[5]【李賢注】楊雄《長揚賦》曰："横巨海，票昆崙（票，紹興本、大德本作'乘'，殿本作'漂'）。"此言蹈、跨，喻遠大也。【今注】崑崙：指今新疆、西藏之間的昆侖山脈。

[6]【李賢注】彗星者，所以除舊布新也，故曰埽。【今注】彗光：《漢書》卷一上《高帝紀上》載三年"秋七月，有星孛于大角"。顔師古注引李奇曰："孛，彗類也，是謂妖星，所以除舊布新也。"

[7]【李賢注】項羽都彭城。泗水、沂水近彭城地也。蕩滌謂誅之也。【今注】泗：泗水。在山東境内，經彭城東，向南入淮河。因四源並發，故名"泗水"。　沂：沂水。古沂水源出今山東沂源縣魯山，南流經臨沂市、郯城縣，至江蘇邳州市合泗水，又東南至淮安市淮陰區入淮水。

[8]【李賢注】解見《班固傳》。【今注】劉敬：即婁敬。傳見《漢書》卷四三。

[9]【李賢注】大宗（大，紹興本、大德本、殿本作“太”），文帝也。繼體之君，以文德守之。

[10]【今注】側身：傾側身體，表示戒懼不安。

[11]【今注】賑：救濟。

[12]【李賢注】曼，美也。【今注】鄭衛之聲：浮華淫靡的音樂。

[13]【李賢注】《禮記》曰“用器不中度，不鬻於市。布帛精麤不中數，廣狹不中量，不鬻於市。姦色亂正色，不鬻於市”也。【今注】鬻（yù）：賣。

[14]【今注】理：治。　措：棄置。

[15]【李賢注】《前書》景帝時，太倉之粟紅腐而不可食，都内之錢貫朽而不可校也。【今注】案，李賢注誤，事當在漢武帝時。《漢書》卷六四下《賈捐之傳》：“至孝武皇帝元狩六年，太倉之粟紅腐而不可食，都内之錢貫朽而不可校。”

是時孝武因其餘財府帑之蓄，[1]始有鉤深圖遠之意，[2]探冒頓之罪，[3]校平城之讎。[4]遂命票騎，[5]勤任衛青，[6]勇惟鷹揚，軍如流星，[7]深之匈奴，割裂王庭，[8]席卷漠北，叩勒祁連，[9]横分單于，[10]屠裂百蠻。[11]燒罽帳，[12]繫閼氏，[13]燔康居，灰珍奇，[14]椎鳴鏑，[15]釘鹿蠡，[16]馳阬岸，[17]獲昆彌，[18]虜儩侲，[19]驅騾驢，馭宛馬，[20]鞭駃騠。[21]

[1]【今注】府帑（tǎng）：國庫。

［2］【今注】鉤深圖遠：指西漢武帝欲開疆拓土。

［3］【李賢注】《前書》冒頓殺其父頭曼單于，天爲書使遺高后曰（天，紹興本、大德本、殿本作"又"，是）："孤僨之君，生於沮澤之中，長於平野牛馬之域，數至邊境，願遊中國。陛下獨立，孤僨獨居，兩主不樂，無以自娱，願以所有，易其所無。"【今注】冒頓：事迹見本書卷九四上《匈奴傳上》。

［4］【李賢注】校，報也。冒頓單于圍高祖於平城七日，故報之也。【今注】平城：縣名。治所在今山西大同市東北。雁門郡東部都尉治所。秦封泥有"平城丞印"。

［5］【李賢注】票騎將軍霍去病也。【今注】票騎：即驃騎將軍。西漢武帝元狩二年（前121）始置，位同三公，秩萬石。這裹指霍去病。傳見《史記》卷一一一、《漢書》卷五五。

［6］【李賢注】青爲大將軍霍去病舅也。【今注】勤：勞。衞青：字仲卿，河東平陽（今山西臨汾市西南）人。傳見《史記》卷一一一、《漢書》卷五五。

［7］【李賢注】《毛詩》曰："時惟鷹楊（楊，紹興本、大德本、殿本作'揚'）。"注云："如鷹之飛楊也（楊，紹興本、大德本、殿本作'揚'）。"《長楊賦》曰："疾如奔星。"

［8］【李賢注】匈奴王庭也。《長楊賦》曰："遂獵乎王庭。"【今注】王庭：惠棟《後漢書補注》引樂彦："單于無城郭，不知禮義，國之穹廬前地若庭，故云'庭'。"

［9］【李賢注】漠，沙漠也。祁連，匈奴中山名也。叩，擊也。勒謂銜勒也。【今注】漠北：今蒙古高原大沙漠以北廣大地區。 勒：控制。 祁連：今甘肅西部和青海東部邊境山地之總稱，因在河西走廊南，亦稱南山。

［10］【今注】横分：身首分離，指斬首。

［11］【李賢注】百蠻，夷狄之總稱也。

［12］【李賢注】罽，毛布也。

［13］【李賢注】單于妻號也。【今注】閼氏：匈奴單于、諸王之妻的稱號。又作“焉提”“閼支”。其音義來源參見劉文性《“閼氏”語義語源及讀音之思考》（《西北民族研究》1998 年第 1 期）。

［14］【李賢注】康居，西域國也。居音渠。【今注】康居：在今哈薩克斯坦巴爾喀什湖和鹹海之間。東界烏孫，西達奄蔡，南接大月氏，東南臨大宛。王都爲卑闐城，在今烏茲別克斯坦塔什干一帶。

［15］【李賢注】《前書》曰：“冒頓作鳴鏑。”今之髐箭也。【今注】椎：敲打。　鳴鏑：軍中發號令的響箭。《漢書·匈奴傳上》：“冒頓乃作鳴鏑，習勒其騎射，令曰：‘鳴鏑所射而不悉射者斬。’”

［16］【李賢注】蠡音離。匈奴有左右鹿蠡王。《前書》作“谷蠡”。【今注】鹿蠡：谷蠡王，匈奴王名。分左、右，在左、右賢王之下，一般由單于子弟擔任。

［17］【今注】阬：同“坑”。

［18］【李賢注】昆彌，西域國也。【今注】昆彌：又作“昆莫”，烏孫王號。烏孫，西域大國，分布在今新疆伊犁河至天山一帶。都赤谷城（今新疆阿克蘇河上游、中亞伊什提克一帶）。

［19］【李賢注】《方言》：“侲，養馬人也。”《字書》侲音真。《字書》無“僌”字。諸家並音僌侲爲粟犢（音，大德本、殿本作“曰”；犢，大德本、殿本作“牘”），西域國名也。傳讀如此，不知所出。今有肅特國，恐是也。【今注】侲：肅慎，古國名。在今東北地區。宋文民《後漢書考釋》指出，“縮”“肅”“僌”三字古音相近，《正字通》：“僌，蘇谷切，音速。侲，國名，即肅慎也。”（第 310 頁）

［20］【李賢注】大宛，國名，出汗血馬。【今注】大宛：西域國名。在今烏茲別克斯坦費爾干納盆地。都貴山城（今烏茲別克斯坦塔什干市東南卡散賽）。

［21］【李賢注】駿馬也。駃音決。騠音蹄（蹄，殿本作“啼”）。生十日而超其母也（十，紹興本、大德本、殿本作“七”）。【今注】駃騠：驢和馬雜交的良馬。因跑得快，故名“快蹄”，又作“駃騠”（參見劉又辛《釋“駃騠”》，載《文字訓詁論集》，中華書局 1993 年版）。

拓地萬里，威震八荒。肇置四郡，據守敦煌。[1]并域屬國，一郡領方。[2]立候隅北，建護西羌。[3]捶驅氐、僰，寥狼邛、莋。[4]東攡烏桓，蹂轔濊貊。[5]南羈鉤町，水劍强越。[6]殘夷文身，海波沫血。[7]郡縣日南，漂槩朱崖。[8]部尉東南，兼有黄支。[9]連緩耳，瑣雕題，[10]摧天督，[11]牽象犀，椎蜂蛤，碎瑠璃，甲瑇瑁，戕觜觿。[12]於是同穴裘褐之域，[13]共川鼻飲之國，[14]莫不袒跣稽顙，失氣虜伏。[15]非夫大漢之盛，世藉靡土之饒，得御外理内之術，孰能致功若斯！

［1］【李賢注】四郡謂酒泉、武威、張掖、敦煌也。【今注】肇：始。　敦煌：郡名。治敦煌縣（今甘肅敦煌市七里鎮）。

［2］【李賢注】并西域，以屬國都尉主之，以敦煌一郡部領西方也。

［3］【李賢注】楊雄《解嘲》曰：“西北一候。”孟康注云：“敦煌玉門關候也。”置護羌校尉，以主西羌。【今注】候：警戒、偵查敵情的哨所官吏。玉門關候參見吴礽驤《玉門關與玉門關候》（《文物》1981 年第 10 期）。　護：護羌校尉。西漢武帝時始置，主要掌管西羌事務。本書卷八七《西羌傳》載其主要職責是“持節領護，理其怨結，歲時循行，問所疾苦。又數遣使驛通動静，使

塞外羌夷爲吏耳目，州郡因此可得儆備”。秩比二千石。　西羌：中國古代對羌族的稱謂。古代羌族主要活動在西北地方，故稱西羌。《史記·六國年表》記載：“故禹興於西羌。”本書《西羌傳》載：“西羌之本，出自三苗，姜姓之别也。”“羌”“姜”在甲骨文中經常互用。又清顧祖禹《讀史方輿紀要》卷六五：“西羌，舊在陝西、四川塞外。《四夷傳》：‘西羌本自三苗，舜徙之三危，今河關西南羌地是也。濱於賜支，至於河首，綿地千里。’……及武帝西逐諸羌，乃渡河、湟，築令居塞，始置護羌校尉。”

［4］【李賢注】捶，擊也。寥狼猶擊擾也。氐、僰、卭、莋並西南夷號。【今注】氐：古族名。西漢前期活動在今陝西西南、四川北部、甘肅南部一帶，以畜牧及農耕爲業。　僰（bó）：古族名。出自氐羌族系，滇國主體民族之一。戰國至漢晉時期主要分布於雲南中、東、西部，貴州西、西北部，四川南、西南部等地。　寥狼：案，《文選》司馬相如《上林賦》：“牢落陸離。”李善注引郭璞曰：“群奔走也。”《文選》左思《吴都賦》：“牢落翬散。”李周翰注：“牢落，稀踈也。”宋文民《後漢書考釋》指出，“寥狼猶牢落，一聲之轉，謂使之奔走稀踈，與上文捶驅義相承”（上海古籍出版社1995年版，第311頁）。　卭：邛都，古族名。在今四川西昌市一帶。　莋：莋都，古族名。在今四川漢源縣一帶。

［5］【李賢注】《字書》“攠”亦“摩”字也（大德本、殿本無“也”字），音摩。《方言》云：“摩，滅也。”蹂，踐也。轔，轢也，音吝。濊貊（貊，紹興本、大德本、殿本作“貊”，是），東夷號也。【今注】烏桓：北方古族名。亦作“烏丸”。本爲東胡的一支，秦末爲匈奴所破，退保大興安嶺南部。西漢武帝時南遷至上谷、漁陽、右北平、遼西、遼東等近邊之地，幫助漢朝監視匈奴動向，護衛邊塞。　蹂轔：同“蹂躪”。　濊貊：又作“穢貉”“穢貊”，東北古族名。分布於今中國吉林、遼寧及朝鮮。

［6］【李賢注】羈，係也。鉤町，西南夷也。水劍謂戈船將

軍等下水誅南越也。鉤町音劬挺。【今注】鉤町：或作“句町”。西南夷族群名。主要活動在今雲南東南、廣西西部一帶。　越：南越，一作“南粤”，國名。都番禺（今廣東廣州市番禺區）。傳見本書卷八六。

［7］【李賢注】《穀梁傳》曰：“越人被髮文身。”沫血，水沫如血。【今注】殘夷：殘殺。

［8］【李賢注】武帝元鼎六年，平南越，以爲南海、蒼梧、桂林、合浦、交阯、九真、日南、珠崖、儋耳九郡（桂，紹興本、大德本、殿本作“鬱”；珠崖，大德本作“朱雀”，殿本作“朱崖”）。漂欵謂摩近之也。《前書音義》曰：“珠崖言珠若崖也。”此作“朱”，古字通。《茂陵書》曰：“珠崖郡都郎曋，去長安七千三百里。”曋音審。【今注】日南：郡名。治西卷縣（今越南廣治省東河市）。　漂欵：接近。　朱崖：郡名。治曋都縣（今海南海口市瓊山區東南）。

［9］【李賢注】楊雄《解嘲》曰：“東南一尉。”孟康注云：“會稽東部都尉也。”《前書》曰“自都盧國船行可二月餘，有黄支國，俗與珠崖相類”也（大德本、殿本無“曰”字）。【今注】部尉東南：指南海尉。掌管南海郡兵政的最高武官。秦制，郡設尉一人，爲郡守佐官，掌一郡武備盜賊之事。秩比二千石。西漢沿置，景帝時改稱都尉。南海等三郡屬漢武帝時新開邊郡，可能衹設郡尉而不置郡守。李賢注引孟康説誤，會稽東部都尉也爲東漢時置（參見蘭干《漢“東南一尉”辨釋》，《浙江學刊》1986 年第 3 期；陳威廷《論西漢郡（部）都尉治所設置》，《秦漢研究》2014 年輯；張亞偉《試論漢代都尉體系的調整》，《秦漢研究》2020 年輯；許超《兩漢孫吴會稽郡諸部都尉考》，《寧波大學學報》2020 年第 5 期）。　黄支：國名。位於今南印度東海岸的康契普臘姆（Conjervaram），或以爲即今斯里蘭卡（詳見楊曉春《黄支國新考》，《歷史地理》2007 年輯）。

［10］【李賢注】緩耳，耳下垂，即儋耳也。《禮記》曰："南方曰蠻，雕題交阯。"鄭玄注曰："謂刻其身以丹青涅之也。"王逸注《楚詞》曰（詞，殿本作"辭"）："雕，畫也。題，額也。"【今注】緩耳：原爲南方小國，西漢時内附爲郡。治儋耳縣（今海南儋州市西北南灘）。　瑣：連。　雕題：在額頭上刻刺花紋，此指南方文身的部族。

［11］【李賢注】即天竺國也。【今注】天督：古印度。

［12］【李賢注】郭義恭《廣志》曰："毒瑁形似龜（毒，紹興本、大德本、殿本作'瑇'），出南海。"甲謂取其甲也。戕，殘也。觜觿，大龜，亦瑇瑁之屬。觜音子期反。觿音以規反。【今注】觜觿：音 zī xī。

［13］【李賢注】同穴，挹婁之屬也。衣裘褐，北狄也。

［14］【李賢注】《前書》賈捐之曰"駱越之俗，父子同川而浴，相習以鼻飲"也。

［15］【李賢注】稽，止也。《方言》曰："顙，額顙也。"以額至地而稽止也。宋玉《高唐賦》曰："虎豹豺兕，失氣恐喙。"言其恐懼如奴虜之伏也。【今注】袒跣：袒胸赤足。　失氣：喪失勇氣。

故創業於高祖，嗣傳於孝惠，[1]德隆於太宗，財衍於孝景，威盛於聖武，政行於宣、元，[2]侈極於成、哀，[3]祚缺於孝平。[4]傳世十一，歷載三百，[5]德衰而復盈，道微而復章，[6]皆莫能遷於廱州，而背於咸陽。宮室寢廟，山陵相望，高顯弘麗，可思可榮，羲、農已來，[7]無兹著明。

［1］【今注】孝惠：西漢惠帝劉盈。公元前 195 年至前 187 年

在位。紀見《漢書》卷二。

［2］【今注】元：西漢元帝劉奭，公元前49年至前33年在位。紀見《漢書》卷九。

［3］【今注】成：西漢成帝劉驁，公元前33年至前7年在位。紀見《漢書》卷一〇。　哀：西漢哀帝劉欣，公元前7年至前1年在位。紀見《漢書》卷一一。

［4］【今注】祚：皇位。　孝平：西漢平帝劉衎，公元前1年至5年在位。紀見《漢書》卷一二。

［5］【李賢注】高祖至平帝十一代。歷，涉也。合二百十四年，此言"三百"者，謂出二百年，涉三百年也。

［6］【李賢注】謂吕氏亂而文帝立，昌邑廢而宣帝中興也。

［7］【今注】羲農：伏羲、神農。

夫廱州本帝皇所以育業，[1]霸王所以衍功，戰士角難之場也。[2]《禹貢》所載，厥田惟上。[3]沃野千里，原隰彌望。[4]保殖五穀，[5]桑麻條暢。[6]濱據南山，帶以涇、渭，號曰陸海，蠢生萬類。[7]楩柟檀柘，[8]蔬果成實。畎瀆潤淤，水泉灌溉，[9]漸澤成川，[10]粳稻陶遂。[11]厥土之膏，畝價一金。[12]田田相如，鐇钁株林。[13]火耕流種，功淺得深。[14]

［1］【李賢注】周始祖后稷封邰，公劉居豳，大王居岐（大，殿本作"文"），文王居酆（大德本、殿本無"岐文王居"四字），武王居鎬，並在關中，故曰育業也。

［2］【李賢注】衍，廣也。奉都關中也（奉，紹興本、大德本、殿本作"秦"）。【今注】角難：角逐死難。

［3］【李賢注】《尚書》："雝州厥田上上。"【今注】禹貢：《尚書》篇名。　厥田惟上：顧頡剛、劉起釪《尚書校釋譯論》："雍州自周祖后稷以來特重農業生産，周民族成了特重農業的民族。經過世代勤勞，把雍州田畝經營成爲九州中最上等的田畝。"（中華書局2005年版，第752頁）

［4］【今注】原隰：泛指廣而平的原野。

［5］【今注】保殖：維持生長、繁殖。

［6］【今注】條暢：繁衍茂盛。

［7］【李賢注】瀕，近也。《前書》東方朔曰"漢都涇、渭之南，此謂天下陸海之地"也（殿本無"也"字）。【今注】南山：終南山，這裏指秦嶺。　陸海：高平而物産豐饒的陸地。《漢書·地理志下》："號稱陸海。"顔師古注："言其地高陸而饒物産，如海之無所不出，故云陸海。"　蠢：萌動而生。

［8］【今注】楩（pián）枏（nán）檀柘（zhè）：皆木材名。

［9］【李賢注】《説文》曰："淤，澱滓也。"顧野王曰："今水中泥草也。"【今注】畎瀆：田間的水渠、水溝。　淤：通"飫"。

［10］【今注】漸澤：疏導。

［11］【李賢注】薛君注《韓詩》曰："陶，暢也。"《爾雅》曰："遂，生也。"【今注】陶遂：旺盛生長。何若瑶《後漢書考證》引《廣雅·釋言》："陶，喜也。""陶"猶言欣欣向榮。

［12］【李賢注】《前書》東方朔曰："酆鎬之間，號爲土膏，其價畝一金。"一金，一斤金也。

［13］【李賢注】相如言地皆沃美相類也。《廣雅》曰："鐇，推也（推，殿本作'椎'）。"音甫衆反（衆，紹興本、大德本、殿本作"袁"）。《浡蒼》云（浡，紹興本、大德本、殿本作"埤"，是）："鐇，鏟也。"謂以鏟钁去林木之株蘖也。【今注】田田相如：宋文民《後漢書考釋》："王念孫以爲，如，讀爲紛拏之

挐，‘田田相挐’，猶今人言犬牙交錯也。揚雄《豫州箴》曰：‘田田相挐，廬廬相距。’是其證。”（第311頁）

[14]【李賢注】以火燒所伐林株，引水既之而布種也（既，紹興本、殿本作“溉”，是）。

既有蓄積，阸塞四臨：[1]西被隴蜀，南通漢中，[2]北據谷口，東阻嶔巖。[3]關函守嶢，山東道窮；[4]置列汧隴，[5]廱偃西戎；[6]拒守褒斜，[7]嶺南不通；[8]杜口絶津，朔方無從。[9]鴻渭之流，[10]徑入于河；大船萬艘，轉漕相過；[11]東綜滄海，[12]西綱流沙；[13]朔南暨聲，諸夏是和。[14]

[1]【今注】案，臨，大德本誤作“海”。

[2]【今注】漢中：郡名。治西城縣（今陝西安康市西北）。

[3]【李賢注】谷口在今雲陽縣。《穀梁傳》秦襲鄭，蹇叔送其子而戒之曰：“汝必死於崤之巖唫之下。”嶔巖謂崤也。嶔音吟。【今注】谷口：縣名。治所在今陝西禮泉縣東北。沈欽韓《漢書疏證》卷一八引《長安志》卷二〇補證：“《雲陽宮記》曰：‘治谷去雲陽宮八十里，《封禪書》所謂谷口也。其山出鐵，有冶鑄之利。入谷便洪潦沸騰，飛泉激射，兩岸皆峭壁孤豎，橫盤坑谷，凜然凝沍，常如八九月中。’” 嶔巖：高峻外傾的山巖，這裏指崤山。

[4]【李賢注】函，函谷關也。嶢謂嶢山之關也，在藍田南，故武關之西。嶢音堯。【今注】嶢：嶢關，又名藍田關。在今陝西藍田縣東南。 道窮：這裏指道路阻塞。

[5]【今注】汧：縣名。治所在今陝西隴縣東南。 隴：山名。在今陝西隴縣西，屬六盤山山脈南延。《漢書》卷九九中《王莽傳中》：“汧隴之阻。”顔師古注：“汧，扶風汧縣，有吴山、汧水

之阻。隴謂隴阺也。汧隴相連。”

[6]【李賢注】廱音擁。【今注】廱偃：阻塞。錢大昕《廿二史考異》卷一二《後漢書三》指出“偃”與“閼”同，“廱偃”猶“壅遏”。

[7]【今注】褒斜：褒斜道。漢武帝時修建的重要入蜀道路。自今陝西眉縣經太白山至陝南褒城附近的山路。因沿出於秦嶺的褒水和斜水而得名。褒、斜，二水名（亦山谷名）。皆源自秦嶺陝西太白縣附近，斜水北流，至眉縣入渭水；褒水南流，至漢中入沔水。

[8]【今注】嶺南：秦嶺之南。

[9]【李賢注】杜塞谷口，絶黄河之津（之，大德本、殿本作“中”）。【今注】朔方：指北方。

[10]【今注】鴻：大。

[11]【今注】轉漕：通過陸路和水路運輸。車運曰轉，水運曰漕。

[12]【今注】綜：總匯。

[13]【今注】綱：維繫。　流沙：沙漠，這裏指西域。

[14]【李賢注】《尚書》曰：“朔南暨聲教。”注云：“朔，北方也。”【今注】暨：同“及”。　聲：聲威教化。

城池百尺，阸塞要害。關梁之險，多所衿帶。[1]一卒舉礌，千夫沈滯；[2]一人奮戟，三軍沮敗。[3]地埶便利，介胄剽悍，可與守近，利以攻遠。[4]士卒易保，人不肉袒。[5]肇十有二，是爲贍腴。[6]用霸則兼并，[7]先據則功殊；[8]修文則財衍，行武則士要；[9]爲政則化上，[10]篡逆則難誅；[11]進攻則百剋，退守則有餘：斯固帝王之淵囿，[12]而守國之利器也。

[1]【李賢注】衿帶，衣服之要，故以喻之。

[2]【李賢注】礌，石也。《前書》："匈奴乘隅下礌石。"音力對反。【今注】礌：守城投擲用的大石。《左傳》襄公十年："親受矢石。"孔穎達《正義》引《周禮·職金》："凡國有大故而用金石，則掌其令。"鄭玄注："主其取之令也。用金石者，作槍雷椎椁之屬。"並釋云："雷即礌也。兵法：守城用礌石以擊攻者，陳思王《征蜀論》云'下礌成雷，榛殘木碎'是也。" 沈滯：積滯，這裏指無法攻城。

[3]【李賢注】《淮南子》曰"狹路津關，大山石塞，龍蛇蟠，簦笠居，羊腸道，魚苟門，一人守險，千人弗敢過"也。

[4]【李賢注】剽，急疾也。悍，勇也。所據險要，故可守近；士卒勇疾，故可攻遠也。

[5]【李賢注】《左傳》鄭伯肉袒牽羊以降楚，言關中士卒易與保守不降下也。【今注】肉袒：脱去上衣，請罪或投降。

[6]【李賢注】《尚書》曰"肇十有二州"，謂雍、梁、荆、豫、徐、揚、青、兖、冀、幽、并、營也（大德本、殿本無"豫"字，殿本"豫"在"幽"字後）。雍州曰第一（曰，紹興本、大德本、殿本作"田"，是），故曰贍腴。今流俗比地之良沃者爲贍者也。

[7]【李賢注】謂秦并六國也。

[8]【李賢注】高祖先入關，功爲諸侯最也。

[9]【李賢注】修文德，則財産富衍。若用武，則士皆奮勵而要功也。【今注】要：同"邀"。

[10]【今注】化上：教化日上。

[11]【李賢注】地險固，故難誅也。

[12]【今注】淵囿：比喻深奥隱密，事物薈萃之處。

逮及亡新，[1]時漢之衰，偷忍淵囿，篡器慢違，[2]徒以埶便，莫能卒危。[3]假之十八，誅自京師。[4]天畀更始，不能引維，[5]慢藏招寇，復致赤眉。[6]海内雲擾，諸夏滅微；群龍並戰，未知是非。[7]

[1]【今注】亡新：滅亡的王莽新朝。

[2]【李賢注】偷忍猶盜竊也。淵囿謂秦中也。【今注】器：神器，這裏指皇位。　慢違：輕慢違背。

[3]【李賢注】卒音倉忽反。【今注】卒：同“猝”。

[4]【李賢注】莽居攝篡位十八年，公賓就始斬之也。

[5]【李賢注】畀，與也。言更始不能持其紀維（紀，紹興本、大德本、殿本作“綱”），故致敗亡。【今注】畀（bì）：給予。　更始：指劉玄。傳見本書卷一一。　引維：維持綱紀。

[6]【李賢注】《易》曰：“慢藏誨盜。”又曰：“負且乘，致寇至。”言更始爲赤眉所破也。【今注】慢藏：保藏不謹慎。　赤眉：新莽末年農民起義軍，因其將士將眉毛塗成紅色，故名。

[7]【李賢注】《赤伏符》曰：“四夷雲擾，龍鬭于野。”《易》曰：“龍戰于野。”謂更始敗後，劉永、張步等重起，未知受命者爲誰也。【今注】雲擾：紛亂如雲。

于時聖帝，赫然申威。荷天人之符，兼不世之姿。[1]受命於皇上，獲助於靈祇。[2]立號高邑，[3]搴旗四麾。[4]首策之臣，[5]運籌出奇；[6]虓怒之旅，如虎如螭。[7]師之攸向，[8]無不靡披。蓋夫燔魚剸蛇，莫之方斯。[9]大呼山東，響動流沙。要龍淵，首鏌鎁，[10]命騰太白，親發狼、弧。[11]南禽公孫，[12]北背强胡，[13]西平隴、冀，[14]東據洛都。乃廓平帝宇，[15]濟蒸人於塗炭，[16]成兆庶之亹亹，遂興復乎大漢。[17]

[1]【李賢注】聖帝，光武也。天人符謂彊華自關中持赤伏符也。《前書》曰王吉上疏曰："欲化之主不代出。"言有時而出，難常遇也。【今注】赫然：光明、顯耀貌。 荷：承擔。 符：《赤伏符》。本書卷一上《光武帝紀上》："光武先在長安時同舍生彊華自關中奉《赤伏符》，曰'劉秀發兵捕不道，四夷雲集龍鬬野，四七之際火爲主'……六月己未，即皇帝位。"（參見吴從祥《〈赤伏符〉考辨》，《中華文化論壇》2016年第1期；劉力耘《漢〈赤伏符〉釋義》，《中華文史論叢》2017年第1期）

[2]【李賢注】皇上謂天也。《尚書》曰："惟皇上帝降衷于下人。"靈祇謂呼池冰及白衣老父等也（呼池，大德本作"呼沲"，殿本作"嘑沱"）。【今注】靈祇：神靈。

[3]【今注】高邑：縣名。東漢光武帝改鄗縣置，屬常山國。治所在今河北柏鄉縣北。

[4]【李賢注】搴，拔也。

[5]【今注】首策：首謀。

[6]【李賢注】《前書》高祖曰："運籌帷幄之中，決勝千里之外，子房是也。"出奇謂陳平從高祖定天下，凡六出奇計，以比鄧禹、馮異、吴漢、耿弇等也。

[7]【李賢注】《詩》曰："闞如虓虎。"注云："虎之怒虓然也。"《史記》周武王誓衆曰："如虎如罷（罷，紹興本、大德本、殿本作'羆'，是），如豺如螭。"杜預注《左傳》曰："螭，山神，獸形也。"虓音乎交反（乎，紹興本、大德本、殿本作"呼"）。【今注】虓（xiāo）：勇猛。 螭（chī）：一種無角的龍。

[8]【今注】攸：所。

［9］【李賢注】《尚書》今文《太誓篇》曰（太，大德本、殿本作“泰”）：“太子發升舟，中流，白魚入於王舟，王跪取出，以燎。群公咸曰‘休哉’。”鄭玄注云：“燔魚以祭，变禮也（变，紹興本、大德本、殿本作‘變’，是）。”剸，割也，音之兖反，謂高祖斬蛇也。【今注】剸：割斷。錢大昕《廿二史考異》卷一二《後漢書三》指出，“剸”爲古“斷”字。　莫之方斯：没有如此相同者。

［10］【李賢注】龍淵，劍，解見《韓稜傳》。《説文》：“鏌鋣，大戟也。”音莫邪。首謂建之於首也。《吴越春秋》有莫邪劍，義與此不同也。【今注】要：通“腰”。指腰間佩戴。　龍淵：寶劍名。本書卷四五《韓稜傳》：“韓棱楚龍淵。”李賢注引《晉大康記》曰：“汝南西平縣有龍泉水，可淬刀劍，特堅利。”　首：立之於首。

［11］【李賢注】騰，馳也。太白，天之將軍。狼、弧，並星名也。《史記》曰：“天苑東有大星曰天狼，下有四星曰弧。”宋均注《演孔圖》曰：“狼爲野將，用兵象也。”《合誠圖》曰：“弧主司兵，兵弩象（大德本、殿本‘象’後有‘也’字）。”【今注】太白：即金星。又名啓明星、長庚星。　狼：天狼星。大犬星座的主星，是天空中除了太陽外最明亮的恒星。　弧：天弧，星名。屬於南方七宿中的井宿。太白、天狼、天弧，古人以爲主世間兵盗事。

［12］【今注】禽：通“擒”。　公孫：公孫述，字子陽，扶風茂陵（今陝西興平市東北）人。傳見本書卷一三。

［13］【今注】案，大德本無“南禽公孫北背强胡”八字。背，避開。《藝文類聚》卷六一“背”作“脅”。脅，威脅。

［14］【今注】隴冀：指隗囂等割據勢力。

［15］【今注】帝宇：泛指天下、國家。

［16］【今注】蒸人：民衆；百姓。

[17]【李賢注】《爾雅》曰："亹亹，勉也。"《易》曰："成天下之亹亹。"【今注】亹（wěi）亹：勤勉不倦貌。

今天下新定，矢石之勤始瘳，[1]而主上方以邊垂爲憂，忿葭萌之不柔，[2]未遑於論都而遺思廱州也。[3]方躬勞聖思，以率海内，厲撫名將，[4]略地疆外，信威於征伐，展武乎荒裔。[5]若夫文身、鼻飲、緩耳之王，椎結、左衽、鐻鍝之君，[6]東南殊俗不羈之國，西北絶域難制之鄰，靡不重譯納貢，[7]請爲藩臣。上猶謙讓而不伐勤。[8]意以爲獲無用之虜，[9]不如安有益之民；略荒裔之地，不如保殖五穀之淵；[10]遠救於已亡，不若近而存存也。[11]今國家躬脩道德，吐惠含仁，湛恩沾洽，時風顯宣。[12]徒垂意於持平守實，務在愛育元元，[13]苟有便於王政者，聖主納焉。何則？物罔挹而二損，道無隆而不移，陽盛則運，陰滿則虧，[14]故存不忘亡，安不諱危，雖有仁義，猶設城池也。[15]

[1]【李賢注】瘳，差也。【今注】矢石：箭。惠棟《後漢書補注》引《左傳》："親受矢石。"服虔云："古者以石爲箭鏑。"這裏代指戰争。

[2]【李賢注】楊子雲《長楊賦》曰："遐萌爲之不安。"謂遠人也。案：篤此賦每取子雲《甘泉》《長楊賦》事，意此"葭"即"遐"也。時蜀郡守將史歆及交阯徵側反，盧芳亡入匈奴，故云忿其不柔也。

［3］【李賢注】遺猶留也。

［4］【今注】厲：通“勵”。

［5］【李賢注】信讀曰申。

［6］【李賢注】結音髻。《前書》：“尉佗椎結箕踞。”注云：“如今兵士椎頭髻也。”孔子曰：“微管仲吾其被髮左衽矣。”鐻音渠呂反。《山海經》曰：“神武羅穿耳以鐻。”郭璞注云：“金銀器之名，未詳形制。”鍝音牛于反。《埤蒼》曰：“鍝，鋸也。”案今夷狄好穿耳以垂金寶等，此並謂夷狄之君長也。【今注】椎結：髮髻如錐形，爲漢代時西南少數民族髮式。《漢書》卷九五《西南夷傳》：“南夷君長以十數，夜郎最大。其西，靡莫之屬以十數，滇最大。自滇以北，君長以十數，邛都最大。此皆椎結，耕田，有邑聚。”顔師古注：“結讀曰髻。爲髻如椎之形也。”　左衽：衣襟向左掩。古代中原漢族服裝衣襟一般向右掩，一些少數民族則“左衽”。　鐻（jù）鍝（yú）：穿耳而垂帶金銀耳環。

［7］【今注】重譯：輾轉翻譯。

［8］【李賢注】《前書》司馬相如曰：“上猶謙讓而未俞也。”【今注】伐：誇耀。

［9］【今注】虜：指邊遠的少數民族。

［10］【李賢注】《左傳》曰：“吾將略地焉。”略，取也。

［11］【李賢注】《易》曰“成性存存”也。【今注】存存：維持自己已有的。周壽昌《後漢書注補正》卷七：“《莊子·田子方篇》‘楚王與凡君坐，少焉，楚王曰“凡亡”者三。凡君曰：“凡之亡也，不足以喪吾存。則楚之存也，不足以存存。由是觀之，則凡未始亡而楚未始存也。”’本文‘存存’，與《易》全不相合，應是本此，章懷注誤。”

［12］【李賢注】《前書》司馬相如《難蜀父老》曰：“湛恩汪濊。”湛音沈。《易通卦驗》曰“巽氣退則時風不至，萬物不成（萬，大德本作‘方’）。冬至廣莫風至，立春條風至，春分明庶

风至，立夏清明風至，夏至景風至，立秋涼風至，秋分閶闔風至，立冬不周風至”也。【今注】湛：深。　沾洽：普遍受惠。　宣：周遍。

［13］【今注】元元：百姓，庶民。《戰國策·秦策一》：“制海内，子元元，臣諸侯，非兵不可！”高誘注：“元，善也，民之類善故稱元。”

［14］【李賢注】《淮南子》曰：“孔子觀桓公之廟，有器焉謂之宥坐。孔子曰：‘善哉乎，得見此器！’顧曰：‘弟子取水。’水至灌之，其中則正，其盈則覆。孔子造然革容曰（造，殿本作‘遽’）：‘善哉持盈者乎！’子貢在側，曰：‘請問持盈？’曰：‘挹而損之。’曰：‘何謂挹而損之？’曰：‘夫物盛而衰，樂極而悲；日中而移，月盈而虧。是故聰明睿智，守之以愚；多聞博辯，守之以儉；武力毅勇，守之以畏；富貴廣大，守之以陋；德施天下，守之以讓：此五者，先王所以守天下而弗失也。’”【今注】罔：無。　挹：通“抑”。　案，二，紹興本、大德本、殿本作“不”，是。

［15］【李賢注】《易》曰“君子存不忘亡，安不志危”也（志，紹興本、大德本、殿本作“忘”，是）。

客以利器不可久虚，而國家亦不忘乎西都，何必去洛邑之渟瀯與？[1]篤後仕郡文學掾，[2]以目疾，二十餘年不闚京師。[3]篤之外高祖破羌將軍辛武賢，以武略稱。[4]篤常歎曰：“杜氏文明善政，而篤不任爲吏；[5]辛氏秉義經武，[6]而篤又怯於事。外内五世，至篤衰矣！”[7]

［1］【今注】與：通“歟”。

[2]【今注】郡文學掾：兩漢於州郡及王國皆置文學官，掌學校教育。其組織今可考者，有文學師、文學孝掾、文學掾、文學主事掾等（參見陳直《武威漢簡文學弟子題字的解釋》，《考古》1961年第10期）。

[3]【今注】闚：望。這裏指來到。

[4]【李賢注】《前書》武賢，狄道人，爲破羌將軍，以勇武稱，左將軍慶忌之父。【今注】破羌將軍：漢代雜號將軍。以作戰任務爲將軍名號。　辛武賢：隴西狄道（今甘肅臨洮縣）人。西漢中期名將。官至酒泉太守、破羌將軍。事迹見《漢書》卷八《宣帝紀》、卷六九《趙充國傳》、卷九六《西域傳》。懸泉漢簡中亦有數簡與之有關（詳見袁延勝《懸泉漢簡所見辛武賢事迹考略》，《秦漢研究》第4輯）。　武略：軍事謀略。

[5]【李賢注】謂杜周及延年並以文法著名也。【今注】文明：明於文法。胡旭《先唐文苑傳箋證》以爲“杜氏文明善政”，指“自杜周、杜延年等數世祖皆謹於文法，長於施政”（第22頁）。

[6]【今注】經武：經營武事。

[7]【今注】案，胡旭《先唐文苑傳箋證》：“自杜周、辛武賢至杜篤，內、外均五世，而隆盛之家世，已不復存在，故云‘至篤衰矣’。但‘怯於事’實爲自謙之辭，‘二十餘年不窺京師’，徒以目疾故也。”（第22頁）

女弟適扶風馬氏。[1]建初三年，[2]車騎將軍馬防擊西羌，[3]請篤爲從事中郎，[4]戰没於射姑山。[5]所著賦、誄、弔、書、讚、《七言》、《女誡》及雜文，[6]凡十八篇。[7]又著《明世論》十五篇。[8]子碩，豪俠，以貨殖聞。[9]

[1]【今注】女弟：妹妹。　適：嫁。　馬氏：案，本書卷四

一《第五倫傳》載第五倫上疏劾馬防時言及杜篤“女弟爲馬氏妻，恃此交通”，胡旭《先唐文苑傳箋證》指出，“此馬氏究爲何人，史載不明。但從‘恃此交通’之語來看，當爲大族，或爲馬援同宗。馬防之請杜篤爲其從事中郎，當與此有關”（第 23 頁）。

［2］【今注】建初：東漢章帝劉炟年號（76—84）。

［3］【今注】車騎將軍：西漢置，初掌領車騎士。漢武帝後常典京城、皇宫禁衛軍隊，出征時常總領諸將軍。文官輔政者亦或加此銜，領尚書政務，成爲中朝重要官員。位次上卿或比三公，秩萬石。東漢靈帝中平元年（184）分置左、右。　馬防：字江平，扶風茂陵（今陝西興平市）人。傳見本書卷二四。

［4］【今注】從事中郎：官名。東漢置。大將軍、車騎將軍屬官。職參謀議，大將軍府所屬員二人，秩六百石。本書《百官志》載將軍“從事中郎二人，六百石。本注曰：職參謀議”。

［5］【今注】戰没：戰死。　射姑山：姑射山。在今山西臨汾市西北。

［6］【今注】弔：吊文，文體名。詹鍈《文心雕龍義證》指出，“吊文多施於古人”，“一概屬於騷體”。　書：書信。　讚：又作“贊”，文體名。東漢前爲發明書旨，如班固《漢書》之“贊”，後漸成頌揚人物的文體（參見劉師培《左庵文論·文心雕龍頌贊篇》）。　七言：七言詩。逯欽立《先秦漢魏南北朝詩》指出《北堂書鈔》卷一三五《京師上巳篇》：“窈窕淑女美勝艷，妃戴翡翠珥明珠”一句爲杜篤詩，“《書鈔》原題杜季稚，稚殆雅之譌。又漢人七言率句句用韵，此豔珠不叶，疑非出一章”。（中華書局 1983 年版，第 165 頁）　女誡：講解婦德之文。

［7］【今注】案，何焯《義門讀書記》卷二四：“後書不立藝文志。故著述皆具載篇數。”胡旭《先唐文苑傳箋證》：“《隋書·經籍志》著録後漢車騎從事《杜篤集》一卷。《舊唐書·經籍志》《新唐書·藝文志》《通志·藝文略》均著録《杜篤集》五卷。《玉海·藝文》《陝西通志》著録《杜篤集》一卷。《全後漢文》收録

杜篤文十二篇，多爲殘篇。《先秦漢魏晉南北朝詩》收録杜篤詩一首，爲殘句。”（第24頁）

[8]【今注】明世論：姚振宗《後漢藝文志》卷三：“嚴可均《全後漢文編》曰：‘《文選·王融曲水詩序》注引杜篤《展武論》，又《魏都賦》注及《御覽》七百八引杜篤《通邊論》各一條。’按，《杜篤傳》又著《明世論》十五篇，此蓋十五篇之二。”胡旭《先唐文苑傳箋證》認爲“《玉海》諸書雖仍著録《明世論》十五篇，實沿襲前史，非實數也，是書早佚。嚴氏所輯，乃其殘也”（第24頁）。

[9]【今注】貨殖：聚積財物，使生殖蕃息以圖利。即經商。

王隆字文山，馮翊雲陽人也。[1]王莽時，以父任爲郎，[2]後避難河西，[3]爲竇融左護軍。[4]建武中，爲新汲令。[5]能文章，所著詩、賦、銘、書凡二十六篇。[6]初，王莽末，沛國史岑子孝亦以文章顯，莽以爲謁者，著頌、誄、《復神》、《説疾》凡四篇。[7]

[1]【今注】馮翊：左馮翊。漢代三輔之一。治所在長安城。轄境範圍相當於今陝西渭河以北、涇河以東洛河中下游地區。　雲陽：縣名。治所在今陝西淳化縣西北。

[2]【今注】以父任爲郎：漢代，高官可以保任子弟爲官。《漢書》卷一一《哀帝紀》顔師古注引應劭曰：“《漢儀注》：‘吏二千石以上視事滿三年，得任同産若子一人爲郎。’”卷七二《王吉傳》：“今使俗吏得任子弟”，顔師古注引張晏曰：“子弟以父兄任爲郎。”（參見楊廣偉《漢代“任子”制小考》，《復旦學報》1979年第6期；李書蘭《漢代的任子制度》，《北京師範大學學報》1983年第6期；張兆凱《任子制新探》，《中國史研究》1996年第1期）郎，官名。或稱郎官、郎吏。漢九卿之一郎中令（光禄勳）屬官。

掌守皇宫門户，出行充皇帝車騎。有議郎、中郎、侍郎、郎中等。秩自比六百石至比三百石不等，無定員。

［3］【今注】河西：泛指黄河以西之地。有酒泉、武威、張掖、敦煌、金城五郡。

［4］【今注】竇融：字周公，扶風平陵（今陝西咸陽市西北）人。傳見本書卷二三。

［5］【李賢注】新汲，縣，屬潁川郡，故城在今許州扶溝縣西也。【今注】新汲：縣名。治所在今河南扶溝縣西南。案，胡旭《先唐文苑傳箋證》指出，“竇融占據河西，自更始時至建武五年，故王隆爲其左護軍當在此時段内。爲新汲令則當在此後”（第25頁）。

［6］【今注】銘：文體名。始於三代金石銘刻，後逐漸演變爲頌揚、鑑戒的文體。案，本書《祭祀志中》云王隆撰《漢官篇》，《百官志一》《百官志三》皆云新汲令王隆作《小學·漢官篇》。《隋書·經籍志》著録《漢官解詁》三篇，注云“漢新汲令王隆撰，胡廣注”。孫星衍輯胡廣《漢官解詁序》：“既感斯言，顧見故新汲令王文山小學爲漢官篇，略道公卿内外之職，旁及四夷，博物條暢，多所發明，足以知舊制儀品。”據此，胡旭《先唐文苑傳箋證》以爲“二書名稱有異，疑胡廣注《小學·漢官篇》後，將其更名爲《漢官解詁》。《新唐書·藝文志》著録《漢官解詁》三卷，疑‘卷’爲‘篇’之誤”。又“《隋書·經籍志》著録《班彪集》時下有注：‘《王隆集》二卷，亡。’《舊唐書·經籍志》《新唐書·藝文志》著録後漢《王文山集》二卷。《通志·藝文略》《玉海·藝文》《陝西通志·經籍志》均著録《王隆集》二卷”。胡旭指出：“先唐别集，以字、號命名者鮮（宋元以來重新整理者例外）。《舊唐書·經籍志》源於唐毋煚《古今書録》。四十卷的《古今書録》實際上是二百卷的《群書四部録》的簡編本。《群書四部録》修成於唐開元九年十一月。《王隆集》顯係唐人避唐玄宗李隆基諱，遂

以其字爲集名，改爲《王文山集》。《新唐書·藝文志》不察，因之。《隋志》成書時，尚無李隆基，故不避其諱。《通志》《玉海》等均從《隋志》，復其原名《王隆集》。”（第25頁）

［7］【李賢注】岑一字孝山，著《出師頌》。【今注】沛國：東漢光武帝建武二十年（44）改沛郡置，治相縣（今安徽濉溪縣西北）。　謁者：春秋戰國已有，秦、漢承之。西漢時掌賓贊受事，郎中令（光禄勳）屬官，員七十人，秩比六百石。　頌：文體名。源於《詩經》之“頌”，後逐漸成爲稱頌功德的文體。案，《文選》卷四七史孝山《出師頌》，李善注云：“范曄《後漢書》曰，王莽末，沛國史岑字孝山，以文章顯。《文章志》及《集林》《今書七志》並同，皆載岑《出師頌》。而《流别集》及《集林》又載岑《和熹鄧后頌》並序，計莽之末以迄和熹，百有餘年。又《東觀漢記》，東平王蒼上《光武中興頌》，明帝問校書郎：‘此與誰等？’對云：‘前世史岑之比。’斯則莽末之史岑。明帝之時已云前世，不得爲和熹之頌明矣。然蓋有二史岑：字子孝者，仕王莽之末；字孝山者，當和熹之際。但書典散亡，未詳孝山爵里，諸家以孝山之文載於子孝之集，非也。”李周翰注云：“《文章志》及《今書七志》並云史岑字子孝，《出師頌》史籍無傳，此頌蓋後漢安帝舅鄧騭出征西羌之頌。”何焯《義門讀書記》卷二四：“作《出師頌》及《和熹鄧后頌》者又一史岑，李善文選注得之，此注誤也。傳已著明所著四篇。”惠棟《後漢書補注》：“孝山和帝時人，《出師頌》爲鄧氏作，非子孝也。李注自誤耳。”洪亮吉《四史發伏》卷八：“《文選》注言係兩人字子孝者，在王莽時字孝山者和熹鄧后時人也，此注混爲一，殊誤。”據上，胡旭《先唐文苑傳箋證》以爲“字子孝之史岑與字孝山之史岑，實爲前後不同之二人，前者諸作皆佚，後者存《出師頌》一篇”，並據“《隋書·經籍志》著録《班婕好集》時下有注：‘中謁者《史岑集》二卷，亡。’《舊唐書·經籍志》《新唐書·藝文志》《通志·藝文略》《玉海·藝文》《國史經籍志》均著録《史岑集》二卷”指出諸書所列之《史岑集》，從時序

排列上來看，均爲兩漢之際史岑所作（第26頁）。

夏恭字敬公，梁國蒙人也。[1]習《韓詩》《孟氏易》，[2]講授門徒常千餘人。王莽末，盜賊從横，[3]攻没郡縣，恭以恩信爲衆所附，擁兵固守，獨安全。光武即位，嘉其忠果，[4]召拜郎中，[5]再遷太山都尉。[6]和集百姓，甚得其歡心。恭善爲文，著賦、頌、詩、《勵學》凡二十篇。年四十九卒官，[7]諸儒共謚曰宣明君。子牙，少習家業，[8]著賦、頌、讚、誄凡四十篇。舉孝廉，[9]早卒，鄉人號曰文德先生。

[1]【今注】梁國：都睢陽（今河南商丘市睢陽區）。　蒙：縣名。治所在今河南商丘市東北。

[2]【今注】韓詩：西漢韓嬰所傳《詩經》學。　孟氏易：西漢孟喜所傳《易》學。詳見《漢書》卷八八《儒林傳》。案，何焯《義門讀書記》卷二四云："恭宜在儒林。"

[3]【今注】從横：同"縱横"。恣肆；猖獗。

[4]【今注】忠果：忠誠果敢。

[5]【今注】郎中：官名。漢承秦置。西漢有車、户、騎三將，内充侍衛，外從作戰。東漢罷郎中三將，遂分隸五官、左、右中郎將三署，備宿衛，充車騎。屬光禄勳，比三百石。

[6]【今注】太山：郡名。治奉高縣（今山東泰安市東北）。　都尉：官名。原名郡尉，西漢景帝時郡都尉，佐郡太守典武職甲卒，掌治安，防盜賊。俸比二千石。顧炎武《日知録》卷三一："《光武紀》，建武六年初罷郡國都尉官，恭之遷蓋在此年前也。"案，胡旭《先唐文苑傳箋證》認爲夏恭官泰山都尉，約在東漢光武帝建武二年（26）到建武五年間。

[7]【今注】案，胡旭《先唐文苑傳箋證》據“年四十九卒官”，指出夏恭生年當在西漢成帝陽朔三年（前 22）到鴻嘉二年（前 19）間。

[8]【今注】家業：指研習《韓詩》《孟氏易》。

[9]【今注】孝廉：漢代察舉制科目之一。西漢武帝元光元年（前 134）初令郡國舉孝、廉各一人，後合稱爲孝廉。漢代舉孝廉者多任郎官，有年齡限制，後又加考試。本書卷六《順帝紀》載順帝時期，“初令郡國舉孝廉，限年四十以上，諸生通章句，文吏能牋奏，乃得應選；其有茂才異行，若顏淵、子奇，不拘年齒”。

傅毅字武仲，扶風茂陵人也。[1]少博學。永平中，[2]於平陵習章句，[3]因作《迪志》詩曰：[4]

[1]【今注】茂陵：縣名。治所在今陝西興平市東北茂林村。

[2]【今注】永平：東漢明帝劉莊年號（58—75）。

[3]【今注】平陵：縣名。治所在今陝西咸陽市西北。　章句：分析經學文字的章節與句讀。

[4]【今注】迪：實踐。

咨爾庶士，[1]迨時斯勗。[2]日月逾邁，豈云旋復！[3]哀我經營，旅力靡及。[4]在兹弱冠，靡所庶立。[5]

[1]【今注】咨：嘆詞。　庶士：衆士。

[2]【李賢注】迨，及也。勗，勉也。【今注】斯：副詞，表承接上文。

[3]【李賢注】《尚書》曰：“日月逾邁。”逾，過。邁，行。

言日月之過往，不可復還也。

［4］【李賢注】旅，陳也。言己欲經營仁義之道，然非陳力之所能及也。【今注】旅力：盡力。何若瑶《後漢書考證》以爲通“膂力”，體力。

［5］【李賢注】《禮記》曰年二十曰弱冠（大德本、殿本無“曰”字）。言已在弱冠之歲，無所庶幾成立也。【今注】案，胡旭《先唐文苑傳箋證》據“在兹弱冠”云云，以爲此詩作於傅毅二十歲前後。

於赫我祖，顯于殷國。[1] 二迹阿衡，克光其則。[2] 武丁興商，伊宗皇士。[3] 爰作股肱，[4] 萬邦是紀。[5] 奕世載德，迄我顯考。[6] 保膺淑懿，[7] 纘脩其道。[8] 漢之中葉，俊乂式序。秩彼殷宗，光此勳緒。[9] 伊余小子，[10] 穢陋靡逮。懼我世烈，自兹以墜。誰能革濁，清我濯溉？[11] 誰能昭闇，[12] 啓我童昧？先人有訓，我訊我誥。[13] 訓我嘉務，[14] 誨我博學。爰率朋友，尋此舊則。契闊夙夜，庶不懈忒。[15]

［1］【李賢注】謂傅説也。【今注】於：嘆詞。　赫：光明。　我祖：指傅説。商王武丁時大臣。爲傅巖築墻奴隸。武丁夢得聖人，名曰説，求於野。乃於傅巖得之，命爲相，國大治。事迹見《史記》卷三《殷本紀》。

［2］【李賢注】阿，倚；衡，平也。言依倚之以取平也。謂伊尹也。高宗命傅説曰：“爾尚明保冈，俾阿衡專美有商（冈，大德本作‘罔’，殿本作‘予罔’）。”故曰二迹也。言傅説功比伊尹，而能光大其法則也。【今注】阿衡：伊尹。黄山《後漢書校

補》以爲李賢注“阿衡”二字，本鄭玄《詩·長發》箋之説，《尚書》僞孔因之，《史記·殷本紀》則固以“阿衡”爲伊尹名。

［3］【李賢注】武丁，殷王高宗也。伊，惟；宗，尊也。《詩》曰：“思皇多士。”皇，美也。言武丁所以能興殷者，惟尊皇美之士，謂傅説。

［4］【今注】爰：於是。

［5］【今注】紀：綱紀。

［6］【李賢注】《易》曰：“德積載（德積，大德本作‘積德’）。”載，重也。【今注】奕世：累世。　顯考：高祖。《禮記·祭法》：“是故王立七廟，一壇一墠，曰考廟，曰王考廟，曰皇考廟，曰顯考廟，曰祖考廟，皆月祭之。”孔穎達《正義》：“‘曰顯考廟’者，高祖也。顯，明高祖居四廟最上，故以高祖目之。”

［7］【今注】保膺：保持繼承。

［8］【李賢注】纘，繼也。

［9］【李賢注】中桀謂宣帝中興（桀，紹興本、大德本、殿本作“葉”，是）。秩，序也。言漢代序殷高宗用傅説之事，光大其勳功，而用其緒胤也。謂傅介子以軍功封義陽侯；傅喜論議正直，爲大司馬，封高武侯；傅晏爲孔鄉侯；傅商爲汝昌侯；建武中傅俊爲昆陽侯也。【今注】俊乂：賢能之士。　式序：又作“式叙”。按次第、順序。案，洪亮吉《四史發伏》卷八：“毅自言其祖，必有專指，必不歷引海内諸傅以侈譜系也。至介子北地人，喜等河内温人，俊潁川襄城人，俱與毅不同鄉里，注何所據而引之耶？”胡旭《先唐文苑傳箋證》據《漢書》卷七〇《傅介子傳》載“傅介子，北地人，以從軍爲官。後持節誅斬樓蘭王安歸首，功封義陽侯。介子薨，子敞有罪不得嗣，國除。元始（一—五）中，繼功臣世，復封介子曾孫長爲義陽侯，王莽敗，乃絶”，又據《漢書》卷八二《傅喜傳》載“傅喜字稚遊，河内温人也。哀帝時，官拜大司馬，封高武侯。王莽用事時卒。子嗣，莽敗乃絶。傅晏爲

傅喜從弟，女爲哀帝后，封孔鄉侯”，又據《漢書》卷七七《鄭崇傳》載“傅商爲傅太后從弟，封爲汝昌侯”，又據本書卷二二《傅俊傳》載“傅俊字子衛，潁川襄城人也。世祖徇襄城，俊以縣亭長迎軍，拜爲校尉。建武二年（二六），封昆陽侯。七年（三一），卒，謚曰威侯。子昌嗣，徙封蕪湖侯”以爲“諸傅功名顯赫，但或爲北地人，或爲河内人，或爲潁川人，與扶風茂陵人傅毅未必有直接親緣關係”（第31—32頁）。

［10］【今注】伊：句首語氣詞。

［11］【李賢注】《毛詩》曰：“誰能執熱，逝不以濯。”此言誰能革易我之濁，而以清泉洗濯我也（洗，殿本作“溉”）？

［12］【李賢注】“闇”同“暗”。

［13］【今注】訊：告訴。　誥：告誡。

［14］【今注】務：追求。

［15］【李賢注】《詩》云：“與子契闊。”契闊謂辛苦也。懈，惰也（惰，大德本、殿本作“怠”）。忒，差也。【今注】契闊：錢大昕《三史拾遺》卷五：“案《邶風》云：‘死生契闊，與子成説。’章懷偶誤記爾。《毛傳》云：‘契闊，勤苦也。’契與勤，闊與苦，聲俱相近。注改‘勤’爲‘辛’，意同而聲遠矣。”宋文民《後漢書考釋》以爲錢説未必是，“契闊爲雙聲連語，勤苦、辛苦皆訓釋，訓釋語不必非聲近不可”（第311頁）。

秩秩大猷，紀綱庶式。匪勤匪昭，匪壹匪測。[1]農夫不怠，越有黍稷，[2]誰能云作，考之居息？[3]二事敗業，多疾我力。[4]如彼遵衢，則罔所極。[5]二志靡成，聿勞我心。如彼兼聽，則溷於音。[6]於戲君子，無恒自逸。徂年如流，鮮兹暇日。[7]行邁屢税，胡能有迄。[8]密勿朝夕，聿同始卒。[9]

[1]【李賢注】《詩·大雅》曰:“秩秩大猷,聖人謨之(謨,大德本、殿本作‘莫’)。”秩秩,美也。猷,道也。庶,衆也。式,法也。言美哉乎大道,可以綱紀衆法。若不勤勵,則不能昭明其道;不專一,則不能深測。

[2]【李賢注】《尚書》曰“若農服田力穡,乃亦有秋。惰農自安,乃其罔有黍稷”也。【今注】越:句首助詞。 黍:一年生草本植物,子實稱黍子,比小米稍大,煮熟後有黏性。 稷:一種糧食作物。或以爲是粟、高粱、黍類等。

[3]【李賢注】考,成也。言誰能有所作,而居息閑暇可能成者?言必須勤之也。【今注】云:句中助詞。

[4]【李賢注】二事謂事不專一也(紹興本“二”後衍“十”字)。疾,害也。言爲事不專,則多害其力也。

[5]【李賢注】遵,循也。如循長路,則不知所終極也。

[6]【李賢注】聿,辭也。溷,亂也。志不專一,徒煩勞於我心。兼聽衆聲則音亂。【今注】溷:混亂。

[7]【李賢注】人當自勉脩德義,專志勤學,不可自放逸。年之過往如流,言其速也(殿本無“言其速也”四字)。少有閑暇之日也。【今注】於戲:義同“嗚呼”。

[8]【李賢注】行邁之人,屢稅駕停止,何能有所至也?言當自勗,不可中廢也。【今注】行邁:遠行。 稅:通“脱”。解駕停車。 迄:到達。

[9]【李賢注】《毛詩》曰(毛,殿本作“韓”):“密勿從事。”密勿,黽勉也。聿,循也。卒,終也。言朝夕黽勉,終始如一也。【今注】密勿:勤勉努力。《詩·谷風》:“黽勉同心。”馬瑞辰《傳箋通釋》:“黽勉、密勿、蠠没,皆雙聲字,故通用。”

毅以顯宗求賢不篤，[1]士多隱處，故作七激以爲諷。[2]建初中，肅宗博召文學之士，[3]以毅爲蘭臺令史，[4]拜郎中，與班固、賈逵共典校書。[5]毅追美孝明皇帝功德最盛，而廟頌未立，乃依清廟作《顯宗頌》十篇奏之，[6]由是文雅顯於朝廷。[7]車騎將軍馬防，外戚尊重，請毅爲軍司馬，[8]待以師友之禮。及馬氏敗，免官歸。永元元年，[9]車騎將軍竇憲復請毅爲主記室，[10]崔駰爲主簿。[11]及憲遷大將軍，復以毅爲司馬，[12]班固爲中護軍。[13]憲府文章之盛，冠於當世。毅早卒，著詩、賦、誄、頌、祝文、七激、連珠凡二十八篇。[14]

[1]【今注】顯宗：漢明帝廟號。這裏指劉莊。案，《弘明集》卷一《理惑論》："昔孝明皇帝夢見神人，身有日光，飛在殿前，欣然悦之。明日博問群臣，此爲何神。有通人傅毅曰：'臣聞天竺有得道者，號之曰佛，飛行虚空，身有日光，殆將其神也。'於是上悟，遣使者張騫、羽林郎中秦景、博士弟子王遵等十二人於大月支寫佛經四十二章，藏在蘭臺石室第十四間。"胡旭《先唐文苑傳箋證》指出"此事又見於《出三藏記集》序卷六《四十二章經序》及《廣弘明集》卷九《張騫取經》所引《化胡經》。相關記載中，唯《化胡經》云此事始於永平七年，十八年還。如此，則傅毅至遲在永平七年已入朝爲官，前云於平陵習章句一事，當在此前"（第32頁）。

[2]【今注】七激：七，文學體裁。盛於漢魏六朝時期，内容上一般設置爲主客問答，是賦的分支（參見宋志民《論七體的形成和演進》，《湖南大學學報》2020年第5期）。案，《文選》班固《典引》："臣固言：永平十七年，臣與賈逵、傅毅、杜矩、展隆、

郗萌等召詣雲龍門。”又《藝文類聚》卷五七載《七激》云：“漢之盛世，存乎永平，太和協暢，萬機穆清。於是群俊學士，雲集辟雍。含詠聖術，文質發曚。達羲、農之妙旨，照虞、夏之典墳。遵孔氏之憲則，投顔、閔之高迹。推義窮類，靡不博觀。光潤嘉美，世宗其言。公子瞿然而興曰：‘至乎，主得聖道，天基允臧。明哲用思，君子所常。自知沈溺，久蔽不悟，請誦斯語，仰子法度。’”據上，胡旭《先唐文苑傳箋證》指出“《典引》既云永平十七年傅毅與諸人詣雲龍門，或未遂其志，故發而爲文”。又《太平御覽》卷五八八：“永平中，神雀群集，孝明詔上《神雀頌》。班固、賈逵、傅毅、楊終、侯諷五頌文比金玉，今佚。”本書卷三《明帝紀》：“是歲，甘露仍降，樹枝内附，芝草生殿前，神雀五色翔集京師。”胡旭指出“由是知傅毅諸人《神雀頌》作於是年。《隋書》卷三十五《經籍四》著録傅毅《神雀賦》一卷，既云‘卷’，似非其一人之作，或爲五作之總名”。（參見胡旭《先唐文苑傳箋證》，第32—33頁）

［3］【今注】肅宗：東漢章帝劉炟，公元75年至88年在位。謚號“章”，廟號“肅宗”。紀見本書卷三。

［4］【今注】蘭臺令史：官名。東漢始置，掌書奏及印工文書，兼校定宫廷藏書文字。隸屬御史中丞，秩六百石。《論衡》卷一三《别通篇》曰：“（蘭臺）令史雖微，典國道藏，通人所由進，猶博士之官，儒生所由興也。”今山東青州市出土“蘭臺令史殘碑”。

［5］【今注】班固：字孟堅，扶風安陵（今陝西咸陽市東北）人。傳見本書卷四〇。　賈逵：字景伯，扶風平陵（今陝西咸陽市）人。傳見本書卷三六。案，胡旭《先唐文苑傳箋證》以爲“班固、賈逵皆於明帝時校書禁中，章帝時仍其舊，傅毅與其事或稍晚”（第33頁）。

［6］【李賢注】清廟，《詩·周頌》篇名，序文王之德也。【今注】顯宗頌：胡旭《先唐文苑傳箋證》指出《顯宗頌》已佚。惟《文選》卷一九張華《勵志》李善注引殘句曰：“蕩蕩川瀆，既

瀾且清。”又《文選》卷二〇曹植《責躬詩》李善注引傅毅《上明帝頌表》，亦僅剩殘句“體天統物，濟寧蒸民”，當爲求作《顯宗頌》之表。(第 34 頁)

［7］【今注】案，胡旭《先唐文苑傳箋證》引曹丕《典論·論文》：“文人相輕，自古而然。傅毅之於班固，伯仲之間爾，而固小之，與弟超書曰：‘武仲以能屬文爲蘭臺令史，下筆不能自休。’夫人善於自見，而文非一體，鮮能備善，是以各以所長，相輕所短。”以爲“班固輕視傅毅，或在後者文雅顯於朝廷之時”(第 34 頁)。

［8］【今注】軍司馬：官名。漢置，掌領兵。位在部校尉、校尉、將兵長史之下，俸比千石。大將軍轄營五部，每部置部校尉一人，俸比二千石，軍司馬一人。校尉不設校尉部，衹設軍司馬一人。西域都護也設軍司馬。

［9］【今注】永元：東漢和帝劉肇年號（89—105）。

［10］【今注】竇憲：字伯度，扶風平陵（今陝西咸陽市西北）人。傳見本書卷二三。　主記室：軍府幕僚。掌文書報表。

［11］【今注】崔駰：字亭伯，涿郡安平（今河北安平縣）人。傳見本書卷五二。　主簿：軍府幕僚。負責文書簿籍，掌管印鑒等事。

［12］【今注】司馬：官名。軍府幕僚。掌參贊軍務，管理府内武職，位僅次於長史。案，王先謙《後漢書集解》指出，毅有《竇將軍北征頌》，見《藝文類聚》卷五九。胡旭《先唐文苑傳箋證》以爲“傅毅爲大將軍司馬，或在永元二年。《兩漢筆記》卷十繫其事爲永元三年”(第 35 頁)。

［13］【今注】中護軍：軍府幕僚。掌軍中參謀、協調諸部。錢大昭《後漢書辨疑》：“《前書》有護軍都尉，屬大司馬。平帝元始元年更名護軍，中護軍之官始見于此，至漢季又有中領軍矣。”

［14］【今注】祝文：文體名。祭祀告神求福的文辭。　連珠：文體名。多排偶用韻，藉串連事例或比喻以傳達微旨。胡旭《先唐文苑傳箋證》引郝經《續後漢書》卷六六上云：“孝章命班固、傅

毅作一事未已，又列一事，駢辭相連，體如貫珠，故謂之‘連珠’，亦奏議之體也。”案，胡旭《先唐文苑傳箋證》引《文心雕龍》卷六《明詩》：“又古詩佳麗，或稱枚叔，其《孤竹》一篇，則傅毅之詞。”又，《誄碑》：“傅毅所製，文體倫序。”又指出：“《隋書·經籍志》著録後漢車騎司馬《傅毅集》二卷，下有注：‘梁五卷。’《舊唐書·經籍志》《新唐書·藝文志》《陝西通志·經籍志》均著録《傅毅集》五卷。《通志》卷六十九《藝文略》《玉海·藝文》著録《傅毅集》二卷。按，疑《舊唐書》與《新唐書》誤，將東晉《傅毅集》的卷數替代了東漢《傅毅集》的卷數，《陝西通志》沿襲了這種錯誤。”（第35頁）

黄香字文彊，江夏安陸人也。[1]年九歲，失母，思慕憔悴，殆不免喪，[2]鄉人稱其至孝。年十二，太守劉護聞而召之，[3]署門下孝子，[4]甚見愛敬。香家貧，内無僕妾，躬執苦勤，盡心奉養。[5]遂博學經典，究精道術，[6]能文章，京師號曰“天下無雙江夏黄童”。[7]初除郎中，[8]元和元年，[9]肅宗詔香詣東觀，[10]讀所未嘗見書。[11]香後告休，及歸京師，時千乘王冠，[12]帝會中山邸，[13]乃詔香殿下，顧謂諸王曰：“此‘天下無雙江夏黄童’者也。”左右莫不改觀。[14]後召詣安福殿言政事，[15]拜尚書郎，[16]數陳得失，賞賚增加。[17]常獨止宿臺上，[18]晝夜不離省闥，[19]帝聞善之。[20]

[1]【今注】江夏：郡名。治西陵縣（今湖北武漢市新洲區西）。　安陸：縣名。治所在今湖北雲夢縣。

[2]【李賢注】免喪，終喪。

[3]【今注】劉護：胡旭《先唐文苑傳箋證》據本書卷一四

《泗水王歙傳》“泗水王歙，字經孫，光武族父也……建武二年，立歙爲泗水王……歙從父弟茂……封爲中山王。茂弟匡，亦與漢兵俱起。建武二年，封宜春侯。爲人謙遜，永平中爲宗正。子浮嗣，封朝陽侯……浮傳國至孫護，無子，封絶”，卷五四《楊震傳》載楊震上奏云“而伯榮驕淫尤甚，與故朝陽侯劉護從兄瓌交通”（李賢注曰：“護，泗水王歙之從曾孫”），指出“朝陽侯劉護與太守劉護在世時間相當，疑爲同一人”（第36頁）。

［4］【今注】署：置。

［5］【今注】案，曹金華《後漢書稽疑》引中華本校勘記“《校補》謂此句上當有脱文，蓋‘盡心奉養’下必接叙其父事，奉養乃有所屬，亦必有所藉，乃得博學經典也”以爲，“此説是也，否則前云黄香九歲失母，家貧‘内無僕妾’亦不可解。《書鈔》卷一二九引《東觀記》云：香‘父況爲郡五官掾……況舉孝廉，貧無奴僕，香躬親勤苦，盡心奉養’，是‘内無僕妾’爲父況事。又本傳於‘盡心奉養’下接叙‘遂博學經典，窮究道術，能文章，京師號曰“天下無雙江夏黄童”’也極突兀，實無‘所藉’，以至京師何以聞之都成問題。而據《御覽》卷三八四引《東觀記》云香‘年十二，博學傳記’；本傳下文‘初除郎中，元和元年，肅宗詔香令詣東觀，讀所未嘗見書’；《御覽》卷一五引《東觀記》‘黄香知古今，記群書無不涉獵，兼好圖讖天官星氣鐘律曆算，窮極道術。京師號曰“天下無雙，江夏黄童”’等記載，可知香因好學博覽，被‘除郎中’，入至京師，然後才有‘天下無雙’之稱也。本傳略甚，述之無序，遂致其訛”。又，《東觀漢記》卷一九《黄香傳》云：“父況，舉孝廉，爲郡五官掾。貧無奴僕，香躬執勤苦，盡心供養，冬無被袴而親極滋味，暑即扇牀枕，寒即以身温席。年九歲，失母，慕思憔悴，殆不免喪，鄉人稱其至孝。年十二，博覽傳記。家業虚貧，衣食不贍，舅龍鄉侯爲作衣被，不受。”姚之駰《後漢書補逸》卷六《東觀漢記》補逸云：“香，江夏安陸人。以至孝稱，年十二，太守署爲門下孝子。范列《文苑傳》中略其孝行，

不知香者也。"

［6］【今注】道術：經術。

［7］【今注】案，《初學記》卷一七引《説苑》云："昔黄香，字文强，江夏人。博覽傳記群書，無不涉獵，京師號曰：'天下無雙，江夏黄童。'"《初學記》卷一一引《東觀漢記》曰："黄香知古今，記群書無不涉獵，兼明圖讖、天官、星氣、鐘律、曆算，窮極道術，京師號曰'天下無雙，國士瞻重'。京師貴香，慕其聲名，更饋衣物，拜尚書郎。"

［8］【今注】初除郎中：《北堂書鈔》卷六三引謝承《後漢書》："黄香，字文强。除郎，以父老求歸供養。徵拜郎中，詔書召黄香在殿下，問：'父年幾何？何故不入公府？'"注云："《職官分紀》卷四十九作'除郎中'，無'徵拜'以下。"胡旭《先唐文苑傳箋證》以爲，"檢括諸典，黄香當先爲郎，次爲郎中。謝承《後漢書》所記較爲可靠"（第 37 頁）。

［9］【今注】元和：東漢章帝劉炟年號（84—87）。

［10］【今注】東觀：東漢藏書、校書、撰修國史的重要機構，興建於光武帝末或明帝初年，在洛陽南宫（參見朱桂昌《後漢洛陽東觀考》，《洛陽大學學報》1996 年第 1 期）。

［11］【今注】案，《太平御覽》卷六一二："黄香知古今，群書無不涉獵。帝以香先帝所異，每有疑，帝時特訪問。又詔香詣東觀，讀所未嘗見書。"

［12］【李賢注】千乘貞王伉，章帝子也。冠謂二十加冠也。

［13］【今注】中山：中山簡王劉焉。傳見本書卷四二。

［14］【今注】改觀：改容。

［15］【今注】案，《東觀漢記》卷一九《黄香傳》云："帝賜香《淮南》《孟子》各一通，詔令詣東觀讀所未嘗見書。謂諸王曰：'此日下無雙江夏黄童也。'詔詣安福殿，賜錢三萬，黄白絺各一端。"

［16］【今注】尚書郎：官名。漢置。西漢武帝時常以郎官供

尚書署差遣，掌收發文書章奏庶務，後漸成中朝常設官職，員四人，分隸諸曹尚書。東漢尚書分曹辦事，置三十六員（或説置三十四員、三十五員），百官章奏由八座收納後，由尚書郎啓封面奏皇帝，並爲皇帝答疑。皇帝成命經八座傳達後，由尚書郎代擬詔令下達。其官缺，從三署郎中選年不滿五十之孝廉，詣尚書臺考試，每缺一郎試五人。初上尚書臺任職稱守尚書郎中，滿一年稱尚書郎（一説初上臺稱守尚書郎，滿歲稱尚書郎中），三年稱侍郎，統稱尚書郎。秩四百石，秩輕而職顯權重。其出任外官，初補縣長，章帝後得補千石縣令，更有賜遷二千石刺史者。

［17］【今注】賚（lài）：賜。惠棟《後漢書補注》引《東觀漢記》云“賜錢三百萬，黄白各二端”。案，曹金華《後漢書稽疑》指出，《太平御覽》卷八一九引作“召詣安福殿，賜錢三萬，黄白葛各一端”（第1083頁）。

［18］【今注】臺：尚書臺。

［19］【今注】省闥：宫中。

［20］【今注】案，《東觀漢記·黄香傳》云：“拜尚書郎。嘗獨止宿臺上，晝夜不離省闥，上聞善之。以香父尚在，賜卧几，靈壽杖。”胡旭《先唐文苑傳箋證》引陸侃如《中古文學繫年》推定“千乘之冠及黄香爲郎均在本年正、二月。章帝卒年三十二（《紀》之三十三爲三十二之誤，見惠棟《後漢書補注》卷二），和帝即位時僅十歲；千乘雖爲長子，其冠年決不能太早。所謂會中山邸，當即在正月來朝時；章帝對諸王稱香，當即對濟南、阜陵等。其後言政事，拜郎，獨宿臺上等事，總在二月末帝崩之前”（第38—39頁）。

永元四年，拜左丞，[1]功滿當遷，和帝留，增秩。六年，累遷尚書令。[2]後以爲東郡太守，[3]香上疏讓曰：“臣江淮孤賤，愚矇小生，[4]經學行能，[5]無可筭録。[6]遭值大平，先人餘福，[7]得以弱冠特蒙徵用，連偕累任，[8]遂極臺閣。訖無纖介稱，報恩效死，誠不意悟，[9]卒被非望，顯拜近郡，尊位千里。臣聞量能授官，則職無廢事；因勞施爵，則賢愚得宜。臣香小醜，少爲諸生，典郡從政，固非所堪，誠恐矇頓，[10]孤忝聖恩。[11]又惟機密端首，至爲尊要，[12]復非臣香所當久奉。承詔驚惶，不知所裁。臣香年在方剛，適可驅使。[13]願乞餘恩，留備冗官，賜以督責小職，任之宮臺煩事，[14]以畢臣香螻蟻小志，誠瞑目至願，土灰極榮。"[15]

[1]【今注】左丞：官名。東漢始置。總典臺中綱紀，領尚書臺庶務，掌吏民章報及騶伯史。爲尚書臺佐貳官，居尚書右丞上，秩四百石。

[2]【今注】尚書令：官名。漢承秦置。初爲尚書署長官，掌收發文書，隸少府。秩六百石，西漢武帝以後，職權漸重，爲宮廷機要官員，掌傳達記録詔命章奏，秩千石。東漢時爲尚書臺長官，掌決策出令、綜理政務，秩位低而總領朝政，名義上仍隸少府。本書《百官志三》："尚書令一人，千石。本注曰：承秦所置，武帝用宦者，更爲中書謁者令，成帝用士人，復故。掌凡選署及奏下尚書曹文書衆事。"《通典》卷二二《職官四》："秦，置尚書令。尚，主也。漢因之，銅印青綬。武帝用宦者，更爲中書謁者令。成帝去中書謁者令官，更以士人爲尚書令。後漢衆務，悉歸尚書，三公但受成事而已。尚書令主贊奏事，總領紀綱，無所不統。與司隸校尉、御史中丞朝會皆專席而坐，京師號曰'三獨坐'。故公爲令、僕射者，朝會不陛奏事。天子封禪，則尚書令奉玉牒檢兼藏封之禮。"案，《東觀漢記》卷一九《黄香傳》云："香拜左丞，功滿當

遷，詔書留，增秩，拜尚書，遷僕射。香上疏曰：‘以錐刀小用，蒙見宿留爲尚書。’”《初學記》卷一一引司馬彪《續漢書》云：“黄香拜尚書左丞，功滿當遷。和帝詔留增秩，後拜尚書，遷僕射。”胡旭《先唐文苑傳箋證》以爲“尚書僕射爲尚書令之副，諸典或云僕射，或云令，未知孰是。似當以《東觀漢記》爲是”，又《東觀漢記》卷二：“（永元）十一年，帝召諸儒，魯丕與侍中賈逵、尚書令黄香等相難，丕善對事。罷朝，特賜履襪。”本書卷二五《魯丕傳》所記略同。據上，胡旭《先唐文苑傳箋證》以爲“黄香在永元十一年依然爲尚書令，下文爲東郡太守當在是年或隨後，不得遲於永元十二年”（第39頁—40頁）。

［3］【今注】東郡：治濮陽縣（今河南濮陽市華龍區西南）。

［4］【今注】愚朦：愚昧不明。

［5］【今注】行能：品行與才能。

［6］【今注】筭録：擇取；可取。

［7］【李賢注】《謝承書》（承，紹興本、大德本、殿本作“丞”）：“香代爲冠族，葉令況之子也。”【今注】先人：指其父黄況。惠棟《後漢書補注》卷一八引《東觀漢記》云：“父況舉孝廉，爲郡五官。”

［8］【今注】案，偕，殿本作“階”。

［9］【今注】意悟：覺悟。

［10］【今注】朦頓：愚鈍，這裏指因愚鈍而誤事。

［11］【今注】孤忝：辜負、忝辱。

［12］【李賢注】謂尚書令。

［13］【李賢注】《論語》曰：“及其壯也，血氣方剛。”言少壯也。

［14］【今注】煩事：《資治通鑑》卷四八：“賜以督責小職，任之宫臺煩事。”胡三省注：“宫，謂宫中；臺，謂尚書臺也。尚書出納王命，故云宫臺煩事。”

[15]【今注】土灰：死。

帝亦惜香幹用，久習舊事，復留爲尚書令，增秩二千石，賜錢三十萬。是後遂管樞機，甚見親重，而香亦祗勤物務，[1]憂公如家。十二年，東平清河奏訞言卿仲遼等，[2]所連及且千人。香科别據奏，全活甚衆。每郡國疑罪，輒務求輕科，[3]愛惜人命，每存憂濟。又曉習邊事，均量軍政，[4]皆得事宜。帝知其精勤，數加恩賞，疾病存問，賜醫藥。在位多所薦達，寵遇甚盛，議者譏其過倖。[5]

[1]【今注】祗：敬。　物務：事務。

[2]【今注】東平：東平國。治無鹽縣（今山東東平縣東南）。　清河：郡名。治清陽縣（今河北清河縣東南）。　訞言：邪説。訞，同“妖”。

[3]【今注】科：判決。惠棟《後漢書補注》：“律有科條，罪有輕重，科别奏之，不濫刑也。”案，《東觀漢記》卷一九《黄香傳》云：“曉習邊事，每行軍調度動得事理。上知其勤，數加賞賜。香勤力憂公，畏慎周密，每用奏議，所建畫未嘗流布，然事執平法，常持輕類，全活非一。”

[4]【今注】均量：衡量；比較。

[5]【今注】案，何焯《義門讀書記》卷二四云：“政歸臺閣，不任三公，故有過倖之譏。”

延平元年，[1]遷魏郡太守。[2]郡舊有内外園田，常與人分種，收穀歲數千斛。[3]香曰：“田令‘商者不農’，[4]王制‘仕者不耕’，[5]伐冰食禄之人，不與百姓争利。”[6]乃悉以賦人，[7]課令耕種。[8]時被水年飢，乃分奉禄及所得賞賜班贍貧者，[9]於是豐富之家各出義穀，助官稟貸，荒民獲全。後坐水潦事免，[10]數月，卒於家。[11]所著賦、牋、奏、書、令凡五篇。[12]子瓊，自有傳。[13]

[1]【今注】延平：東漢殤帝劉隆年號（106）。案，平，大德本、殿本作“光”。

[2]【今注】魏郡：治鄴縣（今河北臨漳縣西南）。《東觀漢記》卷一九《黄香傳》：“爲魏郡太守。俗每太守將交代，添設儲峙，輒數千萬。香未入界，移勑悉出所設什器。及到，頗有，即徹去。到官之日，不祭竈求福，閉門絶客。”《北堂書鈔》卷七四：“黄香爲魏郡太守，到官，不遣吏歸鄉，摘發奸邪，立決詞訟。”

[3]【今注】斛：容量單位。十斗。

[4]【今注】田令：漢代《田律》的補充法令（參見魏永康《秦漢“田律”研究》，博士學位論文，東北師範大學，2014年）。惠棟《後漢書補注》：“漢有田律，見鄭元《周禮注》。後王所制爲令也。商者不農，《劉般傳》曰：永平中下令禁民二業，般上言郡國以官禁二業，至有田者不漁捕。是田者不農之令始于永平也。”又錢大昭《後漢書辨疑》以爲，“田”字疑誤，或是“甲”字。

[5]【李賢注】《王制》曰：“上農夫食九人，下士視上農夫，禄足以代耕也。”

[6]【李賢注】伐冰解見《馮衍傳》。【今注】伐冰：指卿大夫之家。本書卷二八下《馮衍傳下》：“夫伐冰之家，不利雞豚之息。”李賢注：“《禮記》曰：‘畜馬乘，不察於雞豚。伐冰之家不畜牛羊。’伐冰謂卿大夫以上，以其喪祭得賜冰，故言伐冰也。”

[7]【今注】賦：給予。

[8]【今注】課令：督促命令。

［9］【今注】班：分。

［10］【今注】水潦：下雨而積水。

［11］【今注】案，《太平寰宇記》卷一三二引《荆州記》：“安陸縣東四十里，南有鳳凰岡，昔有鳳凰産乳其上。又晉穆帝永和四年，鳳凰將九子棲集其上。山下有黄瓊宅，即魏郡太守黄香子，父香亦墓焉。”又卷一四三記“房州”之“黄香塚”：“香，後漢爲吏部尚書，即此郡人，有至孝之名，卒於此，有塚在郡東北。”《明一統志》卷九一：“黄香墓在雲夢縣，《九域志》在安陸縣。”《大清一統志》卷一五〇：“黄香墓在禹州城東北孝山上。”又卷二六一：“黄香墓在孝感縣東四十里。”《姑蘇志》卷三四：“黄香墓在常熟梅里鎮。乾道初，梅里蘇忠翊直卜葬，得古塚，乃黄香墓，碑刻隸書，首兩句八字中二字不可識：‘延陵慈父，葬子慱嬴；孟光貞婦，窆夫於吴。’碑陰乃會稽東部都尉張紘也。又有薛綜修祠日月題刻，可辯者八字：‘子瓊、孫琬位登三事。’蘇氏挈歸家，有光怪，舁棄昆承湖中。”《湖廣通志》卷八一“德安府”：“漢孝子黄香墓在府署東十數武。《九域志》在安陸縣。黄瓊墓在安陸縣西北兆山下雷公廟會茶庵路傍。”據上，胡旭《先唐文苑傳箋證》以爲，“黄香爲安陸人，且卒於家，似不應葬於他處。當以《太平寰宇記》卷一三二、《明一統志》卷九一、《湖廣通志》卷八一所載爲是。黄香享盛名，其子孫及黄姓族人輾轉各地者，出於宗族觀念，奉黄香爲祖，追建黄香墓，亦可理解”（第42頁）。

［12］【今注】牋：文體名。又作“箋”。下級對上級所上的書札、奏記。　令：文體名。發布命令的公文。案，王先謙《後漢書集解》：“香有《九宫賦》，詳《古文苑》《藝文聚》七十八。又《天子冠頌》，詳《通典》五十六、《初學記》十四。”胡旭《先唐文苑傳箋證》：“《隋書·經籍志》著録《班固集》時下有注：‘梁有魏郡太守《黄香集》二卷，亡。’《舊唐書·經籍志》《新唐書·藝文志》《通志·藝文略》《玉海·藝文》皆著録《黄香集》二卷。《全後漢文》收録黄香文六篇。”（第43頁）

[13]【今注】子瓊自有傳：傳見本書卷六一。

劉毅，北海敬王子也。[1]初封平望侯，[2]永元中，坐事奪爵。[3]毅少有文辯稱，[4]元初元年，上《漢德論》并《憲論》十二篇。[5]時劉珍、鄧耽、尹兑、馬融共上書稱其美，[6]安帝嘉之，賜錢三萬，拜議郎。[7]

[1]【今注】北海敬王：劉睦。傳見本書卷一四。

[2]【李賢注】平望，縣，屬北海郡。【今注】平望：縣名。治所在今山東壽光市東北。

[3]【今注】坐事奪爵：本書卷一四《北海靖王興傳》云："永元二年，和帝封睦庶子斟鄉侯威爲北海王，奉睦後。立七年，威以非睦子，又坐誹謗，檻車徵詣廷尉，道自殺。"胡旭《先唐文苑傳箋證》以爲，劉毅在永元年間坐事奪爵，何事不詳，或與此事有關。曹金華《後漢書稽疑》謂"本傳載劉毅事，止云奪平望侯爵，不載復其爵位，止云上《漢德論》《憲論》十二篇，不載著述東觀，皆略也。《皇后紀》載'元初五年，平望侯劉毅'上書安帝，當是劉毅已復故爵。《北海靖王興傳》載'永寧中，鄧太后召毅及騊駼入東觀，與謁者僕射劉珍著《中興以下名臣列士傳》'，是有著述東觀事也"（第1083頁）。

[4]【今注】文辯：能文善辯。

[5]【今注】案，胡旭《先唐文苑傳箋證》指出《漢德論》《憲論》皆佚。又《玉海》卷六二《藝文》云："《劉毅傳》，封平望侯，少以文辨稱，元初元年上《漢德論》並《憲論》十六篇。"曰十六篇，不知所據。（第44頁）

[6]【今注】鄧耽尹兑：二人事迹不詳。　馬融：字季長，扶風茂陵（今陝西興平市東北）人。傳見本書六〇上。案，本書《北海靖王興傳》："永寧中，鄧太后召毅及騊駼入東觀，與謁者僕

射劉珍著《中興以下名臣列士傳》。”蕭常《續後漢書》卷三四：“昔班固作《漢書》，文辭典雅，後劉珍、劉毅等作《漢記》，遠不及固，叙傳尤劣。”《文獻通考》卷一九一：“先是明帝召固爲蘭臺令史，與諸先輩陳宗、尹敏、孟冀等共成《光武本紀》，擢固爲郎，典校祕書。固撰後漢事作列傳、載紀二十八篇。其後劉珍、劉毅、劉陶、伏無忌等相次著述東觀，謂之《漢紀》。”據上，胡旭《先唐文苑傳箋證》指出，“劉毅亦與劉珍、鄧耽等参與《東觀漢記》之寫作，且以宗室身份得到諸文士之恭維”。(第45頁)

[7]【今注】議郎：官名。秦置漢承。掌顧問應對，参與議政。不入直宿衛。漢九卿之一光禄勳（郎中令）屬官，秩比六百石。

李尤字伯仁，廣漢雒人也。[1]少以文章顯。和帝時，侍中賈逵薦尤有相如、楊雄之風，[2]召詣東觀，受詔作賦，拜蘭臺令史。稍遷，安帝時爲諫議大夫，[3]受詔與謁者僕射劉珍等俱撰漢記。[4]後帝廢太子爲濟陰王，[5]尤上書諫争。順帝立，遷樂安相。[6]年八十三卒。所著詩、賦、銘、誄、頌、《七歎》《哀典》凡二十八篇。[7]尤同郡李勝，亦有文才，爲東觀郎，著賦、誄、頌、論數十篇。[8]

[1]【今注】廣漢：郡名。治梓潼縣（今四川梓潼縣)。　雒：縣名。治所在今四川廣漢市。

[2]【今注】侍中：官名。秦始置。西漢時爲加官，無員，凡官員加此頭銜即可入禁中，親近皇帝。初掌雜務，後漸與聞朝政、贊導衆事、顧問應對，與公卿大臣論辯，平議尚書奏事，爲中朝要職。本書《百官志三》：“侍中，比二千石。本注曰：無員。掌侍左

右，贊導衆事，顧問應對。法駕出，則多識者一人參乘，餘皆騎在乘輿車後。本有僕射一人，中興轉爲祭酒，或置或否。”案，《華陽國志》卷一〇中載：“李尤，字伯仁，雒人也。侍中賈逵薦尤有相如、楊雄之才，明帝召作東觀、辟雍、德陽諸觀賦、銘，《懷戎頌》百二十銘，著《政事論》七篇。帝善之，拜諫大夫、樂安相。後與劉珍共撰《漢記》。”胡旭《先唐文苑傳箋證》指出“《華陽國志》云賈逵薦李尤在明帝時，《後漢書》則云在和帝時。然綜《後漢紀》卷十二《孝章皇帝紀》、《後漢書》卷三十六《賈逵傳》，賈逵爲侍中，當在和帝時。拜樂安相事，此云安帝時拜，後文云順帝時拜，未知孰是”。又指出，“賈逵爲其時古文經學派之代表人物，而李尤之作亦體現其研治古文經傾向，如《漏刻銘》‘思我王度，如玉如金’，用《左傳》昭十二年‘思我王度，式如玉，式如金’語；《寶劍銘》‘五材並用，誰能去兵’，用《左傳》襄公二十七年語：‘天生五材，民並用之，廢一不可，誰能去兵？’故賈逵之薦李尤，不衹因其文學才華，更因其學術體系與派別與之相同”。（第46—47頁）

［3］【今注】諫議大夫：官名。秦始置，西漢武帝復置，稱“諫大夫”。掌諫争、顧問應對，議論朝政。屬光禄勳，無定員，秩比八百石。本書《百官志二》：“諫議大夫，六百石。本注曰：無員。”惠棟《後漢書補注》引《齊職儀》曰：“秦置諫大夫，屬郎中令，無常員，多至數十人，掌論議，漢初不置，至武帝始因秦置之，無常員，皆名儒宿德爲之。光武增‘議’字爲諫議大夫，置三十人。”

［4］【今注】謁者僕射：官名。秦置漢承。又稱“大謁者”。掌朝會司儀，皇帝出行時在前導引車。東漢時爲謁者臺長官，侍從皇帝左右，關通内外。秩比千石，銅印青綬，着高山冠。本書《百官志二》：“謁者僕射一人，比千石。本注曰：爲謁者臺率，主謁者，天子出，奉引。古重習武，有主射以督録之，故曰僕射。”

［5］【今注】廢太子：指漢順帝。

［6］【今注】樂安：東漢和帝永元七年（95）改千乘郡置國。治臨濟縣（今山東高青縣高城鎮西北）。案，胡旭《先唐文苑傳箋證》指出，“由皇太子被廢爲濟陰王者，即順帝。李尤之遷樂安相，蓋以順帝爲太子被廢時所作諫争文之故”。(第48頁）

［7］【今注】案，《文心雕龍·銘箴》云：“李尤積篇，義儉辭碎，蓍龜神物，而居博弈之中，衡斛嘉量，而在臼杵之末。曾名品之未暇，何事理之能閑哉。”明曹學佺《蜀中廣記》卷九七引《文章流别》云：“李尤自山河都邑至於刀筆竿契，莫不有銘。”惠棟《後漢書補注》卷一八：“《李尤集》序，尤好爲銘贊，門階户席，莫不著述。《經籍志》曰，梁李九集五卷。《華陽國志》曰，尤孫克有文才。”王先謙《後漢書集解》：“嚴可均校輯《後漢文》從《御覽》《藝文類聚》《初學記》《古文苑》諸書得尤銘八十四、賦五，則銘之所亡者僅三十六耳。”胡旭《先唐文苑傳箋證》：“《隋書·經籍志》著録《劉騊駼集》時下有注：‘又有樂安相《李尤集》五卷，亡。’尤袤《遂初堂書目》有《李尤集》，《宋史·藝文志》著録《李尤集》二卷，二者大約爲一，姚振宗謂後者大抵亦是輯本，頗有道理。宋鄭樵《通志略·藝文略第七·文類第十二》著録‘樂安相《李尤集》五卷’，宋王應麟《玉海》卷五十五《漢别集》著録‘《李尤集》五卷’，明焦竑《國史經籍志》卷五《集類》著録‘《李尤集》五卷’，明曹學佺《蜀中廣記》卷九十七《著作七·集部》著録‘《李伯仁》集二卷’，清常明《四川通志》卷一八六《集部·别集》著録‘《李尤集》五卷’。以上諸本著録，多未必親見，乃雜録而成。明以後輯本有《漢魏六朝百三家集》輯録《李伯仁集》一卷，凡賦、七、銘、序九十三篇。嚴可均《全後漢文》收録李尤文九十四篇。”又，明曹學佺《蜀中廣記》卷九六云：“《蜀記》，後漢廣漢李尤伯仁撰，《太平御覽》引之。”又卷一〇一云：“後漢李尤《蜀記》：‘蜀山自綿谷葭萌道徑險窄，北來擔負者不容易肩，謂之左擔道。’”胡旭指出，《太平御覽》多處引《蜀記》，然皆不云李尤作《蜀記》，常璩《華陽國志》亦不見

載（第 48—49 頁）。

［8］【今注】案，《華陽國志》卷一〇中："李勝字茂通，雒人也。勝爲東觀郎，著賦、誄、論、頌數十篇。"

蘇順，字孝山，京兆霸陵人也。[1]和、安閒以才學見稱。好養生術，隱處求道。晚乃仕，拜郎中，卒於官。所著賦、論、誄、哀辭、雜文凡十六篇。[2]時三輔多士，扶風曹衆伯師亦有才學，著誄、書、論四篇。[3]又有曹朔，不知何許人，作《漢頌》四篇。[4]

［1］【今注】霸陵：縣名。治所在今陝西西安市東北。

［2］【今注】哀辭：文體名。爲吊文的旁支。詹鍈《文心雕龍義證》指出，哀辭"四言體與騷體並用"，"多施於幼童"。案，胡旭《先唐文苑傳箋證》："《隋書·經籍志》著録《張衡集》時下有注：'梁又有郎中《蘇順集》二卷，録二卷，亡。'《舊唐書·經籍志》《新唐書·藝文志》《玉海·藝文》《陝西通志·經籍志》皆著録《蘇順集》二卷。《全後漢文》收録蘇順文四篇，賦一篇，誄三篇。皇甫謐《高士傳序》云：'史班之載，多所闕略，梁鴻頌逸民，蘇順叙高士，或録屈節，雜而不純，又近取秦漢，不及遠古。'顧杯三據此認爲，蘇順當有一篇《叙高士》。按，《叙高士》似當爲《高士叙》。"（第 49—50 頁）

［3］【李賢注】《三輔決録》注曰："衆與鄉里蘇孺文、賓伯向、馬季長並遊宦（向，大德本作"尚"），唯衆不遇，以壽終于家。"

［4］【今注】漢頌四篇：顔師古《匡謬正俗》卷七云："曹朔作《後漢敬隱后頌》，述宋氏之先云：'實先契而佐唐，湯受命而創基，二宗儼以久饗，盤庚儉而弗怠。'"胡旭《先唐文苑傳箋證》以爲此或爲《漢頌》四篇之一（第 50—51 頁）。

劉珍字秋孫，[1]一名寶，南陽蔡陽人也。[2]少好學。永初中，[3]爲謁者僕射。鄧太后詔使與校書劉騊駼、馬融及五經博士校定東觀五經、諸子傳記、百家蓺術，[4]整齊脱誤，是正文字。[5]永寧元年，[6]太后又詔珍與騊駼作建武已來名臣傳，[7]遷侍中、越騎校尉。[8]延光四年，[9]拜宗正。[10]明年，轉衛尉，[11]卒官。著誄、頌、連珠凡七篇。[12]又撰《釋名》三十篇，[13]以辯萬物之稱號云。

[1]【李賢注】諸本時有作“秘孫”者，其人名珍，與“秘”義相扶，而作“秋”者多也。【今注】秋孫：《玉海》卷一一九云：“前安帝時，越騎校尉劉千秋校書東觀。”惠棟《後漢書補注》云：“《漢官解詁序》曰：‘安帝時越騎校尉劉千秋校書東觀，後遷宗正衛尉.’又與張平子同郡，則千秋疑即秋孫也。或珍字秘孫，而别字千秋，如虞詡兩字也。”曹金華《後漢書稽疑》:“《續漢書·百官志》‘王隆作《小學漢官篇》’，劉昭注‘胡廣注隆此篇，其論之注曰：“前安帝時，越騎校尉劉千秋校書東觀……”’《校勘記》按：‘《集解》引惠棟説，謂劉千秋即劉珍。《文苑傳》云珍字秋孫，疑傳誤。’余按：《集解》引惠棟説，謂‘千秋疑即秋孫也。或珍字秘孫，而别字千秋，如虞詡兩字也。又注作秘孫，古秋、秘字相似，《史記》敬侯秋彭祖，《漢表》作“秘”也’。”（第1083—1084頁）

[2]【今注】南陽：郡名。治宛縣（今河南南陽市卧龍區）。蔡陽：縣名。治所在今湖北棗陽市西南。

[3]【今注】永初：東漢安帝劉祜年號（107—113）。案，本書卷五《安帝紀》載永初四年“詔謁者劉珍及《五經》博士，校定東觀《五經》、諸子、傳記、百家藝術，整齊脱誤，是正文字”，

又卷一〇《皇后紀上》："太后自入宫掖，從曹大家受經書，兼天文、算數。晝省王政，夜則誦讀，而患其謬誤，懼乖典章，乃博選諸儒劉珍等及博士、議郎、四府掾史五十餘人，詣東觀讎校傳記。"卷七八《宦者傳》載，元初四年，"帝以經傳之文多不正定，乃選通儒謁者劉珍及博士良史詣東觀，各讎校漢家法，令倫監典其事。"胡旭《先唐文苑傳箋證》指出，"三則材料所載事同，唯時間有異，《皇后紀》雖不云時間，但記其事在永初（一〇七——一一三）年間。故陸侃如以爲《宦者列傳》之'元初'爲'永初'之誤"（第52頁）。

［4］【今注】鄧太后：紀見本書卷一〇上。　校書劉騊駼：事迹見本書卷一四《宗室四王三侯傳》。　五經博士：漢武帝始置。參與議政、制禮、顧問應對等，掌策試官吏，在太學中教授五經之學，各置弟子員。初秩比四百石，後升比六百石。本書《百官志二》："博士十四人，比六百石。本注曰：《易》四，施、孟、梁丘、京氏。《尚書》三，歐陽、大小夏侯氏。《詩》三，魯、齊、韓氏。《禮》二，大小戴氏。《春秋》二，《公羊》嚴、顏氏。掌教弟子。國有疑事，掌承問對。本四百石，宣帝增秩。"曹金華《後漢書稽疑》以爲"校書"後疑脱"郎"字。本書卷五九《張衡傳》作"校書郎劉騊駼"。本書卷六〇上《馬融傳》載拜融"校書郎中"，李賢注："《謝承書》及《續漢書》並云爲校書郎，又拜郎中也。"（第1084頁）

［5］【今注】是正：校正。

［6］【今注】永寧：東漢安帝劉祜年號（120—121）。

［7］【今注】案，《史通》卷二曰："按後漢明帝詔班固、陳宗、尹敏、孟冀譔世祖本紀及建武功臣傳。又詔劉珍、李尤等譔建武以來至永初紀傳。"胡旭《先唐文苑傳箋證》指出，"詔劉珍、李尤非明帝時事，乃鄧太后及安帝時事。《史通》誤"。又《四庫全書總目提要》云："《東觀漢記》二十四卷，《隋書·經籍志》稱長水校尉劉珍等撰，今考之范書，珍未嘗爲長水校尉，且此書創始

在明帝時，不可題珍等居首。”胡旭據《玉海》卷一一九“前安帝時，越騎校尉劉千秋校書東觀。樊長孫與書曰：‘宜撰次依擬《周禮》，定位分職。’劉君甚然其言，與郎中張平子參議，未定。而劉君遷爲宗正、衛尉，平子爲尚書郎、太史令，各務其職未暇恤也”，以爲“四庫館臣之見略可商榷。姚振宗《後漢藝文志》卷二云：‘或謂不當題劉珍，然珍之前未定書名，珍之時乃奉詔有此目，且安知非本書題署如此者？是不得不題劉珍等也。或又謂珍未嘗爲長水校尉，則文史簡略，此亦據本書題署歟？’姚氏言之有理”（第52頁）。曹金華《後漢書稽疑》認爲“騊駼”下當有“等”字。本書卷一四《北海靖王興傳》：“鄧太后召毅及騊駼入東觀，與謁者僕射劉珍著中興以下名臣列士傳。”（第1084頁）

［8］【今注】越騎校尉：官名。西漢武帝置八校尉之一，掌宿衛屯兵或奉命征伐。後漢初改爲青巾左校尉，東漢光武帝建武十五年（39）復舊。秩比二千石。本書《百官志四》：“越騎校尉一人，比二千石。本注曰：掌宿衛兵。”（第1084頁）

［9］【今注】延光：東漢安帝劉祜年號（122—125）。

［10］【今注】宗正：官名。秦置，一説西周至戰國皆置，秦、漢沿置，管理皇族外戚事務。例由宗室擔任。列卿之一，秩中二千石。本書《百官志三》：“宗正，卿一人，中二千石。本注曰：掌序録王國嫡庶之次，及諸宗室親屬遠近，郡國歲因計上宗室名籍。若有犯法當髡以上，先上諸宗正，宗正以聞，乃報決。”

［11］【今注】衛尉：官名。戰國秦置，西漢沿置，掌宫門屯衛兵，秩中二千石，列位九卿。本書《百官志二》：“衛尉，卿一人，中二千石。本注曰：掌宫門衛士，宫中徼循事。”

［12］【今注】案，胡旭《先唐文苑傳箋證》：“《隋書·經籍志》著録後漢《劉珍集》二卷，下有注：‘録一卷。’《舊唐書·經籍志》《新唐書·藝文志》《通志·藝文略》《玉海·藝文》皆著録《劉珍集》二卷。《全後漢文》輯劉珍文五篇。《先秦漢魏晉南北朝詩》輯劉珍詩一首。”（第53頁）

［13］【今注】釋名三十篇：錢大昕《廿二史考異》卷一二《後漢書三》："《隋書·經籍志》：《釋名》八卷，劉熙撰。《直齋書録解題》亦云：《釋名》八卷，漢徵士北海劉熙成國撰，凡二十七篇。"胡旭《先唐文苑傳箋證》："《隋書·經籍志》著録《釋名》八卷，漢劉熙撰；《直齋書録解題》云《釋名》，漢劉熙撰，二十七篇。《四庫全書總目提要》卷四十辨證云：'《後漢書·劉珍傳》稱珍撰《釋名》五十篇（當爲"三十"之誤），以辨萬物之稱號。其書名同，姓又相同。鄭明選作《秕言》，頗以爲疑。然歷代相傳，無引劉珍《釋名》者，則珍書久佚，不得以此書當之也。'嚴可均《全後漢文》卷八十六言劉熙《釋名》時云：'《後漢·文苑·劉珍傳》，撰《釋名》三十篇，蓋别有一書。或珍創始，而劉熙踵成之也。'陸侃如《中古文學繫年》卷三極力反對鄭明選和嚴可均之説，云：'鄭明選《秕言》疑此即劉熙書，誤也。其説有數不合：名字不合也，里居不合也，時代不合也，官位不合也，篇數不合也。有此六（疑爲'五'之誤）不合，則此書之與今本《釋名》判然兩書，復何疑哉！至書名偶同，古人往往有之。如斯之類不一而足，何足爲疑……嚴可均、畢沅輩皆謂創始於珍，踵成於熙，此亦騎墻之語。且原書三十篇，不應踵成之書反少三篇，此斷斷不然也。'按，陸氏雖氣盛，但駁"踵成"之説無力。典籍流傳過程中，散佚乃正常情形，劉熙《釋名》之二十七卷，未必是原始卷數。"（第 54 頁）

葛龔字元甫，梁國寧陵人也。[1]和帝時，以善文記知名。[2]性慷慨壯烈，[3]勇力過人。安帝永初中，舉孝廉，[4]爲太官丞，[5]上便宜四事，[6]拜蕩陰令。[7]辟太尉府，病不就。州舉茂才，[8]爲臨汾令。[9]居二縣，皆有稱績。著文、賦、碑、誄、書記凡十二篇。[10]

［1］【今注】寧陵：縣名。治所在今河南寧陵縣南。

［2］【李賢注】龔善爲文奏。或有請龔奏以干人者，龔爲作之，其人寫之，忘自載其名，因并寫龔名以進之。故時人爲之語曰："作奏雖工，宜去葛龔。"事見《笑林》。【今注】案，《北堂書鈔》一三六引葛龔《與梁相張府君箋》："閑賜龔印衣繡囊細布，皆珍重纖麗。"《初學記》卷二一、《太平御覽》卷六〇一引《與梁相書》云："復惠善墨，下士所無，摧骸骨，碎肝膽，不足明報。"《文選》劉孝標《廣絶交論》李善注引《葛龔集》云："龔以毛羽之身，戴丘山之施。"胡旭《先唐文苑傳箋證》指出，"上三則佚文，或云己爲下士，或感激對方之贈予，顯係尚未出仕時所作"(第55頁)。

［3］【今注】案，《藝文類聚》卷六七引竇章《遺葛龔佩銘》云："禹、湯罪己，仲尼多誨。盤盂有銘，几杖有誡。天爲剛德，猶不干時。君子妄怒，厥亦生災。晉厲好虐，樂書作亂。荀瑶峻戾，韓、魏致難。慷慨憤激，動腸傷氣。久生百疾，歷年不遂。俯覽斯佩，柔韋是貴。"胡旭《先唐文苑傳箋證》指出此銘顯係對葛龔"性慷慨壯烈"的規勸（第55頁）。

［4］【今注】舉孝廉：胡旭《先唐文苑傳箋證》據《文選》魏文帝《雜詩》李善注引葛龔《與梁相張府君書》云"悠悠夢想，願飛無翼"，認爲葛龔欲仕進之意甚明。"舉孝廉"當爲梁相"張府君"薦引。(第55—56頁)

［5］【今注】太官丞：太官，或作"大官"。秦漢沿置，掌宮廷膳食。屬少府。本書《百官志三》："太官令一人，六百石。本注曰：掌御飲食。左丞、甘丞、湯官丞、果丞各一人。本注曰：左丞主飲食。甘丞主膳具。湯官丞主酒。果丞主果。"

［6］【今注】便宜：有利國家，合乎時宜。

［7］【李賢注】蕩陰，縣名，今相州縣也。蕩音湯。【今注】蕩陰：縣名。治所在今河南湯陰縣。

［8］【今注】茂才：漢朝選舉科目。西漢稱秀才，始於武帝元封間。東漢避光武帝劉秀諱，改爲“茂才”，或“茂材”。

［9］【今注】臨汾：縣名。治所在今山西襄汾縣趙康鎮東。

［10］【今注】書記：文體名。私人間書札、簡牘。案，王先謙《後漢書集解》：“龔《遂初賦》《薦黄鳳》《薦郝彦》《薦戴翌》諸文，《彦伯父還傳記》與《梁相張府君牋》《答竇章書》雜見《文選》注、《御覽》、《書鈔》、《初學記》、《汝南先賢傳》，率皆零句。”胡旭《先唐文苑傳箋證》：“《隋書·經籍志》著録後漢黄門郎《葛龔集》六卷，下有注：‘梁五卷，一本七卷。’《舊唐書·經籍志》《新唐書·藝文志》著録《葛龔集》五卷。《通志·藝文略》《玉海·藝文》著録《葛龔集》六卷。《全後漢文》輯葛龔文九篇。”（第56頁）

王逸字叔師，南郡宜城人也。[1]元初中，舉上計吏，[2]爲校書郎。[3]順帝時，爲侍中。著《楚辭章句》行於世。[4]其賦、誄、書、論及雜文凡二十一篇。[5]又作《漢詩》百二十三篇。[6]子延壽，字文考，有儁才。少遊魯國，[7]作《靈光殿賦》。[8]後蔡邕亦造此賦，[9]未成，及見延壽所爲，甚奇之，遂輟翰而已。[10]曾有異夢，意惡之，乃作夢賦以自厲。[11]後溺水死，時年二十餘。[12]

［1］【今注】南郡：治江陵縣（今湖北荆州市荆州城西北）。宜城：縣名。治所在今湖北宜城市南。荆州松柏漢墓出土的《南郡免老簿》作“宜成”。胡旭《先唐文苑傳箋證》引《湖廣通志》卷七三：“王逸卒於宜城，因葬焉。”又云：“王逸宅在故宜城西北二十里。”《大清一統志》卷二七〇：“王逸宅，在宜城縣南，今俗

呼王家屋壜。”（第56頁）

［2］【今注】上計：每至年終，郡國遣吏至京上計簿，將全年人口、錢、糧、賊、獄訟等事項，向朝廷報告。

［3］【今注】校書郎：東漢置，即以郎官典校皇家秘笈圖書。

［4］【今注】楚辭章句：今存。王逸《自叙》：“至於孝武帝，恢廓道訓，使淮南王安作《離騷經章句》，則大義粲然。後世雄俊，莫不瞻慕，舒肆妙慮，纘述其詞。逮至劉向（顔師古讀如本字），典校經書，分爲十六卷。孝章即位，深弘道藝，而班固、賈逵復以所見改易前疑，各作《離騷經章句》。其餘十五卷，闕而不説。又以壯爲狀，義多乖異，事不要括。今臣復以所識所知，稽之舊章，合之經傳，作十六卷章句。雖未能究其微妙，然大指之趣，略可見矣。”《四庫全書總目提要》云：“《楚詞章句》十七卷，漢王逸撰。逸，字叔師，南郡宜城人。順帝時官至侍中，事跡具《後漢書·文苑傳》。舊本題校書郎中，蓋據其注是書時所居官也。初劉向裒集屈原《離騷》《九歌》《天問》《九章》《遠遊》《卜居》《漁父》，宋玉《九辨》《招魂》，景差《大招》，而以賈誼《惜誓》、淮南小山《招隱士》、東方朔《七諫》、嚴忌《哀時命》、王褒《九懷》及向所作《九歎》共爲《楚詞》十六篇，是爲總集之祖。逸又益以己作《九思》與班固二叙，爲十七卷，而各爲之注。”（第57頁）

［5］【今注】案，《隋書·經籍志》著録《潛夫論》十卷時下有注：“梁有王逸《正部論》八卷，後漢侍中王逸撰。”《隋書·經籍志》著録《楚辭》十二卷，下有注：“並目録。後漢校書郎王逸注。”《隋書·經籍志》著録《馬融集》時下有注：“梁有《王逸集》二卷，録一卷，亡。”《舊唐書·經籍志》《新唐書·藝文志》著録《王逸集》二卷。《漢魏六朝百三家集》輯録《王叔師集》一卷，《漢魏六朝名家集初刻》收録。曾樸《補後漢書藝文志並考》卷七云：“按《書鈔》四十引或問張騫可謂名使者歟？自京師以西，安息以東，方數萬里，騫皆經歷。《類聚》七十三引顔淵之單瓢，則勝慶封玉杯，何者，德行高遠，能殊絶也。八十二引或問玉符，

曰赤如雞冠，黄如蒸栗，白如豬肪，黑如純漆，玉之符也。又引自比如萍隨水浮遊。《初學記》二十八引木有扶桑，梧桐皆受氣，淳美異於群類者也。《御覽》七百六十五引自幼厲，禮壞樂崩，天綱弛絶，諸侯力攻，轉相吞滅，德不能懷，威不能制，至於赧王，遂喪玉斗。九百九十四引草有巨暢威熹。並稱《王逸子》（餘引《正部論》者不著）。又《書鈔》九十七引道德爲弓弩，仁義爲鎧甲，稱王逸《折武論》，吴淑《事類賦注》引《玉符》一條，稱王逸《玉論》，疑皆此書中篇名。”顧杯三《補後漢書藝文志》卷八同時著録《正部論》《折武論》《王逸子》，陸侃如《中古文學繫年》卷四譏其不當。《全後漢文》收録王逸文六篇（《九思》作一篇計，《離騷經》作一篇計）。據上，胡旭《先唐文苑傳箋證》認爲：“曾氏疑《折武論》《王逸子》等皆《正部論》中篇名，頗合情理，然查無實據。顧氏將其平行著録，未嘗不可。嚴氏《全上古三代秦漢三國六朝文》中收録無數從子書中逸出之文，平行著録甚夥，實不得已也。曾氏云諸書不引《正部論》，則誤，《藝文類聚》卷八十三、《太平御覽》八百五皆引王逸《正部論》，云：‘或問玉符曰：赤如雞冠，黄如蒸栗，白如豬肪，黑如純漆，玉之符也。’”又，曾樸《補後漢書藝文志並考》卷八云：“《書鈔》三十三引《臨豫州教》，嚴失採。”陸侃如《中古文學繫年》卷四云：“豫州可能是豫章之誤。”（第57—58頁）

［6］【今注】漢詩：張政烺《王逸集牙簽考證》云：“江夏黄氏衡齋《金石識小録》卷下第四十六葉，著録象牙書簽一枚，長三公分半，闊二公分半，正反面各刻文三行，行字數無定。今依原式釋文如下：‘初元中王公逸爲校——書郎著《楚辭章句》——及誄書雜文二十一篇（以上正面）——又作《漢書》一百二十三——篇子延壽有儁才——作《靈光殿賦》（以上背面）’”指出其中“《漢書》一百二十三篇蓋指《東觀漢記》之别本而言”，“王逸爲校書郎在安順之世，正劉珍等奉詔雜作紀表名臣節士儒林外戚諸傳之時，參與著作亦固其所。然乃預於其列而非總司其成，以事理論

不得輒專作者之名。且其時《漢紀》成篇尚屬無幾，下逮桓帝元嘉間才得百十有四篇，則當王逸之世絶不能有百二十三之數"，"惟一時相同之書名繁多，則必籍篇數以示分别……故云'又作《漢書》一百二十三篇'者，亦猶云'又撰《東觀漢記》'而已，非必百二十三篇皆王逸之手作也。"（詳見張政烺《張政烺文史論集》，中華書局 2004 年版）陸侃如《中古文學繫年》贊成其説，並指出："《後漢書》的'詩'字顯係書字之誤，逸奉命著作當與劉珍等同時。"

［7］【今注】魯國：諸侯王國名。治魯縣（今山東曲阜市）。

［8］【今注】靈光殿賦：《漢書》卷五三《景十三王傳》載魯恭王劉餘以孝景前元二年（前 155）立爲淮陽王，以孝景前元三年徙王魯。好治宫室、苑囿、狗馬。本書卷四二《東海恭王彊傳》："初，魯恭王好宫室，起靈光殿，甚壯麗，是時猶存，故詔彊都魯。"《太平御覽》卷五八七云："《博物志》曰：魯作靈光殿初成，逸語其子：'汝寫狀歸，吾欲爲賦。'文考遂以韻寫簡。其父曰：'此即爲賦，吾固不及矣。'" 舊題宋王十朋《蘇詩注》云："王延壽有俊才。父逸欲作魯靈光殿賦，令延壽往録其狀。延壽因韻之，以簡其父。父曰：'吾無以加也。'時蔡邕亦有此作，十年不成，見延壽賦，遂隱而不出。"阮元《小滄浪筆談》卷二云："曲阜城東周公廟旁，地勢平坦且正方，相傳爲魯靈光殿遺址。"

［9］【今注】後：曹金華《後漢書稽疑》據王十朋《蘇詩注》引《謝承書》作"時蔡邕亦有此作，十年不成，見延壽賦，遂隱而不出"。以爲"後"或作"時"。（第 59 頁）　蔡邕：字伯喈，陳留圉（今河南杞縣）人。傳見本書卷六〇下。

［10］【今注】輟翰：停筆。

［11］【今注】自厲：自我慰勉。案，《古文苑》載王延壽《夢賦序》："臣弱冠，嘗夜寢，見鬼物與臣戰。臣遂得東方朔與臣作罵鬼之書，臣遂作賦一篇叙夢。後人夢者讀誦，數數有驗，臣不敢蔽。"

［12］【李賢注】張華《博物志》曰："王子山與父叔師到泰山從鮑子真學筭，到魯賦靈光殿，歸度湘水溺死。"文考一字子山也。【今注】案，《水經注》卷三八："黄水又西流入於湘，謂之黄陵口。昔王子中有異才，年二十而得惡夢，作《夢賦》，二十一溺死於湘浦，即斯川矣。"《元和郡縣志》卷二八云："湘水南自長沙縣界流入，又北入青草湖。昔王延壽有異才，年二十而得惡夢，作《夢賦》。年二十一溺死於湘浦，即斯川也。"胡旭《先唐文苑傳箋證》據唐寫殘本《文選集注》卷六三引陸善經語："（王逸）後爲豫章太守。"認爲："王延壽溺死湘水，蓋赴豫章省父也。"又，"《隋書·經籍志》著録《延篤集》時下有注：'梁又有《王延壽集》三卷，亡。'《玉海·藝文》著録《王延壽集》三卷。《全後漢文》輯王延壽文四篇。"（第60頁）

崔琦字子瑋，涿郡安平人，[1]濟北相瑗之宗也。[2]少遊學京師，以文章博通稱。初舉孝廉，爲郎。河南尹梁冀聞其才，[3]請與交。[4]冀行多不軌，[5]琦數引古今成敗以戒之，冀不能受。乃作《外戚箴》。[6]其辭曰：

［1］【今注】涿郡：治涿縣（今河北涿州市）。　安平：縣名。治所在今河北安平縣。

［2］【今注】濟北：諸侯王國名。治盧縣（今山東濟南市長清區西南）。　瑗：崔瑗，字子玉，涿郡安平（今河北安平縣）人。傳見本書卷五二。　宗：同宗。

［3］【今注】河南尹：官名。東漢光武帝建武十五年（39）置。爲京都雒陽所在河南郡長官。主掌京都事務，春行屬縣，勸農桑，振乏絶；秋冬案訊囚徒，平其罪法；歲終遣吏上計；並舉孝廉，典禁兵。秩二千石。　梁冀：字伯卓，安定烏氏（今寧夏固原

市東南）人。傳見本書卷三四。

［4］【今注】案，胡旭《先唐文苑傳箋證》指出："梁冀爲河南尹在永和元年至六年，其欲交崔琦固當在此間也。以情勢推之，當在永和後期也。"（第61頁）

［5］【李賢注】軌，法也。

［6］【今注】箴：文體名。用以規勸他人或勉勵自己的箴言。案，《太平御覽》卷六一一引謝承《後漢書》："引古今成敗以戒梁冀，冀不能受。乃作《外戚箴》。"同卷引謝承《後漢書》："又作《鵠賦》以爲諷。"

赫赫外戚，[1]華寵煌煌。[2]昔在帝舜，德隆英、皇。[3]周興三母，[4]有莘崇湯。[5]宣王晏起，姜后脱簪。[6]齊桓好樂，衛姬不音。[7]皆輔主以禮，扶君以仁，達才進善，[8]以義濟身。[9]

［1］【今注】赫赫：顯赫盛大貌。

［2］【今注】華寵：榮華優寵。　煌煌：明亮貌。

［3］【李賢注】帝舜妃娥皇、女英，帝堯之女，聰明貞仁。事舜於畎畝之中，事瞽叟謙讓恭儉（儉，殿本作"敬"），思盡婦道也。

［4］【李賢注】《列女傳》曰"太姜者，大王之妃（大，大德本、殿本作'太'，本注下同），賢而有色。生太伯、仲雍、王季，化導三子，皆成賢德。大王有事，必諮謀焉。大姙者，王季之妃。端懿誠莊，唯德之行。及其有身，目不視惡色，耳不聽淫聲（淫，大德本、殿本作"惡"），而生文王。大姒者，文王之妃，號曰文母。思媚大姜、大姙，旦夕勤勞，以進婦道。文王理外，文母理内，生十男"也。

［5］【李賢注】《列女傳》曰"湯娶有莘氏女，德高而明，伊

尹爲之媵臣，佐湯致王，訓正後宮，嬪御有序，咸無嫉妒”也。

[6]【李賢注】《列女傳》曰：“周宣王嘗夜卧而晏起，姜后乃脱簪珥待罪於永巷，使其傅母通言王曰：‘妾不才，妾之淫心見矣，至使君王失禮而晏朝，以見君王樂色而忘德也。敢請婢子之罪。’王乃勤於政，早朝晏罷，卒成中興焉。”

[7]【李賢注】《列女傳》曰：“齊桓公好淫樂，衛姬不聽鄭衛之音。”

[8]【今注】達才：盡其才能。

[9]【今注】濟身：有益自身。

爰暨末葉，[1]漸已穨虧。貫魚不叙，九御差池。[2]晉國之難，禍起於麗。[3]惟家之索，牝雞之晨。[4]專權擅愛，顯己蔽人。陵長閒舊，圮剥至親。[5]並后匹嫡，[6]淫女斃陳。[7]匪賢是上，番爲司徒。[8]荷爵負乘，采食名都。[9]詩人是刺，德用不憮。[10]暴辛惑婦，拒諫自孤。[11]蝠蛇其心，縱毒不辜。[12]諸父是殺，孕子是刳。天怒地忿，人謀鬼圖。甲子昧爽，身首分離。[13]初爲天子，後爲人螭。[14]

[1]【今注】末葉：末世。

[2]【李賢注】《易》曰：“貫魚以宫人寵。”謂王者之御宫人，如貫魚之有次叙，不偏愛也。《禮》后夫人已下進御之法云：“凡天子進御之儀，從后而下，十五日徧。自下始，以象月之初生，漸進至盛，法陰道之義也。”其法，九嬪已下皆九九而御，則女御八十一人爲九夕也，世婦二十七人爲三夕，九嬪爲一夕，夫人爲一夕，凡十四夕，后當一夕。故曰十五日一徧也。【今注】貫

魚：依次排列貌。　九御：九嬪。　差池：參差，這裏指無序。

[3]【李賢注】獻公麗姬也。【今注】麗：麗姬。事迹見《史記》卷三九《晉世家》。

[4]【李賢注】《尚書》曰："牝雞無晨。牝雞之晨，惟家之索。"孔安國注云"索，盡也。雌代雄鳴則家盡，婦奪夫政則國亡"也。【今注】惟：就是。　索：顧頡剛、劉起釪《尚書校釋譯論》指出，舊注有"盡也""散也""蕭索也""通索，空也"等解釋。俞樾《群經平議》以爲同於《周禮》方相氏之"索室驅疫"，王闓運《尚書箋》以爲"孛"字之誤，楊筠如《尚書覈詁》以爲與"隙"通，釋爲瑕釁，都非確解，總之是不祥、不好的意義。　牝：母。　晨：報曉。

[5]【李賢注】《左傳》曰："少陵長，新間舊。"言其亂政也。圮，毁也。【今注】圮剥：毁害。

[6]【李賢注】《左傳》曰，辛伯諗周桓公曰："並后匹嫡，亂之本也。"【今注】並后：謂后與妃平等。　匹嫡：謂庶與嫡相當。辛伯諗周桓公語見《左傳》閔公二年傳文。

[7]【李賢注】陳夏姬通於孔寧、儀行父，又通於靈公。夏姬之子徵舒弑靈公，楚伐陳，滅之。見《左傳》。

[8]【李賢注】《詩·小雅》也。番，幽王之后親黨也。幽王淫色，不尚賢德之人，寵其后親，而以番爲司徒之官。

[9]【李賢注】《易》曰："負且乘。"負也者，小人之事也。乘也者，君子之器也。以小人而乘君子之器，寇必至也。《毛詩》曰："皇父孔聖，作都于向。"皇父，幽王后之親黨也。向，邑也。以向爲皇父食采邑也。【今注】名都：向。周畿内邑，在今河南濟源市西南。

[10]【李賢注】憮，大也，音呼。謂詩人刺番爲司徒及皇父都向，用其后親黨，是以其德不大也。

[11]【李賢注】暴，虐也。紂字受德，名辛。以其暴虐，故

曰暴辛。惑婦謂惑妲己也。紂智足以拒諫。祖伊諫紂，紂不從。自孤謂紂爲獨夫也（殿本無“謂紂”二字，大德本無“爲”字）。

［12］【李賢注】《字書》蝠音福，即蝙蝠也（蝙，殿本作“蝎”）。此當作“蝮”，音芳福反。不辜謂菹梅伯，脯鬼侯之類也。

［13］【李賢注】王子比干，紂之諸父也，紂殺之。《尚書》曰，紂刳剔孕婦，爲周武王所伐。甲子日，紂衣其寶衣赴火而死，武王乃斬以輕吕之劍也。【今注】諸父：比干。商紂王之叔，官爲少師，因屢諫紂王而被挖心而死。 刳：剖開。 昧爽：拂曉。

［14］【李賢注】《左傳》曰：“螭魅魍魅（後‘魅’，紹興本、殿本作‘魎’）。”杜預注云：“螭，山神，獸形。”故以比紂之惡也。【今注】螭：通“魑”。施之勉《後漢書集解補》引蔣超伯以爲當作“蚩”。“蚩”“离”形近而誤。

非但耽色，[1]母后尤然。不相率以禮，而競奬以權。先笑後號，卒以辱殘。[2]家國泯絶，[3]宗廟燒燔。末嬉喪夏，[4]褒姒斃周。[5]妲己亡殷，趙靈沙丘。[6]戚姬人豕，吕宗以敗。[7]陳后作巫，卒死於外。[8]霍欲鴆子，身乃罹廢。[9]

［1］【今注】耽：沉溺。

［2］【李賢注】母后不能循用禮法，争競相勸，以擅權柄也。《易》曰：“旅人先笑而後號咷。”言初雖恃權執而笑，後競罹禍而號哭也。

［3］【今注】案，泯，大德本、殿本作“泯”，是。

［4］【李賢注】末喜、桀妃（喜，大德本、殿本作“嬉”），有施氏女。美於色，薄於德，女子行丈夫心。桀嘗置宋喜於膝上

（宋喜，紹興本作“末喜”，大德本、殿本作“末嬉”），聽用其言，昏亂失道。湯伐之（大德本無“之”字，殿本無“伐之”二字），遂死於南巢（死，大德本、殿本作“放桀”）。見《列女傳》。

［5］【李賢注】周幽王嬖褒姒，爲犬戎所殺也。【今注】案，曹金華《後漢書稽疑》謂“依序，‘褒姒斃周’當在‘妲己亡殷’之後”（第1085頁）。誤，“周”與“丘”協韻。

［6］【李賢注】趙武靈王以長子章爲太子，後得吴娃，愛之，生子何，乃廢章而立何。後自號主父，立何爲王。吴娃死，何愛弛，主父憐章北面臣詘於其弟，欲分趙王章於代。計未決，主父及王遊於沙丘宫，父子章以其徒作亂（父，大德本、殿本作“公”，是），公子成與李兑自國起兵，公子章敗，往走主父，主父開之，成、兑因圍主父宫，章死。成、兑謀曰：“以章故圍主父，即解兵，吾屬夷矣。”乃遂圍主父，令宫人後出者夷。宫中人悉出，主父欲出不得，飢探雀鷇而食之，三月餘，死沙丘宫。見《史記》。【今注】沙丘：在今河北廣宗縣西北。

［7］【李賢注】解見《皇后紀》。【今注】戚姬：漢高祖劉邦戚夫人。　人豕：人彘。《漢書》卷九七上《外戚傳上》：“太后遂斷戚夫人手足，去眼煇耳，飲瘖藥，使居鞠域中，名曰‘人彘’。”　吕宗：吕后宗族。

［8］【李賢注】孝武帝陳皇后以巫蠱廢。【今注】陳后：傳見《漢書》卷九七上。

［9］【李賢注】孝宣帝霍皇后，霍光之女，欲謀毒太子被廢也（殿本無“也”字）。【今注】霍：西漢孝宣帝霍皇后。傳見《漢書》卷九七上。　罹：遭。

故曰：無謂我貴，天將爾摧；無恃常好，[1]色有歇微；無怙常幸，愛有陵遲；[2]無曰我能，天人爾違。患生不德，福有慎機。[3]日不常中，月盈有虧。履道者固，[4]杖埶者危。[5]微臣司戚，敢告在斯。

[1]【今注】好：謂美貌。

[2]【今注】陵遲：猶“陵夷”。衰頹，衰落。

[3]【李賢注】無德而貴寵者，患害之所生也。《左傳》曰：“無德而禄，殃也。”若慎其機事，則有福也。

[4]【今注】履道：踐行正道。

[5]【今注】杖埶：同“仗勢”。

琦以言不從，失意，復作《白鵠賦》以爲風。[1]梁冀見之，呼琦問曰：“百官外内，各有司存，[2]天下云云，豈獨吾人之尤，[3]君何激刺之過乎？”琦對曰：“昔管仲相齊，[4]樂聞譏諫之言；蕭何佐漢，[5]乃設書過之吏。[6]今將軍累世台輔，[7]任齊伊、公，[8]而德政未聞，黎元塗炭，[9]不能結納貞良，以救禍敗，反復欲鉗塞士口，[10]杜蔽主聽，[11]將使玄黄改色，[12]馬鹿易形乎？”[13]冀無以對，因遣琦歸。[14]

[1]【李賢注】風讀曰諷。

[2]【今注】司存：職掌。

[3]【今注】尤：過錯。

[4]【今注】管仲：名夷吾，字仲，潁上（今安徽潁上縣）人。傳見《史記》卷六二。

[5]【今注】蕭何：沛（今江蘇沛縣）人。世家見《史記》卷五三，傳見《漢書》卷三九。

［6］【今注】案，吏，《後漢書考正》劉攽曰："吏當作史"。

［7］【今注】台輔：三公宰輔。

［8］【李賢注】伊尹、周公。

［9］【今注】黎元：黎民百姓。

［10］【今注】案，反，黄山《後漢書校補》以爲當作"乃"。

［11］【今注】杜蔽：蒙蔽。

［12］【今注】案，洪亮吉《四史發伏》卷八指出"玄黄改色"亦趙高事。《禮記·禮器》："三代之禮一也，民共由之，或素或青，夏造殷因。"鄭玄注："變白黑言素青者，秦二世時，趙高欲作亂，或以青爲黑、黑爲黄，民言從之，至今語猶存也。"周壽昌《後漢書注補正》："崔琦時先於康成，引馬鹿對舉，益知其説必確也。"

［13］【李賢注】《史記》趙高欲爲亂，恐群臣不聽，乃先設驗，持鹿獻胡亥，目"馬也"（目，紹興本、大德本、殿本作"曰"，是）。胡亥笑曰："丞相誤邪？"問左右，或默，或言馬以阿順高。或言鹿，高因陰中諸言鹿者以法。後群臣畏高，高遂作亂也。【今注】案，易，殿本作"異"。

［14］【今注】案，曹金華《後漢書稽疑》指出，《太平御覽》卷六四七引華嶠《後漢書》作"冀知刺己，大怒，幽之室谷，數月得出"，與此不同（第1085—1086頁）。

後除爲臨濟長，[1]不敢之職，解印綬去。冀遂令刺客陰求殺之。客見琦耕於陌上，懷書一卷，息輒偃而詠之。[2]客哀其志，以實告琦，曰："將軍令吾要子，[3]今見君賢者，情懷忍忍，[4]可亟自逃，[5]吾亦於此亡矣。"琦得脱走，[6]冀後音捕殺之。[7]所著賦、頌、銘、誄、箴、弔、論、《九咨》、《七言》，凡十五篇。[8]

[1]【今注】臨濟：縣名。治所在今河南封丘縣東。 長：曹金華《後漢書稽疑》指出，《太平御覽》卷六一一引《續漢書》作“臨濟令”（第 1086 頁）。《漢書·百官公卿表上》：“縣令、長，皆秦官，掌治其縣。萬户以上爲令，秩千石至六百石。減萬户爲長，秩五百石至三百石。”

[2]【今注】偃：仰卧。

[3]【今注】要：這裏指截殺。

[4]【李賢注】忍忍猶不忍也。

[5]【今注】亟：速。

[6]【今注】案，《太平御覽》卷六一一引謝承《後漢書》：“後除臨濟令，不敢之職，解印而去。冀令刺客求之，見琦耕於陌上，懷書一卷，息輒偃而詠之，刺客賢之，以實告琦，因得脱走。”

[7]【今注】案，音，紹興本、大德本、殿本作“竟”，是。《藝文類聚》卷九〇引華嶠《後漢書》：“崔琦作《白鶴賦》，以諷梁冀，冀幽殺之。”《太平御覽》卷六四七引華嶠《後漢書》：“梁冀聞崔琦才，請與交。冀行多不軌，琦數誡之，不能受。琦以言不從，失意，爲《白鵠賦》。冀知刺己，大怒，幽之室谷，數月得出，後竟殺之。”

[8]【今注】案，胡旭《先唐文苑傳箋證》：“《隋書·經籍志》著録後漢徵士《崔琦集》一卷，下有注：‘梁二卷。’《舊唐書·經籍志》《新唐書·藝文志》著録《崔琦集》二卷。《通志》卷六十九《藝文略》《玉海·藝文》著録《崔琦集》一卷。《全後漢文》輯崔琦文四篇。”（第 67—68 頁）

邊韶字孝先，陳留浚儀人也。[1]以文學知名，[2]教授數百人。韶口辯，曾晝日假卧，[3]弟子私嘲之曰：“邊孝先，腹便便。[4]嬾讀書，[5]但欲眠。”韶潛聞之，[6]應時對曰：“邊爲姓，孝爲字。腹便便，五經笥。[7]但欲眠，思經事。[8]寐與周公通夢，静與孔子同意。[9]師而可謿，出何典記?”謿者大慙。韶之才捷皆此類也。桓帝時，爲臨潁侯相，[10]徵拜太中大夫，[11]著作東觀。[12]再遷北地太守，[13]入拜尚書令。後爲陳相，[14]卒官。[15]著詩、頌、碑、銘、書、策凡十三篇。[16]

［1］【今注】陳留：郡名。治陳留縣（今河南開封市東南陳留鎮）。　浚儀：縣名。治所在今河南開封市。案，惠棟《後漢書補注》：“《陳留風俗傳》曰，邊姓祖于宋平公。”

［2］【今注】案，學，紹興本作“章”。

［3］【李賢注】《左傳》：“趙盾坐而假寐。”杜注云：“不脱衣冠而睡也（睡，殿本作‘卧’）。”

［4］【李賢注】便音蒲堅反。【今注】便便：腹部肥滿貌。

［5］【今注】孏：同“懶”。大德本、殿本作“懶”。

［6］【今注】潛：暗中。

［7］【今注】笥：一種用竹、葦編織的箱子。

［8］【今注】經事：經學問題。

［9］【今注】案，静，曹金華《後漢書稽疑》指出，《藝文類聚》卷二五引《續漢書》作“坐”。

［10］【今注】臨潁侯：應爲漢和帝女臨潁長公主子孫。臨潁，縣名。治所在今河南臨潁縣西北。

［11］【今注】太中大夫：官名。秦始置，居諸大夫之首，西漢武帝時次於光禄大夫，屬郎中令（光禄勳），無員額。侍從皇帝左右，掌顧問應對，參謀議政，奉詔出使。多以寵臣貴戚充任，東漢後期權任漸輕。秩比千石。案，《三國志》卷一《魏書·武帝紀》載曹騰“好進達賢能，終無所毁傷。其所稱薦，若陳留虞放、邊韶、南陽延固、張温、弘農張奂、潁川堂谿典等，皆致位公卿，

而不伐其善”。邊韶入朝或爲曹騰舉薦。

［12］【今注】案，《史通·古今正史》曰：“複令太中大夫邊韶、大軍營司馬崔實、議郎朱穆、曹壽雜作《孝穆》《崇》二皇及《順烈皇后傳》，又增《外戚傳》入安思等后，《儒林傳》入崔篆諸人。”高似孫《史略》卷二曰：“按，後漢明帝詔班固、陳宗、尹敏、孟冀譔《世祖本紀》及《建武功臣傳》。又詔劉珍、李尤等譔《建武以來至永初紀傳》。又詔伏無忌、黄景作《諸王恩澤侯》及《單于》《西羌》《地理志》。邊韶、崔寔、朱穆、曹壽作《皇后》《外戚傳》《百官表》《順帝功臣傳》，凡百十四篇，曰《漢記》。嘉平中，馬日磾、蔡邕、楊彪、盧植又續《漢記》。至吴謝承作《漢書》，司馬彪作《續漢書》，華嶠、謝沈、袁崧又作《後漢書》，往往皆因《漢記》之舊爲之，是固爲有所據依。”卷五曰：“劉軻論太史公以來史筆姓氏：東漢有若陳宗、尹敏、伏無忌、邊韶、崔寔、馬日磾、蔡邕、盧植、司馬彪、華嶠、范曄、袁宏。”

［13］【今注】北地：郡名。治義渠縣（今甘肅寧縣西北）。

［14］【今注】陳：諸侯王國名。東漢章帝章和二年（88）改淮陽國置，治陳縣（今河南淮陽縣）。案，邊韶爲陳相，黄山《後漢書校補》據《隸釋》以爲在延熹八年八月。曹金華《後漢書稽疑》據本書卷五四《楊震傳》載延熹三年許“尚書令周景與尚書邊韶議奏”，卷六九《竇武傳》載永康元年上疏謂尚書郎邊韶，以爲桓帝末年邊氏仍爲郎，爲陳相也不當在延熹八年（第1086頁）。

［15］【今注】案，《寶刻叢編》卷一：“漢邊韶碑，蔡邕書，在開封縣東北五里墓前。”《大清一統志》卷一五〇：“邊韶墓，在杞縣東三里。”據此，胡旭《先唐文苑傳箋證》以爲“二者所記似異，實則相同，杞即浚儀故地。開封縣，《後漢書·梁統列傳》云夫人陰氏薨，追號開封君。章懷太子注曰：‘開封縣，故城在今汴州浚儀縣南。’故知《寶刻叢編》和《大清一統志》所記邊韶墓實爲同一地”（第70頁）。

［16］【今注】案，胡旭《先唐文苑傳箋證》：“《隋書·經籍

志》著録《崔琦集》時下有注：'梁又有陳相《邊韶集》一卷，録一卷，亡。'《舊唐書·經籍志》《新唐書·藝文志》著録《邊韶集》二卷。《玉海·藝文》著録《邊韶集》一卷。《全後漢文》輯邊韶文五篇。"又《水經注》卷二三："渦水又北逕老子廟東，廟前有二碑，在南門外。漢桓帝遣中官管霸祠老子，命陳相邊韶撰文。"清趙一清《水經注釋》云："老子銘篆額在亳州苦縣，苦屬陳國，故其文陳相邊韶所作。碑云：'延熹八年八月，帝夢老子，尊而祀之。'" 楊守敬《水經注疏》："碑立於八月，而《桓帝紀》系管霸祠老子於十一月，當誤，否則遣霸八月事。酈氏明言有二碑，光和所立，當是蔡邕所撰，别爲一碑，而《注》不與邊韶並叙。而世傳《邕集》非完本，遺四八碑文不載，故今韶撰之碑猶可考見，而邕撰之碑竟成俄空，爲可惜也。"《隸釋》卷二三《老子銘》釋曰："右，漢陳相邊韶撰，字爲隸書，不著名氏，世以爲蔡邕書。據碑，延熹八年八月，桓帝夢見老子，尊而祀之。韶時典其禮，因而爲銘碑，在亳州衛真縣太清宫。"又，《長安志》卷一四："靈寶泉在縣東南二十里，周數十步，深不可測。《舊圖經》曰：'漢帝時，邊韶得靈寶符於此泉，後祈晴有靈，因名之。'" 胡旭以爲"漢帝"疑爲靈帝。（第69—70頁）三，紹興本、殿本作"五"。

後漢書　卷八〇下

列傳第七十下

文苑下

張升　趙壹　劉梁　邊讓　酈炎　侯瑾　高彪　張超
禰衡

張升字彦真，陳留尉氏人，[1]富平侯放之孫也。[2]升少好學，多關覽，而任情不羈。[3]其意相合者，則傾身交結，[4]不問窮賤；如乖其志好者，雖王公大人，終不屈從。[5]常歎曰："死生有命，富貴在天。其有知我，雖胡越可親；苟不相識，從物何益？"[6]仕郡爲綱紀，[7]以能出守外黄令。[8]吏有受財者，[9]即論殺之。或譏升守領一時，[10]何足趨明威戮乎？[11]對曰："昔仲尼暫相，誅齊之侏儒，手足異門而出，故能威震强國，反其侵地。[12]君子仕不爲己，職思其憂，[13]豈以久近而異其度哉？"遇黨錮去官，[14]後竟見誅，年四十九。

著賦、誄、頌、碑、書，凡六十篇。[15]

[1]【今注】尉氏：縣名。治所在今河南尉氏縣北。

[2]【李賢注】放，湯六代孫也。【今注】案，王先謙《後漢書集解》云："洪亮吉曰：'按升傳，升以黨錮事誅，年四十九。以升始生年計之，放卒已一百三十餘年。放子純、孫奮皆顯名於建武中，與升相去甚遠。又前史言，張湯後三徙，復還杜陵。純傳亦言杜陵人。升居陳留尉氏，里居亦不同。范言升放之孫，未識何據也？按放四世孫吉嗣侯，以永初三年卒，亦在升前。李賡芸曰：孫上疑有脱字。'" 胡旭《先唐文苑傳箋證》："傳云升係富平侯張放孫，或爲純子，或爲純昆弟之子。然純之昆弟，不見於典籍。"（鳳凰出版社 2012 年版，第 72 頁）

[3]【李賢注】閡，涉也。不羈謂超絶等倫，不可羈束也。鄒陽上書曰："使不羈之士與牛驥同皁。"

[4]【今注】傾身：身體向前傾，形容謙卑恭順。

[5]【李賢注】杜預注《左傳》曰"大人謂在位者"也。

[6]【李賢注】《前書》鄒陽上書曰"意合則胡越爲兄弟"也。【今注】胡越：指不開化的蠻夷。　從物：謂追求物質享受或功名富貴。

[7]【今注】爲綱紀：《太平御覽》卷九二一載張升《鳩頌》序曰："陳留郡有白鳩出於郡界，太守命門下賊曹史張升作《白鳩賦》曰：厥名梟鳩，貌甚雍容。丹青緑目，耳象重重。"胡旭《先唐文苑傳箋證》指出，張升官郡綱紀，實即賊曹令（第 72 頁）。

[8]【今注】外黃：縣名。治所在今河南民權縣西北。

[9]【今注】賕：賄賂。

[10]【今注】守領：指爲外黃令。

[11]【李賢注】趨，急也，讀曰促。

[12]【李賢注】侏儒，短人，能爲俳優也。《穀梁傳》曰：

"魯定公與齊侯會于頰谷，兩君就壇（殿本'壇'後有'兩相相揖'四字），齊人鼓譟而起，欲以執魯君。孔子歷階而上，不盡一等。曰：'兩君合好，夷狄之人何爲來？'齊侯逡巡而謝曰：'寡人之過也。'罷會，齊人使優施舞於魯君之幕下。孔子曰：'笑國君者罪當死！'使司馬行法焉，首足異門而出。齊人乃歸魯鄆、讙、龜陰之田。"

[13]【李賢注】《詩·唐風》曰："無以太康，職思其憂。"職，主也。君子之居位，當思盡忠，不爲己身。

[14]【今注】黨錮：東漢桓、靈二帝時期官僚士大夫因反對宦官專權而遭禁錮的政治事件。詳見本書卷六七《黨錮傳》。案，《太平御覽》卷五〇一："陳留老父，不知何許人也。桓帝代，黨錮事起，守外黄令陳留張升去官歸鄉里，道逢友人，共班草而言。升曰：'吾聞趙殺鳴犢，仲尼臨河而返；覆巢竭淵，龍鳳逝而不至。今宦豎日亂，陷害忠良，賢人君子其去朝乎？夫德之不建，人之無援，將性命之不免，奈何！'因相抱而泣。老父趨而過之，植杖太息而言曰：'吁！二丈夫何泣之悲也，龍不隱鱗，鳳不藏羽，網羅高懸，去將安所？雖泣，何及乎？'二人欲與之語，不顧而去，莫知所終。"胡旭《先唐文苑傳箋證》指出，"傳既云張升爲富平侯放之孫，又云其遇黨錮去官，後竟見誅，年四十九。齟齬頗多"（第73—74頁）。

[15]【今注】案，誅，紹興本、大德本、殿本作"誅"，是。胡旭《先唐文苑傳箋證》："《隋書·經籍志》著録《劉陶集》時下有注：'梁又有外黄令《張升集》二卷，録一卷，亡。'《舊唐書·經籍志》《新唐書·藝文志》《通志·藝文略》《玉海·藝文》皆著録《張升集》二卷。《全後漢文》輯張升文三篇。"（第74頁）

趙壹字元叔，[1]漢陽西縣人也。[2]體貌魁梧，[3]身長九尺，[4]美須豪眉，[5]望之甚偉。而恃才倨傲，爲鄉黨所擯，乃作解擯。[6]後屢抵罪，幾至死，友人救得免。壹乃貽書謝恩曰：

［1］【今注】元叔：《太平御覽》卷三七七引華嶠《後漢書》："趙一，字元淑，漢陽人。體貌魁梧，身長八尺，美須眉，望之甚偉。"胡旭《先唐文苑傳箋證》指出元淑與元叔含義不一。趙逵夫《趙壹生平著作考》云："'淑'爲清善之意，'元淑'指精氣，義也與'壹'相通。趙壹之時，清議之士推爲三君之一的劉淑，即名'淑'。則本作'元淑'之可能亦有。然而'叔'在古人表字中用以表排行，最爲常見。史書中既多作元叔，則依范曄《後漢書》亦可。"（第 75 頁）

［2］【今注】漢陽西縣：治所在今甘肅天水市南。

［3］【李賢注】魁梧，壯大之貌。

［4］【今注】九尺：兩米有餘。東漢一尺長約 23. 4 釐米。

［5］【今注】豪眉：眉上長出長毫。

［6］【李賢注】擯，斥也。【今注】案，《太平御覽》卷四九八引華嶠《後漢書》："趙壹，字元淑，恃才倨傲，爲鄉里所擯。"惠棟《後漢書補注》卷一八引《文士傳》："壹肩高二尺，高自抗竦，爲鄉黨所擯。今集中有《解擯賦》。"（第 75 頁）

昔原大夫贖桑下絶氣，傳稱其仁；[1]秦越人還虢太子結脈，世著其神。[2]設曩之二人不遭仁遇神，[3]則結絶之氣竭矣。然而糒脯出乎車軨，[4]鍼石運乎手爪。[5]今所賴者，非直車軨之糒脯，手爪之鍼石也。乃收之於斗極，[6]還之於司命，[7]使乾皮復含血，枯骨復被肉，允所謂遭仁遇神，真所宜傳而著之。余畏禁，不敢班班顯言，[8]竊爲窮鳥賦一篇。其辭曰：

［1］【李賢注】原大夫謂趙衰之子盾，謚曰宣。《吕氏春秋》曰：“趙宣孟將之絳，見骩桑之下有卧餓人，宣孟與脯二朐，拜受之，不敢食，問其故，曰：‘臣有母，持以遺之。’宣孟更賜之脯二束，遂去。”贖即續也。骩，古委字也。

［2］【李賢注】扁鵲姓秦，名越人。過虢，虢太子死。扁鵲曰：“臣能生之。若太子病，所謂尸蹷也。”乃使弟子子陽厲鍼砥石，以取三陽五會。有間，太子蘇。見《史記》。

［3］【今注】曩：從前。

［4］【李賢注】説文：“軨，車轖間横木。”【今注】糒脯：乾糧。

［5］【李賢注】古者以砭石爲鍼。凡鍼之法，右手象天，左手法地，彈而怒之，搔而下之，此運手爪也。砭音必廉反。

［6］【今注】斗極：北斗星。

［7］【李賢注】《禮記》曰：“祭司命。”鄭玄注云：“文昌中星。”

［8］【李賢注】班班，明貌。

“有一窮鳥，戢翼原野。畢[1]網加上，機穽在下，[2]前見蒼隼，[3]後見驅者，繳彈張右，[4]羿子彀左，[5]飛丸激矢，交集于我。思飛不得，欲鳴不可，舉頭畏觸，摇足恐墮。内獨怖急，乍冰乍火。幸賴大賢，我矜我憐，昔濟我南，今振我西。[6]鳥也雖頑，猶識密恩，[7]内以書心，外用告天。天乎祚賢，[8]歸賢永年，且公且侯，子子孫孫。”又作《刺世疾邪賦》，以舒其怨憤。曰：

[1]【今注】戢：收斂。 案，䍐，大德本誤作“罩”。

[2]【李賢注】禮記曰：“羅網畢翳。”鄭玄注云：“小而柄長謂之䍐（䍐，紹興本、大德本誤作‘罩’）。”機，椾獸機檻也（椾，紹興本、大德本、殿本作“捕”，是）。穽，穿地陷獸。【今注】穽：同“阱”。

[3]【今注】蒼隼：指猛禽。

[4]【李賢注】繳，以縷係箭而射者也。

[5]【李賢注】羿子謂羿也。《淮南子》曰：“堯時十日並出，命羿仰射十日，中其九烏，皆死，墯其羽翼（墯，殿本作‘墮’）。”彀，引弓也。

[6]【李賢注】西，協韻音先。

[7]【今注】密恩：深恩。

[8]【今注】祚：福。

“伊五帝之不同禮，三王亦又不同樂，數極自然變化，非是故相反駮。[1]德政不能救世溷亂，[2]賞罰豈足懲時清濁？春秋時禍敗之始，戰國愈復增其荼毒。[3]秦、漢無以相踰越，乃更加其怨酷。寧計生民之命，唯利己而自足。于兹迄今，情僞萬方。[4]佞諂日熾，剛克消亡。[5]舐痔結駟，正色徒行。[6]嫗㸤名埶，撫拍豪强。[7]偃蹇反俗，立致咎殃。[8]捷懾逐物，日富月昌。[9]渾然同惑，孰温孰涼。邪夫顯進，直士幽藏。

[1]【李賢注】《禮記》曰：“五帝殊時，不相沿樂，三王異代，不相襲禮。樂極則憂，禮粗則偏矣。”【今注】伊：句首語氣詞。 五帝：五位古代帝王，諸書説法不一。《史記》卷一《五帝

本紀》認爲是黄帝、顓頊、帝嚳、堯、舜。　三王：指夏、商、周三代。

［2］【今注】溷（hùn）：骯髒；混濁。

［3］【李賢注】《尚書》曰："罹其凶害，不忍荼毒。"孔注云："荼毒，苦也。"

［4］【今注】情僞：虛實，指弊病。

［5］【今注】剛克：指以剛强取勝者。

［6］【李賢注】《莊子》曰："宋有曹商者，爲宋王使秦，秦王悦之，益車百乘。見莊子，莊子曰：'秦王有病，召醫舐痔者，得車五乘，子豈舐痔邪？何得車之多乎？'"

［7］【李賢注】嫗㜸，猶傴僂也。嫗音衣宇反。㜸音丘矩反。撫拍，相親狎也。【今注】嫗㜸：恭敬從命貌。　埶：同"勢"。

［8］【李賢注】偃蹇，驕傲也（傲，紹興本作"慠"，大德本、殿本作"敖"）。

［9］【李賢注】捷，疾也。懾，懼也。急懼逐物，則致富昌。

"原斯瘼之攸興，[1]寔執政之匪賢。[2]女謁掩其視聽兮，[3]近習秉其威權。[4]所好則鑽皮出其毛羽，[5]所惡則洗垢求其瘢痕。[6]雖欲竭誠而盡忠，路絶嶮而靡緣。九重既不可啓，又群吠之狺狺。[7]安危亡於旦夕，肆嗜慾於目前。奚異涉海之失柂，積薪而待燃。[8]榮納由於閃揄，孰知辨其蚩妍。[9]故法禁屈撓於埶族，恩澤不逮於單門。[10]寧飢寒於堯舜之荒歲兮，不飽暖於當今之豐年。乘理雖死而非亡，違義雖生而匪存。

［1］【今注】原：推究。　瘼（mò）：弊病。　攸興：所起。

[2]【今注】寔：同“實”。案，大德本、殿本作“實”。

[3]【今注】女謁：通過宫中受寵的女子進言請託。

[4]【今注】近習：親幸之人。

[5]【今注】鑽皮出其毛羽：指想方設法美化。

[6]【今注】瘢痕：疤痕。

[7]【李賢注】《楚辭》曰：“豈不思夫君兮？君之門以九重。猛犬狺狺以迎吠，關梁閉而不通。”信音銀（信，紹興本、大德本、殿本作“狺”，是）。【今注】狺狺：犬吠聲。

[8]【李賢注】柂可以正船也，音徒我反。《前書》賈誼曰：“措火積薪之下而寢其上（其，殿本作‘於’），火未及燃而謂之安。當今之埶，何以異此？”【今注】柂：同“舵”。

[9]【李賢注】閃揄，傾佞之貌也。行傾佞者則享榮寵而見納用。揄音輸。

[10]【今注】單門：門第微賤孤寒。

“有秦客者，乃爲詩曰：‘河清不可俟，人命不可延。[1]順風激靡草，富貴者稱賢。文籍雖滿腹，不如一囊錢。伊優北堂上，抗髒倚門邊。’[2]魯生聞此辭，繫而作歌曰：[3]‘埶家多所宜，欬唾自成珠。被褐懷金玉，蘭蕙化爲芻。[4]賢者雖獨悟，所困在群愚。且各守爾分，勿復空馳驅。哀哉復哀哉，此是命矣夫！’”

[1]【李賢注】《左傳》曰：“俟河之清，人壽幾何？”言人壽促，河清遲也。

[2]【李賢注】伊優，屈曲佞媚之貌。抗髒，高亢婞直之貌也。佞媚者見親，故昇堂；婞直者見弃，故倚門。髒音葬。

[3]【李賢注】秦客、魯生，皆寓言也。【今注】繄：繼續。

[4]【李賢注】老子曰："被褐懷玉。"言處卑賤而懷德義也。楚辭曰"蘭芷變而不芳，荃蕙化而爲茅"也。【今注】案，宋文民《後漢書考釋》指出，"成珠即咳唾也，荃蕙即金玉也。《老子》：'天地不仁，以萬物爲芻狗，聖人不仁，以百姓爲芻狗。'金玉、蘭蕙即《老子》所云'萬物''百姓'也，暗含指斥，與此文名《刺世疾邪賦》暗合"（上海古籍出版社 1995 年版，第 314 頁）。

光和元年，[1]舉郡上計到京師。是時司徒袁逢受計，[2]計吏數百人皆拜伏庭中，莫敢仰視，壹獨長揖而已。[3]逢望而異之，令左右往讓之，[4]曰："下郡計吏而揖三公，何也？"對曰："昔酈食其長揖漢王，今揖三公，何遽怪哉？"[5]逢則斂衽下堂，[6]執其手，延置上坐，因問西方事，大悦，顧謂坐中曰："此人漢陽趙元叔也。朝臣莫有過之者，吾請爲諸君分坐。"[7]坐者皆屬觀。既出，往造河南尹羊陟，[8]不得見。壹以公卿中非陟無足以託名者，[9]乃日往到門，陟自强許通，[10]尚臥未起，壹逕入上堂，遂前臨之，曰："竊伏西州，承高風舊矣，[11]乃今方遇而忽然，[12]奈何命也！"因舉聲哭，[13]門下驚，皆奔入滿側。[14]陟知其非常人，乃起，延與語，大奇之。謂曰："子出矣。"陟明旦大從車騎奉謁造壹。[15]時諸計吏多盛飾車馬帷幕，而壹獨柴車草屏，[16]露宿其傍，延陟前坐於車下，左右莫不歎愕。陟遂與言談，至熏夕，[17]極歡而去，執其手曰："良璞不剖，必有泣血以相明者矣！"[18]陟乃與袁逢共稱薦之。名動京師，士大夫想望其風采。

[1]【今注】光和：東漢靈帝劉宏年號（178—184）。

[2]【今注】司徒：官名。西周置，西漢哀帝罷丞相置大司徒。東漢光武帝建武二十七年（51），去“大”，稱司徒。掌民政，凡教民孝悌、遜順、謙儉，養生送死之事，則議其制，建其度，與太尉、司空並列“三公”。本書《百官志一》：“司徒，公一人。本注曰：掌人民事。”案，本書卷四五《袁京傳》：“逢字周陽，以累世三公子，寬厚篤信，著稱於時。靈帝立，逢以太僕豫議，增封三百户。後爲司空，卒於執金吾。”胡旭《先唐文苑傳箋證》指出，“此不云袁逢爲司徒。衆家《後漢書》亦不云袁逢爲司徒”。據《太平御覽》卷五四三引《文士傳》：“趙壹，郡舉計吏至京輦。是時袁陽爲司徒，宿聞其名，時延請之。壹入閤，揖而不拜，陽問曰：‘嘗聞下郡計吏見漢三公不爲禮者乎？’壹曰：‘昔酈食其高陽白衣也，而揖高祖；今壹關西男子，其揖漢三公，不亦可乎？’陽壯其言，接之甚厚。”似乎受計者爲袁陽。王先謙《後漢書集解》：“洪頤煊曰：‘《靈帝紀》：光和元年二月，光禄勳袁滂爲司徒，冬十月，屯騎校尉袁逢爲司空，二年三月司徒袁滂免，大鴻臚劉郃爲司徒，司空袁逢罷。元年受計者，非袁逢也。’”侯康《後漢書補注續》：“逢未嘗爲司空，當作司徒。”趙逵夫《趙壹生平著作考》云：“據《後漢書·靈帝紀》，袁滂任司徒在漢靈帝光和元年二月至二年三月。按例上計乃在年底，袁滂任司徒衹光和元年底受上計一次，這一點與《後漢書·趙壹傳》史實正好相合。袁滂誤作袁逢，因爲古音‘逢’‘滂’音近。”胡旭以爲《太平御覽》作袁陽，缺乏史料依據。趙逵夫説近是，但所據材料尚有更原始者：《隸釋》所記南宋出土東漢初平元年（190）所立之《圉令趙君碑》云：“司徒楊公辟，以兄憂不至，其後司徒袁公仍辟。”《隸釋》編者依據史實，斷定此楊公、袁公正是楊賜、袁滂，説是。又東晉袁宏《後漢紀》亦云光和元年袁滂任司徒。《隸釋》《後漢紀》材料皆早於《後漢書》，可作參證。（參見胡旭《先唐文苑傳箋證》，第 80—81 頁）

[3]【今注】長揖：拱手高舉，自上而下的行禮。

[4]【今注】讓：責備。

[5]【李賢注】《前書》酈食其初見高祖，長揖不拜，因説高祖，高祖引之上坐。《左傳》曰："豈不遽止。"杜預注曰："遽，畏懼（懼，大德本、殿本作'也'）。"

[6]【今注】斂衽：整理衣襟，表示恭敬。

[7]【李賢注】分坐，別坐也。

[8]【今注】河南尹羊陟：胡旭《先唐文苑傳箋證》指出，"以《趙壹傳》推之，趙壹往造河南尹羊陟一事，當在光和元年末或二年初。然據《黨錮列傳》則可知光和元年羊陟已免官禁錮，不得仍爲河南尹。疑范曄誤"（第82頁）。

[9]【今注】託名：依靠他人聲名，以提高自己的身份。

[10]【李賢注】陟意未許通壹，以壹數至門，故自勉强許通之。

[11]【李賢注】《前書》雋不疑見暴勝之曰："竊伏海濱，承暴公子舊矣。"舊，久也。

[12]【李賢注】謂死也。

[13]【今注】案，何焯《義門讀書記》卷二四："壹以公卿中非陟無足以託名者，因舉聲哭。苟賤狂易敗常亂俗，此戮民也。禰衡沿習其風，遂殺身於庸夫之手，可不戒哉！"

[14]【今注】案，驚皆，殿本作"皆驚"。

[15]【李賢注】奉謁，通名也。

[16]【李賢注】《韓詩外傳》曰，周子高對齊景公："臣賴君之賜，疏食惡肉可得而食，駑馬柴車可得而乘。"柴車，弊惡之車也。

[17]【今注】熏夕：傍晚。

[18]【李賢注】《琴操》曰："卞和得玉璞，以獻楚懷王。使樂正子占之，言非玉。以其欺謾，斬其一足。懷王死，子平王立，

和復抱其璞而獻之。平王復以爲欺，斬其一足。平王死，和復獻，恐復見斷，乃抱其玉而哭荆山之中，晝夜不止，涕盡繼之以血（涕，大德本、殿本作‘泣’）。”

及西還，道經弘農，[1]過候太守皇甫規，[2]門者不即通，壹遂遁去。門吏懼，以白之。規聞壹名大驚，乃追書謝曰：[3]“蹉跌不面，[4]企德懷風，虛心委質，[5]爲日久矣。側聞仁者愍其區區，[6]冀承清誨，以釋遥悚。[7]今旦外白有一尉兩計吏，不道屈尊門下，[8]更啓乃知已去。如印綬可投，夜豈待旦。惟君明叡，平其夙心。寧當慢慠，加於所天。[9]事在悖惑，不足具責。儻可原察，追脩前好，則何福如之！謹遣主簿奉書。[10]下筆氣結，[11]汗流竟趾。”

[1]【今注】弘農：郡名。治弘農縣（今河南靈寶市北）。

[2]【今注】皇甫規：字威明，安定朝那（今寧夏彭陽縣東）人。傳見本書卷六五。案，胡旭《先唐文苑傳箋證》指出，據《皇甫規傳》，皇甫規既卒於熹平三年（174），則趙壹光和元年（178）後不可能拜訪他。如果拜訪之事屬實，則在永康、建寧年間。（第85頁）

[3]【今注】謝：道歉。

[4]【今注】蹉跌：未相遇。

[5]【今注】委質：歸附。

[6]【今注】區區：自稱的謙詞。

[7]【今注】遥悚：遠方人内心的恐懼。

[8]【李賢注】尊謂壹也，敬之故號爲尊。

[9]【李賢注】平，恕也（大德本無“也”字）。尊敬壹

(大德本、殿本無“尊”字),故謂爲所天。

[10]【今注】主簿:戰國始置,掌文書簿籍。自漢代起,中央和地方各官署多置此官,負責文書簿籍,掌管印鑒等事。秩六百石。

[11]【今注】氣結:心情鬱悶。

壹報曰:“君學成師範,縉紳歸慕,[1]仰高希驥,歷年滋多。[2]旋轅兼道,[3]渴於言侍,沐浴晨興,昧旦守門,實望仁兄,昭其懸遲。[4]以貴下賤,握髪垂接,[5]高可敷翫墳典,起發聖意,下則抗論當世,[6]消弭時災。豈悟君子,自生怠倦,失恂恂善誘之德,同亡國驕惰之志![7]蓋見機而作,不俟終日,[8]是以夙退自引,畏使君勞。[9]昔人或歷説而不遇,或思士而無從,皆歸之於天,不尤於物。[10]今壹自譴而已,[11]豈敢有猜!仁君忽一匹夫,於德何損?而遠辱手筆,追路相尋,誠足愧也。壹之區區,曷云量己,其嗟可去,謝也可食,[12]誠則頑薄,實識其趣。但關節疢動,膝灸壞潰,[13]請俟它日,乃奉其情。輒誦來貺,[14]永以自慰。”遂去不顧。州郡爭致禮命,十辟公府,並不就,終於家。[15]初袁逢使善相者相壹,云“仕不過郡吏”,竟如其言。著賦、頌、箴、誄、書、論及雜文十六篇。[16]

[1]【今注】縉紳:同“搢紳”。古代仕者垂紳插笏,後代指士大夫。縉,插。紳,束腰的大帶。

[2]【李賢注】《詩》曰:“高山仰止,景行行止。”《法言》

曰："希驥之馬，亦驥之乘；希顔之人，亦顔之徒。"希，慕也。

[3]【今注】兼道：兼程。

[4]【李賢注】懸心遟仰之。【今注】案，遟，宋文民《後漢書考釋》指出，遟、待二字古音同聲（第315頁）。

[5]【李賢注】《易》曰："以貴下賤，大得人也（人，大德本、殿本作'民'）。"《史記》曰："周公一沐三握髮，以接天下之士。"

[6]【今注】抗論：直言而不阿諛。

[7]【李賢注】《論語》曰："夫子恂恂然善誘人。"恂恂，恭順貌。

[8]【李賢注】《易·繫辭》曰："君子見機而作，不俟終日。"

[9]【李賢注】《詩》曰："大夫夙退，無使君勞。"蓋斷章以取義。

[10]【李賢注】歷説謂孔丘也。《論語》孔子曰："不怨天，不尤人，下學而上達，知我者其天乎！"馬融注云："孔子不用於時，而不怨天；人不知己，亦不尤人也。"思士謂孟軻也。孟軻欲見魯平公，臧倉譖之（倉，紹興本作"蒼"）。孟軻曰："余之不遇魯侯，天也，臧氏之子焉能令余不遇哉（令，大德本、殿本作'使'）？"見《孟子》。

[11]【今注】自譴：自己責怪自己。

[12]【李賢注】曷，何也。言區區之心，不量己而至君門。《禮記》曰："齊大飢，黔敖爲食於路以待餓者，有蒙袂戢屨貿貿而來。曰：'嗟來食。'曰：'余唯不食嗟來之食，以至於斯。'從而謝之，不食而死。仲尼曰：'其嗟也可去，其謝也可食。'"

[13]【李賢注】人有四關十二節。【今注】疢（chèn）：熱病，泛指病。　案，壞，紹興本誤作"塊"，殿本誤作"懷"。

[14]【今注】貺：贈；賜。

［15］【今注】案，《昭明文選》江文通《恨賦》李善注引司馬彪《續後漢書》："趙壹閉關却埽，非德不交。"又，《全唐文》卷五三五載李觀《趙壹碑》："漢陽趙壹，字元叔。出漢靈帝之世，慨然卓異士之傑者。負才不檢細行，爲州里所擯。陷刑將寘其死，幸友爲脱，遂作《窮鳥賦》，以方已欲。傷哉！元叔之志，與世齟齬。蓋天厚其善，不厚其命。然天不有曰常與善人，元叔之善，其與安在？天之不惠，自回憲及壹三矣。當日頹風凋理道，盛德殞衰俗。始振二祖之業，未偕三代之季。雖藎臣瀝泣，億庶呻痛；而貪宦詭進，拏攫王度。殆非天欲眷，先亂之兆也。元叔以故數有哀刺之作，酌其所趣，亦猶詩人有采苓甫田之作也。憂心不偶，而没無所譽。乃衣褐應郡計，上書闕下。見司徒袁逢，長揖而言，音形琅琅。袁深器之，操袪延升，指謂座人曰，'漢陽趙元叔'，由是名聞於時。有羊涉者，尹河南，能掇四方之英。元叔乃去袁司徒，訪涉以爲主人，將出所懷以動之。會涉猶寢於堂内，元叔直言而伏曰，'僕高君之義，故遊君之門，將藏窮達之誠，君豈當然。'涉乃眷而禮之，特奇其賢。明日，盛騎造元叔，坐涉於柴車，高譚極曛。因曰，'良寶不剖，必泣血以相予。'於是羊與袁唱聲薦元叔於王庭，雖名烜於京師，而禄竟不登。尋復漢陽，道經宏農太守皇甫規。時之大賢，元叔候之。閽不即通，乃怒不留。規追謝責已，長逝不顧。深居篤静，累辟不赴。沈亦快，疾乃終。吁！有不世之器，有三公之遇，不能奮振寥廓，騰陵清浮，元叔之命，不易問也。觀歆元叔之德聲，而怨其運不并，乃序而銘曰：其銘云：'吁嗟元叔兮出處轗軻，鄉人無良兮惡我賤我。我不辰兮棄置罹禍，天何授我兮於我獨頗？嫉時之敗兮憂道不可，褰衣悵悵兮以遊大人。秀而不實兮空莠此身，覆覽前載兮恨君遺塵。乃銘於石兮希名不泯。'"

［16］【今注】案，胡旭《先唐文苑傳箋證》指出，"《隋書·經籍志》著録《延篤集》時下有注：'梁又有上計《趙壹集》二卷，録一卷，亡。'《舊唐書·經籍志》《新唐書·藝文志》《玉海·藝文》《陝西通志·經籍志》皆著録《趙壹集》二卷。《通

志·藝文略》著録《趙壹集》二卷。《全後漢文》輯趙壹文七篇。《先秦漢魏晉南北朝詩》輯趙壹詩二首，即《刺世嫉邪賦》中所引二首”。且“趙壹著述，亡佚甚重，諸家著録均不全。趙逵夫《趙壹生平著作考》考之甚詳，可參看”。(第86頁)

劉梁字曼山，一名岑，東平寧陽人也。[1]梁宗室子孫，[2]而少孤貧，賣書於市以自資。[3]常疾世多利交，[4]以邪曲相黨，乃著破群論。時之覽者，以爲“仲尼作春秋，亂臣知懼，[5]今此論之作，俗士豈不愧心”。其文不存。又著辯和同之論。其辭曰：

［1］【李賢注】寧陽，縣，故城在今兖州龔丘縣南（殿本無“今”字。南，大德本作“也”）。【今注】東平：諸侯王國名。治無鹽縣（今山東東平縣南）。　寧陽：縣名。治所在今山東寧陽縣南。

［2］【今注】案，《太平御覽》卷四八五引《文士傳》：“劉梁字曼山，一名岑，漢宗室子孫。少有清才，以文學見貴。梁貧，恒賣書以供衣食。”胡旭《先唐文苑傳箋證》指出“傳既云梁宗室子孫，則爲東平王劉蒼之後”，並據本書卷四二《光武十王傳》所載，東平憲王蒼爲光武帝子，建武十五年（39）封東平公，十七年進爵爲王。立四十五年，子懷王忠嗣。明年，帝乃分東平國封忠弟尚爲任城王，餘五人爲列侯。忠立一年薨，子孝王敞嗣。永元十年(98)，封蒼孫梁爲矜陽亭侯，敞弟六人爲列侯。敞立四十八年薨，子頃王端嗣。立四十七年薨，子凱嗣；立四十一年，魏受禪，以爲崇德侯”。又，劉蒼諸子孫中，劉梁確有其人。作爲祖孫，劉蒼與劉梁在年歲上没有齟齬。劉蒼生年雖不可考，但他與其兄漢明帝劉莊皆陰麗華所生，漢明帝生於建武三年，故劉蒼可能生於建武五年前後。約十歲封東平公，約十二歲封東平王，在位四十五年，即卒

於章帝元和二年（85），年五十七。劉梁於漢和帝永元十年（98）封亭侯，卒於光和年間（178—183），年八十餘，是可能的。又，"如果傳中劉梁是漢宗室，那麽他一定是東平王劉蒼之後。而劉蒼之後中不應該有兩個劉梁，如果有值得懷疑之處，應該是劉梁到底是劉蒼的幾代孫，但與記載相差決不應超過一代"。（第87—88頁）

［3］【今注】案，胡旭《先唐文苑傳箋證》指出，劉梁既爲亭侯，淪落到"賣書於市以自資"的境地，是因爲亭侯本來就是很低的爵位，劉季高《鴻都門學在中國文藝發展過程中的作用》："亭侯一般是食封一二百户。封君可從其封户每年收稅最高額是二百錢。就算解瀆亭侯是二百户吧，每年可得稅四萬錢。在漢桓帝時期，四萬錢的購買力無從詳考，但從《董宣傳》看來，董宣作了五年洛陽令，死時衹餘大麥數斛，敝車一乘。洛陽令的最高月俸是錢二千五百、米十五斛。一歲所得爲三萬錢，一百八十斛米，合起來和一個亭侯的年稅所得大概不相上下。"另一方面，劉梁的亭侯爲漢和帝所封，和帝死時僅二十七歲。其後東漢進入衰世，劉梁血統疏淡，朝廷無暇顧及亭侯的生計。（參見胡旭《先唐文苑傳箋證》，第88頁）

［4］【今注】案，《册府元龜》卷八四八："劉梁以俠氣聞。"

［5］【李賢注】《孟子》曰"孔子成春秋，亂臣賊子懼"也。

夫事有違而得道，有順而失義，有愛而爲害，有惡而爲美。其故何乎？蓋明智之所得，闇僞之所失也。是以君子之於事也，無適無莫，必考之以義焉。[1]得由和興，失由同起，故以可濟否謂之和，好惡不殊謂之同。春秋傳曰："和如羹焉，酸苦以劑其味，[2]君子食之以平其心。同如水焉，若以水濟水，誰能食之？琴瑟之專一，誰能聽之？"[3]是以君子之行，周而不比，和而不同，[4]

以救過爲正，以匡惡爲忠。《經》曰："將順其美，匡救其惡，則上下和睦能相親也。"[5]

[1]【李賢注】《論語》曰："君子之於天下也，無適也，無莫也，義之與比。"

[2]【李賢注】《左傳》"劑"作"齊"。《爾雅》曰："劑，剪齊也。"音子隨反。今人相傳劑音在計反。

[3]【李賢注】《左傳》晏子對齊景公辭也。

[4]【李賢注】忠信爲周，阿黨爲比。

[5]【今注】案，見《孝經·事君章》。今本"則"作"故"。

昔楚恭王有疾，召其大夫曰："不穀不德，少主社稷。[1]失先君之緒，覆楚國之師，[2]不穀之罪也。若以宗廟之靈，得保首領以殁，[3]請爲靈若厲。"大夫許諸。[4]及其卒也，子囊曰："不然。[5]夫事君者，從其善，不從其過。赫赫楚國，而君臨之，撫正南海，訓及諸夏，[6]其寵大矣。[7]有是寵也，而知其過，可不謂恭乎！"大夫從之。[8]此違而得道者也。及靈王驕淫，暴虐無度，芋尹申亥從王之欲，以殯於乾溪，殉之二女。此順而失義者也。[9]鄢陵之役，晉楚對戰，陽穀獻酒，子反以斃。此愛而害之者也。[10]臧武仲曰："孟孫之惡我，藥石也；季孫之愛我，美疢也。疢毒滋厚，石猶生我。"此惡而爲美者也。[11]孔子曰："智之難也！有臧武仲之智，而不容於魯國。抑有由也，作不順而施不恕也。"[12]蓋善其知義，譏其違道也。

［1］【李賢注】楚恭王名審。《左傳》楚王曰："生十年而喪先君。"故云少主仕稷（仕，紹興本、大德本、殿本作"社"，是）。【今注】不穀：君侯自稱不善的謙詞。

［2］【李賢注】緒，業也。謂鄢陵之戰，爲晉所敗。

［3］【今注】首領：頭。

［4］【李賢注】《謚法》："亂而不損曰靈，殺戮不辜曰厲。"《左傳》曰："'大夫擇焉。'莫對，及五命，乃許之。"諸，之也。

［5］【李賢注】子囊，楚令尹，名午。

［6］【今注】訓：典式，法則。

［7］【李賢注】寵，榮也。

［8］【李賢注】《謚法》："既過能改曰恭。"案：此《楚語》之文。

［9］【李賢注】《國語》楚靈王子圍爲章華之臺，伍舉對曰："君爲此臺，國人罷焉，財用盡焉，年穀敗焉，數年乃成。"《左傳》芋尹申亥，申無宇之子也。乾溪之役，申亥曰："吾父再干王命（干，殿本作'奸'），王不誅，惠孰大焉。"乃求王，遇諸棘闈，以王歸。王縊，申亥以其二女殉而葬之也。

［10］【李賢注】《淮南子》曰（曰，殿本作"云"），楚恭王與晉人戰於鄢陵，戰酣，恭王傷。司馬子反渴而求飲，豎陽穀奉酒而進之。子反之爲人也，嗜酒，而甘之，不能絶於口，遂醉而卧。恭王欲復戰，使人召子反，子反辭以疾。王駕而往之，入幄中而聞酒臭，恭王大怒，斬子反以爲戮。

［11］【李賢注】武仲，臧孫紇也。《左傳》孟孫死，臧孫入哭甚哀，多涕。出，其御曰："孟孫之惡子也而哀如是，季孫若死，其若之何?"臧孫曰："季孫之愛我，疾疢也，孟孫之惡我，藥石也。美疢不如惡石。夫石猶生我，疢之美，其毒滋多。"言石

能除己疾也。

[12]【李賢注】季武子無適子，公彌長，悼子少，武子愛悼子，欲立之。訪於申豐，曰："不可。"訪於臧紇，曰："飲我酒，吾爲子立之。"季氏飲大夫酒，臧紇爲客，既獻，臧孫命北面重席，新罇絜之，召悼子降逆之，大夫皆起，悼子乃立。季氏以公彌爲馬正。其後公彌立，孟孫羯與共構臧紇於季氏，臧紇奔齊。齊侯將與臧紇田，臧孫聞之，見齊侯，與之言伐晉。對曰："多則多矣，抑君似鼠。鼠晝伏夜動，不穴於寢廟，畏人故也。今君聞晉之亂而後作焉，寧將事之，非鼠如何?"乃不與田。注曰"紇知齊侯將敗，不欲受其邑，故以比鼠，欲使怒而止"也。見《左傳》。【今注】案，不順而施，大德本、殿本作"而不順施而"。

夫知而違之，僞也；不知而失之，闇也。闇與僞焉，其患一也。患之所在，非徒在智之不及，又在及而違之者矣。故曰"智及之仁不能守之，雖得之，必失之"也。[1]夏書曰："念兹在兹，庶事恕施。"忠智之謂矣。[2]故君子之行，動則思義，不爲利回，不爲義疚，[3]進退周旋，唯道是務。苟失其道，則兄弟不阿；[4]苟得其義，雖仇讎不廢。故解狐蒙祁奚之薦，二叔被周公之害，[5]勃鞮以逆文爲成，[6]傅瑕以順厲爲敗，[7]管蘇以憎忤取進，申侯以愛從見退，考之以義也。[8]故曰："不在逆順，以義爲斷；不在憎愛，以道爲貴。"《禮記》曰："愛而知其惡，憎而知其善。"[9]考義之謂也。

[1]【李賢注】《論語》之文。【今注】案，見《論語·衛靈公》。今本"智"作"知"。

［2］【李賢注】玆，此也。念此事也，在此身也。言行事當常念如在己身也。庶，衆也。言衆事恕己而施行，斯可謂忠而有智矣。

［3］【李賢注】《左傳》曰："君子動則思禮，行則思義，不爲利回，不爲義疚。"杜預注云："回，邪也。疚，病也。"

［4］【今注】阿：偏袒。

［5］【李賢注】《左傳》曰，晉祁奚請老，晉侯問嗣焉，稱解狐，其讎也。

［6］【李賢注】勃鞮，晉寺人，名披。《左傳》晉獻公使寺人披伐公子重耳於蒲，披斬其袪。及文公歸國，吕甥、郤芮將焚公宫而殺文公，寺人披以吕、郤之難告之。言初雖逆文公，後竟成之也。

［7］【李賢注】《左傳》言鄭厲公爲祭仲所逐，後侵鄭及大陵，獲鄭大夫傅瑕。傅瑕曰："苟舍我，吾請納子。"厲公與之盟而赦之。傅瑕殺鄭子而納，厲乃遂殺傅瑕也（乃，紹興本、大德本、殿本作"公"）。

［8］【李賢注】《新序》曰："楚恭王有疾，告諸大夫曰：'管蘇犯我以義，違我以禮，與處不安，不見不思，然而有得焉。吾死之後，爵之於朝。申侯伯順吾所欲，行吾所樂，與處則安，不見則思，然未嘗有得焉。必速遣之。'"

［9］【今注】案，見今本《禮記·中庸》。

桓帝時，舉孝廉，除北新城長。[1]告縣人曰："昔文翁在蜀，道著巴漢，[2]庚桑瑣隸，風移碨磥。[3]吾雖小宰，猶有社稷，[4]苟赴期會，理文墨，豈本志乎！"乃更大作講舍，[5]延聚生徒數百人，朝夕自往勸誡，身執經卷，試策殿最，[6]儒化大行。此邑至後猶稱其教焉。特召入拜尚書郎，累遷。後爲野王令，[7]未行。光和中，病卒。[8]孫楨，亦以文才知名。[9]

［1］【李賢注】北新城屬涿縣。【今注】北新城：縣名。治所在今河北保定市徐水區西。

［2］【李賢注】《前書》文翁爲蜀郡太守，興起學校，比於魯、衛也。【今注】文翁：廬江舒（今安徽廬江縣西）人。傳見《漢書》卷八九。

［3］【李賢注】瑣，碎也。《莊子》曰："老聃之役有庚桑楚者（役，殿本作'後'），偏得老聃之道，以北居碨壘之山（壘，大德本、殿本作'磥'），居三年，碨壘大穰。碨壘之人相與言曰：'庚桑子之始來，吾洒然異之；今吾日計之不足，歲計之有餘，庶幾其聖人乎！'"碨音猥。磥音盧罪反。

［4］【李賢注】《論語》曰："子路將使子羔爲費宰，曰：'有民人焉，有社稷焉。'"

［5］【今注】案，《畿輔通志》卷二八："新城縣學在縣治西北，漢桓帝時新城令劉梁建。"

［6］【今注】殿最：古代的考核，以下等爲"殿"，上等爲"最"。

［7］【今注】野王：縣名。治所在今河南沁陽市。

［8］【今注】案，《北堂書鈔》卷三五引《劉梁碑》云："召遷桂陽太守，班序以正，以仁爲首。"胡旭《先唐文苑傳箋證》指出，"此爲劉梁爲他人作碑，不當題爲《劉梁碑》"。又："《後漢書》本傳收劉梁文二篇。《隋書·經籍志》著録《劉梁集》三卷，下有注：'梁二卷，録一卷。'《舊唐書·經籍志》《新唐書·藝文志》著録《劉梁集》二卷。《通志·藝文略》《玉海·藝文》著録《劉梁集》三卷。《全後漢文》輯劉梁文三篇，附《劉梁碑》一篇。"《藝文類聚》卷五七載劉梁《七舉》："丹楹縹壁，紫柱虹梁，

桷榱朱緑，藻棁玄黄。鏤以金碧，雜以夜光，鴻臺百層，千雲參差，仰觀八極，遊目無涯，玉樹青葱，鸞鶴並棲，隋珠明月，照曜其陂。”（第94—95頁）

［9］【李賢注】魏志楨字公幹，爲司空軍謀祭酒，五官郎將文學，與徐幹、陳琳、阮瑀、應瑒俱以文章知名，轉爲平原侯庶子。【今注】案，《三國志》卷二一《魏書·王粲傳》裴松之注引《文士傳》曰：“楨父名梁，字曼山，一名恭。少有清才，以文學見貴，終於野王令。”裴注引《文士傳》稱劉梁、劉楨是父子關係，與本傳相忤。劉楨生年無考，據曹丕《典論·論文》云：“今之文人，魯國孔融文舉，廣陵陳琳孔璋，山陽王粲仲宣，北海徐幹偉長，陳留阮瑀元瑜，汝南應瑒德璉，東平劉楨公幹。斯七子者，於學無所遺，於辭無所假，咸以自騁驥騄於千里。仰齊足而並馳，以此相服，亦良難矣。”又《與吴質書》：“昔年疾疫，親故多離其災，徐陳應劉，一時俱逝。”又曹植《與楊祖德書》：“昔仲宣獨步於漢南，孔璋鷹揚於河朔，偉長擅名於青土，公幹振藻於海隅，德璉發跡於北魏，足下高視於上京。”胡旭《先唐文苑傳箋證》指出，三文對建安諸子排序，劉楨都居於後，大概因爲劉楨年紀較輕。可以肯定，他的年齡比徐幹小，而徐幹的生年可確切考知爲東漢建寧四年（171）。又劉楨《遂志賦》云：“幸遇明后，因志東傾。披此豐草，乃命小生。生之小矣，何兹云當。牧馬於路，役車低昂。愴恨惻切，我獨西行。”當爲初歸曹操時所作，即建安三年（198）後。若此時劉楨年二十前後，那麽他的生年，很可能與出生於熹平六年（177）的王粲相仿。劉梁桓帝時舉孝廉，光和（178—184）中卒，相對而言，二人爲祖孫的可能性更大。裴松之所見的《文士傳》，范曄應能見到，而不取其説必有依據。胡旭《先唐文苑傳箋證》：“《三國志》卷二一《魏書·王粲傳》云劉楨著文、賦數十篇。《隋書·經籍志》著録魏太子文學《劉楨集》四卷，下有注：‘録一卷。’《舊唐書·經籍志》《新唐書·藝文志》著録《劉楨集》二

卷。《遂初堂書目》著録《劉楨集》，不云卷數。《通志·藝文略》著録《劉楨集》四卷。《山東通志·經籍志》著録《劉楨集》一卷。按，《直齋書録解題》著録《陳孔璋集》時論建安諸子之集云：'今諸家詩文散見於《文選》及諸類書，其以集傳者，仲宣、子建、孔璋三人而已。'南宋初的鄭樵尚能見到《劉楨集》，南宋末的陳振孫已經見不到了。可見《劉楨集》是在南宋中後期散佚的。《山東通志》著録的一卷本，即是證明。明張溥輯《劉公幹集》一卷，收入《漢魏六朝百三家集》。明楊德周輯、清陳朝輔增補《劉公幹集》一卷，收入《彙刻建安七子集》。清楊逢辰輯《劉公幹集》一卷，收入《建安七子集》。丁福保輯《劉公幹集》一卷，收入《漢魏六朝名家集初刻》。《全後漢文》輯劉楨文十篇。《先秦漢魏晉南北朝詩》輯劉楨詩二十一題二十六首。"（参見胡旭《先唐文苑傳箋證》，第95—96頁）

邊襄字文禮，[1]陳留浚儀人也。少辯博，[2]能屬文。作《章華賦》，[3]雖多淫麗之辭，而終之以正，亦如相如之諷也。[4]其辭曰：楚靈王既遊雲夢之澤，[5]息於荊臺之上。[6]前方淮之水，左洞庭之波，[7]右顧彭蠡之隩，南眺巫山之阿。[8]延目廣望，騁觀終日。顧謂左史倚相曰："盛哉斯樂，可以遺老而忘死也！"[9]於是遂作章華之臺，築乾谿之室，[10]窮木土之技，單珍府之實，舉國營之，數年乃成。[11]設長夜之淫宴，作北里之新聲。[12]於是伍舉知夫陳、蔡之將生謀也。[13]乃作斯賦以諷之：

［1］【今注】案，襄，紹興本、大德本、殿本作"讓"，是。

［2］【今注】案，《太平御覽》卷七〇七引《邊讓別傳》："讓，

字元禮，才辯俊逸。”本書卷六八《郭太傳》：“謝甄，字子微，汝南召陵人也。與陳留邊讓並善談論，俱有盛名。每共候林宗，未嘗不連日達夜。林宗謂門人曰：‘二子英才有餘，而並不入道，惜乎！’”本書卷七〇《孔融傳》：“孔融年十三，私納張儉下獄。融由是顯名，與平原陶丘洪、陳留邊讓齊聲稱。州郡禮命，皆不就。”《三國志》卷一二《魏書·崔琰傳》裴松之注引《續漢書》：“孔融年十六，私納張儉下獄。融由是名震遠近，與平原陶丘洪、陳留邊讓，並以俊秀，爲後進冠蓋。融持論經理不及讓等，而逸才宏博過之，司徒大將軍辟舉高第，累遷北軍中候、虎賁中郎將、北海相，時年三十八。”據上曹道衡、沈玉成《中古文學史料叢考》以爲邊、孔年歲相去不遠，且於入何進幕前已有交往。郭太以靈帝建寧二年（169）卒，孔融以桓帝永興元年（153）生，即令郭太論邊讓“英才有餘”事在謝世前未幾，而讓已有“盛名”，其年必當長於孔融。（第 91 頁）

［3］【今注】章華賦：何焯《義門讀書記》卷二四：“邊讓作《章華賦》，詳此賦旨趣，蓋刺桓帝。”

［4］【李賢注】章華臺，解見《馮衍傳》。揚雄曰（揚，紹興本、大德本作“楊”）：“詞人之賦麗以淫。”司馬相如作上林賦“發倉廩以救貧窮，補不足，恤鰥寡，存孤獨，出德號，省刑罰”，此爲謂也（謂，紹興本、大德本、殿本作“諷”）。

［5］【今注】雲夢之澤：古湖澤名。在今湖北江陵市江陵區、監利縣、潛江市交界地帶。

［6］【今注】荆臺：臺名。在今湖北監利縣北。《輿地紀勝》卷六四載，荆臺“在監利縣西三十里土洲之南”。

［7］【李賢注】洞庭波在今岳州西南（波、紹興本、大德本、殿本作“湖”，是）。

［8］【李賢注】《説苑》曰：“楚昭王欲之荆臺遊，司馬子綦進諫曰：‘荆臺之遊，左洞庭之波，右彭蠡之水，南望獵山，下臨

方淮，其地使人遺老而忘死也。王不可遊也。'" 巫山在夔州巫山縣東。【今注】隩：河岸彎曲處。

[9]【李賢注】《説苑》，此並司馬子綦諫昭王之言。

[10]【李賢注】《史記》曰，靈王次於乾谿，樂乾谿不能去。

[11]【李賢注】技，巧也。單，盡也。《國語》楚靈王爲章華之臺，與伍舉升焉。曰："臺美夫！" 對曰："國君安人以爲樂，今君爲此臺也，國人罷焉，財用盡焉，年穀敗焉，百姓煩焉，軍國苦之，數年乃成。"【今注】案，府，大德本作"寶"。

[12]【李賢注】《史記》曰，紂爲酒池肉林，使男女倮而相逐其閒，爲長夜之飲。使師涓作新聲，北里之舞，靡靡之樂也。

[13]【李賢注】陳蔡二國，先爲楚所滅也。

冑高陽之苗胤兮，承聖祖之洪澤。[1]建列藩於南楚兮，等威靈於二伯。[2]超有商之大彭兮，越隆周之兩虢。[3]達皇佐之高勳兮，馳仁聲之顯赫。[4]惠風春施，神武電斷，華夏肅清，五服攸亂。[5]旦垂精於萬機兮，[6]夕回輦於門館。設長夜之歡飲兮，展中情之嬿婉。[7]竭四海之妙珍兮，盡生人之秘玩。

[1]【李賢注】冑，胤也。高陽，帝顓頊也。《帝系》曰："顓頊娶於滕隍氏女而生老童，是爲楚先。"《楚詞》曰："帝高陽之苗裔兮。"

[2]【李賢注】老童之後鬻熊，事周文王，早卒。至孫熊繹，周成王時封於楚。其後子孫隆盛，與齊、晉爭强。二伯，齊桓、晉文也。

[3]【李賢注】《國語》曰："商伯大彭、豕韋。"《左傳》曰

"虢仲、虢叔，王季之穆"也。

[4]【李賢注】皇佐謂鬻熊佐文王也。《左傳》曰："楚自克庸以來（庸，紹興本、大德本作'廣'），其君無日不討國人而訓之，于人生之不易，禍至之無日，戒懼之不可以怠。"此馳仁聲也。

[5]【李賢注】謂靈王承先世仁惠之風，如春普施。神武威稜，如雷電之斷決也。五服，甸、侯、綏、要、荒也。亂，理也。

[6]【今注】垂精：致力。

[7]【李賢注】嬿，安也。婉，美也。婉，協韻音於願反。【今注】嬿婉：宋文民《後漢書考釋》指出，"嬿婉"是連綿詞，李賢注誤。《韓詩》以爲是"好貌"。（第315頁）

爾乃攜窈窕，從好仇，[1]徑肉林，登糟丘，[2]蘭肴山竦，椒酒淵流。[3]激玄醴於清池兮，[4]靡微風而行舟。登瑶臺以回望兮，冀彌日而消憂。[5]於是招宓妃，命湘娥，[6]齊倡列，鄭女羅。[7]揚《激楚》之清宫兮，展新聲而長歌。[8]繁手超於北里，妙舞麗於陽阿。[9]金石類聚，絲竹群分。被輕袿，曳華文，[10]羅衣飄颻，組綺繽紛。[11]縱輕軀以迅赴，若孤鵠之失群；振華袂以逶迤，[12]若遊龍之登雲。於是歡嬿既洽，長夜向半，琴瑟易調，繁手改彈，清聲發而響激，微音逝而流散。振弱支而紆繞兮，若緑繁之垂幹，忽飄颻以輕逝兮，似鸞飛於天漢。舞無常態，鼓無定節，尋聲響應，修短靡跌。[13]長袖奮而生風，清氣激而繞結。[14]

[1]【李賢注】窈窕，幽閑也。仇，匹也。《毛詩》曰："窈

窕淑女，君子好仇。”

[2]【李賢注】《史記》紂作糟丘酒池，懸肉以爲林也。

[3]【李賢注】蘭肴，芳若蘭也。椒酒，置椒酒中也。《楚詞》曰：“蕙肴兮蘭籍，桂酒兮椒漿。”

[4]【今注】玄醴：甘美的水。

[5]【李賢注】彌，終也。《楚辭》曰：“望瑶臺而偃蹇。”

[6]【李賢注】宓妃，洛水之神女也。湘娥，堯之二女娥皇、女英，湘水之神也。

[7]【李賢注】《楚辭》曰：“二八齊容起鄭舞。”

[8]【李賢注】《激楚》，曲名楚（楚，紹興本、大德本、殿本作“也”，是）。《淮南子》曰：“《激楚》結風。”

[9]【李賢注】《左傳》曰：“繁手淫聲（繁，殿本作‘煩’），慆堙心耳（慆，殿本作‘滔’），乃忘和平（和平，殿本作‘平和’）。”陽阿，解見《馬融傳》。

[10]【李賢注】《方言》曰：“袿謂之裾。”《釋名》曰：“婦人上服謂之袿。”

[11]【李賢注】組，綬也。綺，綾也。

[12]【今注】逶迤：舒展自如貌。

[13]【李賢注】趹，蹉也。

[14]【李賢注】歌聲激發，縈繞纏結。

爾乃妍媚遞進，巧弄相加，[1]俯仰異容，忽兮神化。[2]體迅輕鴻，榮曜春華，進如浮雲，退如激波。雖復柳惠，能不咨嗟！[3]於是天河既回，淫樂未終，清籥發徵，激楚揚風。[4]於是音氣發於絲竹兮，飛響軼於雲中。比目應節而雙躍兮，[5]孤雌感聲而鳴雄。[6]美繁手之輕妙兮，嘉新聲之彌隆。於是衆變已盡，群樂既考。[7]歸乎生風之廣夏兮，脩黄軒之要道。[8]攜西子之弱腕兮，援毛嬪之素肘。[9]形便娟以嬋媛兮，若流風之靡草。[10]美儀操之姣麗兮，忽遺生而忘老。

［1］【今注】弄：樂曲的一段。

［2］【李賢注】化，協韻音花。

［3］【李賢注】柳下惠，展季也。《家語》曰："柳下惠嫗不逮門之女，國人不稱其亂，言其貞也。"

［4］【李賢注】籥如笛，六孔。

［5］【李賢注】比目魚一名鰈，一名王餘，不比不行，今江東呼爲板魚。《韓詩外傳》曰："伯牙鼓琴，淫魚出聽（淫，殿本作'游'）。"

［6］【李賢注】枚乘《七發》曰："暮則羈雌迷鳥宿焉。"羈雌，孤雌也（雌，大德本作"雄"）。

［7］【李賢注】考，成也。

［8］【李賢注】黄帝軒轅氏得房中之術於玄女，握固吸氣，還精補腦，可以長生。《説苑》雍門周説孟嘗君曰："廣夏邃房下，羅帷來清風（帷，大德本、殿本作'幃'）。"

［9］【李賢注】西子，西施也。《越絶書》曰："越王句踐得採薪二女西施、鄭旦，以獻吴王。"毛嬪，毛嬙也。《莊子》曰："毛嬙麗姬，人之美者。"

［10］【李賢注】《淮南子》曰："今舞者便娟若若秋葯被風（若若，紹興本、大德本、殿本作'若'）。"葯，白芷也。

爾乃清夜晨，妙枝單，[1]收尊俎，徹鼓盤。[2]惘焉若酲，撫劍而歎。[3]慮理國之須才，悟稼穡之艱難。美吕尚之佐周，善管仲之輔桓。將超世而作理，[4]焉沈湎於此歡！於是罷女樂，墮瑶臺。思夏禹之卑宫，慕有虞之土階。[5]舉英奇於仄陋，[6]拔髦秀於蓬萊。[7]君明哲以知人，官隨任而處能。[8]百揆時叙，庶績咸熙。[9]諸侯慕義，不召同期。[10]繼高陽之絶軌，[11]崇成、莊之洪基。[12]雖齊桓之一匡，豈足方於大持？[13]爾乃育之以仁，臨之以明。致虔報於鬼神，盡肅恭乎上京。[14]馳淳化於黎元，[15]永歷世而太平。

[1]【今注】案，枝，紹興本、大德本、殿本作“技”。　單：通“殫”。結束。

[2]【李賢注】張衡《七盤賦》曰“歷七盤而屣躡”也。

[3]【李賢注】酲，酒病也。

[4]【今注】作理：使國家大治。

[5]【李賢注】《墨子》曰：“虞舜士階二尺（士，大德本、殿本作‘土’，是；二，紹興本、殿本作‘三’），茅茨不剪。”

[6]【今注】仄陋：狹小簡陋的住所。

[7]【李賢注】蓬蒿草萊之閒也。《爾雅》曰：“髦，俊也。”

[8]【李賢注】能，協韻音乃來反。

[9]【今注】案，二語典出《尚書·堯典》。百揆，百官。時，是。叙，順。庶，衆。績，事業。

[10]【李賢注】《尚書》武王伐紂，八百諸侯不期而至。

[11]【今注】絶軌：斷絶的事業。

[12]【李賢注】《史許》楚成王布德施惠（許，紹興本、殿本作“記”，是），結舊好於諸侯，使人獻於天子。莊王，成王孫也。納伍舉、蘇縱之諫，罷淫樂，聽國政，所誅數百人，所進數

百人，國人大悦。

［13］【李賢注】《穀梁傳》曰：“齊桓公爲陽穀之會，一匡天下。”巨（巨，紹興本、大德本、殿本作“匡”，是），正也。

［14］【李賢注】言楚尊事周室。

［15］【今注】淳化：敦厚的教化。

大將軍何進聞讓才名，[1]欲辟命之，恐不至，詭以軍事徵召。既到，署令史，[2]進以禮見之。讓善古謝，[3]能辭對，時賓客滿堂，莫不羨其風。府掾孔融、王朗並修刺候焉。[4]議郎蔡邕深敬之，以爲讓宜處高任，乃薦於何進曰：“伏惟幕府初開，博選清英，華髮舊德，並爲元龜。[5]雖振鷺之集西雍，濟濟之在周庭，無以或加。[6]竊見令史陳留邊讓，天授逸才，聰明賢智。髫齔夙孤，不盡家訓。[7]及就學廬，便受大典。初涉諸經，見本知義，授者不能對其問，章句不能逮其意。心通性達，口辯辭長。非禮不動，非法不言。若處狐疑之論，定嫌審之分，[8]經典交至，撿括參合，[9]衆夫寂焉，莫之能奪也。使讓生在唐、虞，則元、凱之次，[10]運值仲尼，則顔、冉之亞，[11]豈徒俗之凡偶近器而已者哉！[12]階級名位，亦宜超然。若復隨輩而進，非所以章瓌偉之高價，昭知人之絶明也。傳曰：‘函牛之鼎以亨雞，多汁則淡而不可食，少汁則熬而不可熟。’[13]此言大器之於小用，固有所不宜也。邕竊悁邑，[14]怪此寶鼎未受犧牛大羹之和，[15]久在煎熬臠割之閒。[16]願明將軍回謀垂慮，裁加少納，貢之機密，展之力用。[17]若以年齒爲嫌，則顔回不得貫德行之首，子奇終無理阿之功。[18]苟堪其事，古今一也。”

[1]【今注】何進：字遂高，南陽宛（今河南南陽市卧龍區）人。傳見本書卷六九。

[2]【李賢注】《續漢志》曰：“大將軍下有令史及御史屬三十一人。”

[3]【今注】案，古謝，紹興本、大德本、殿本作“占射”，是。占射，占卜射覆之術。

[4]【李賢注】朗字景興，《魏志》有傳。【今注】府掾：漢代三公府及其他重要官府皆置掾史、屬，分曹治事。掾爲曹長，史、屬爲副貳。故掾史多冠以曹名，如户曹掾、户曹史等。掾史爲有職吏，其下還有從掾位、從史位、待事掾、待事史等散吏。　孔融：字文舉，魯國（今山東曲阜市）人。傳見本書卷七〇。　王朗：傳見《三國志》卷一三。　修刺：指奉上名帖交往。案，《太平御覽》卷二一三引《典略》：“邊讓字文禮，陳留人。將軍何進聞其名，欲以禮辟，恐不肯來，乃託以軍事召之。到，署令史，進以禮見之。讓占對閒叙，聲氣如流，其時坐席賓客有百數，皆高慕之。”又《世説新語·言語》：“邊文禮見袁奉高，失次序。奉高曰：‘昔堯聘許由，面無怍色，先生何爲顛倒衣裳？’文禮答曰：‘明府初臨，堯德未彰，是以賤民顛倒衣裳耳。’”劉孝標注引《文士傳》：“邊讓，字文禮，陳留人。才俊辯逸，大將軍何進聞其名，召署令史，以禮見之。讓占對閑雅，聲氣如流，坐客皆慕之。讓出就曹，時孔融、王朗等並前爲掾，共書刺從讓，讓平衡與交接。”又云：“袁閎卒於太尉掾，未嘗爲汝南，斯説謬矣。”胡旭《先唐文苑傳箋證》指出，劉孝標注之誤有二。第一，將袁奉高當作袁閎。奉高當爲袁閬。《世説新語·德行》之“郭林宗至汝南造袁奉高”條，余嘉錫《箋疏》曰：“程炎震云：‘劉攽曰：袁閬字奉高，袁閎字夏甫。此言奉高，則閎當作閬。按，閎是袁安玄孫，《安傳》云：

汝陽人。閻嘗爲汝南功曹，見范書《王龔傳》，明著其字奉高。劉説是也。奉高、叔度，同爲慎陽（今汝南正陽）人，故林宗得並造之耳。'”第二，劉孝標謂《世説》將何進誤作袁閎，非《世説》之誤，劉氏自誤。（參見胡旭《先唐文苑傳箋證》，第105—106頁）

［5］【李賢注】華髮，白首也。元龜所以知吉凶。《尚書》曰："格人元龜。"【今注】案，顧炎武《日知録》卷二〇："《蔡邕傳》謂邕亡命江海，積十二年。中平六年，靈帝崩，董卓爲司空，辟之，稱疾不就。卓切勑州郡，舉邕詣府，邕不得已，到署祭酒。而《文苑傳》有議郎蔡邕，薦邊讓於大將軍何進一書。按中平元年，黄巾起，以何進爲大將軍，正邕亡命之時，無緣得奏記薦人也。"惠棟《後漢書補注》卷一八："此書載蔡邕集中，末云邕羸匍匐拜祭，不敢須通，則邕未嘗親奉書也。邕雖亡命，傳稱其往來泰山羊氏，不必專在吴會。薦賢爲國，寓書於進，亦無不可。顧氏以爲無緣見人，過也。"

［6］【李賢注】《韓詩》曰："振鷺于飛，于彼西雍。"《薛君章句》曰："鷺，絜白之鳥也。西雍，文王辟雍也（辟，紹興本、大德本作'之'）。言文王之時，辟雍學士皆絜白之人也（絜，殿本作'潔'）。"又曰："濟濟多士，文王以寧。"

［7］【李賢注】髫，翦髪爲鬌也。齓，毁齒也。

［8］【今注】嫌審：有嫌疑者和明確者。

［9］【今注】撿括：稽查。

［10］【今注】元凱：八元、八凱。《左傳》文公十八年《傳》："昔高陽氏有才子八人，蒼舒、隤敳、檮戭、大臨、尨降、庭堅、仲容、叔達，齊、聖、廣、淵、明、允、篤、誠，天下之民謂之八愷。高辛氏有才子八人，伯奮、仲堪、叔獻、季仲、伯虎、仲熊、叔豹、季貍，忠、肅、共、懿、宣、慈、惠、和，天下之民謂之八元。"

［11］【今注】顔冉：顔淵和冉有。

[12]【今注】凡偶近器：指平庸之輩。

[13]【李賢注】《莊子》曰："函牛之鼎沸，蟻不得措一足焉。"《吕氏春秋》曰，白圭對魏王曰"市丘之鼎以亨雞，多洎之則淡不可食，少洎之則焦而不熟"也。函，容也。洎，汁也。【今注】案，亨，殿本作"烹"。

[14]【李賢注】悁邑，憂憤也。

[15]【今注】犧牛：祭祀用的純色牛。

[16]【今注】臠：切成小塊的肉。

[17]【李賢注】展，陳也。

[18]【李賢注】《説苑》曰："子奇年十八爲阿宰，有善績。"【今注】案，理阿，殿本作"阿宰"。

讓後以高才擢進，屢遷，出爲九江太守，[1]不以爲能也。[2]初平中，[3]王室大亂，讓去官還家。恃才氣，不屈曹操，多輕侮之言。建安中，[4]其鄉人有搆讓於操，[5]操告郡就殺之。[6]文多遺失。[7]

[1]【今注】九江：郡名。治壽春縣（今安徽壽縣）。東漢章帝章和元年（87）徙治陰陵縣（今安徽定遠縣西北）。

[2]【今注】案，葛洪《抱朴子·清鑒》："孔融、邊讓文學邈俗，而並不達治務，所在敗績。"《太平御覽》卷七〇七引《邊讓别傳》："讓才辨俊逸，孔融薦於魏武曰：'邊讓爲九州之被則不足，爲單衣襜褕則有餘。'"

[3]【今注】初平：東漢獻帝劉協年號（190—193）。

[4]【今注】建安：東漢獻帝劉協年號（196—220）。

[5]【今注】搆：構陷。

[6]【今注】案，《三國志》卷一《魏書·武帝紀》裴松之注引《曹瞞傳》："及在兖州，陳留邊讓言議頗侵太祖，太祖殺讓，族

其家。”《文選》卷四四陳琳《爲袁紹檄豫州》:“而操遂承資拔扈,肆行凶忒,割剥元元,殘賢害善。故九江太守邊讓,英才俊偉,天下知名,直言正色,論不阿諂,身首被梟懸之誅,妻孥受灰滅之咎。自是士林憤痛,民怨彌重,一夫奮臂,舉州同聲。故躬破於徐方,地奪於吕布,彷徨東裔,蹈據所無。”《太平御覽》卷六四七引《曹操别傳》:“始袁忠爲沛相,薄待操,沛公桓邵亦輕之。及在兖州,陳留邊讓頗笑操,操殺讓,族其家。”案,曹道衡、沈玉成《中古文學史料叢考》以爲,曹操領兖州牧在初平三年(192),邊讓去官還浚儀,正屬兖州所轄。建安中,曹已在許昌,時地均不相當,故本傳言鄉人搆讓於操云云,似不合情理。陳琳《爲袁紹檄豫州》“躬破於徐方”指初平四年曹操攻陶謙不利,“地奪於吕布”指興平元年(194)爲吕布敗於濮陽。故邊讓被殺非在建安間,而在初平三年或四年,約四十餘歲時。范曄所記當有誤。劉志偉《邊讓考論》以爲孔融初平三年至四年間與曹操没有任何交往,建安元年(196)曹操迎獻帝遷都許昌,徵孔融爲將作大將時。孔融一度對曹操効忠東漢王朝抱有幻想,故在短時間内連續向他舉薦禰衡等人才。後曹操“挾天子以令諸侯”,建安二年欲殺楊彪,又欲借劉表之手殺禰衡,曹、孔關係緊張。此年如果邊讓爲鄉人誣告,正是曹操殺邊讓以報初平之恨的最好機會。故如邊讓活着的話,建安二年被殺最有可能。胡旭《先唐文苑傳箋證》以爲:“陳琳《爲袁紹檄豫州》謂曹操殺害賢良如邊讓等,導致士林怨憤,故爲陶謙、吕布所敗。前者爲因,後者爲果。後者發生在初平四年和興平元年,則前者發生的時間必然在此之前。曹、沈之説,從邏輯上説是合理的。但把《爲袁紹檄豫州》一文作爲依據,則很危險。《文心雕龍·檄移》云檄文‘雖本國信,實參兵詐。譎詭以馳旨,煒燁以騰説’。可見就文體而言,檄文常常是不客觀的。故劉勰批評陳琳之文云:‘奸閹攜養,章實太甚,發丘摸金,誣過其虐。’所以,此文能否作爲依據,尚存疑問。相較而言,劉志偉氏維護本傳之説,較爲合理。”又,《寶刻叢編》卷一引《訪碑録》:“漢邊讓碑在開封

縣東北五里。”（參見胡旭《先唐文苑傳箋證》，第109—110頁）

［7］【今注】案，胡旭《先唐文苑傳箋證》：“邊讓文衹存《後漢書》本傳所載一篇《章華臺賦》，餘盡佚。”（第111頁）

酈炎字文勝，范陽人，[1]酈食其之後也。[2]炎有文才，[3]解音律，言論給捷，多服其能理。[4]靈帝時，州郡辟命，皆不就。[5]有志氣，作詩二篇曰：

［1］【今注】范陽：縣名。治所在今河北定興縣西南固城鎮。胡旭《先唐文苑傳箋證》指出，《史記》卷九七《酈生陸賈列傳》、《漢書》卷四三《酈食其傳》載酈食其爲陳留高陽人。助劉邦攻克陳留，封廣野君。後爲齊王田廣所殺。漢興，高祖封其子疥爲高梁侯。後更食武遂。嗣三世，武遂侯平有罪，國除。武遂與范陽同屬涿郡，此爲酈炎范陽人之由來。又《史記》卷九五《樊酈滕灌列傳》載酈食其弟酈商，以戰功爲右丞相，封侯，食邑涿五千户。可見酈氏家族在涿郡頗有淵源，有宗族在此繁衍。（第111頁）

［2］【今注】酈食其：傳見《史記》卷九七、《漢書》卷四三。

［3］【今注】案，惠棟《後漢書補注》卷一八引《古文苑》卷一〇：“《炎集》曰：我十七而作《酈篇》，二十四而《州書》矣，二十七而作《七平》矣。其賦誦誄，自少爲之。注：《酈篇》《州書》皆字學之書，《七平》蓋効枚乘《七發》體。”

［4］【李賢注】給，敏也。【今注】案，胡旭《先唐文苑傳箋證》指出，酈炎“言論給捷”可見《古文苑》卷一一及《經濟類編》卷八八所在《對事》（第112頁）。

［5］【今注】案，惠棟《後漢書補注》卷一八引《古文苑》卷一〇：“《遺令》曰：下邳衞府君，我之諸曹掾；督郵濟北寧府君，我繇之成就；陳留韓府君，察我孝；陳留楊君，辟我右北平從事祭酒。注云：‘四人舉辟炎者。’韓府君名卓，字子助。”

大道夷且長，窘路狹且促。脩翼無與栖，遠趾不步局。[1]舒吾陵霄羽，奮此千里足。超邁絶塵驅，倏忽誰能逐。[2]賢愚豈常類，稟性在清濁。富貴有人籍，貧賤無天録。[3]通塞苟由己，志士不相卜。[4]陳平敖里社，[5]韓信釣河曲。[6]終居天下宰，食此萬鍾禄。[7]德音流千載，功名重山岳。

[1]【李賢注】窘，迫也。【今注】案，與，殿本作“卑”。

[2]【今注】倏忽：又作“儵忽”，迅速。

[3]【李賢注】富貴者爲人所載於典籍也，貧賤者不載於天録。天録謂若蕭、曹見名於圖書。

[4]【李賢注】言通塞苟若由己，則志士不須相卜也。故蔡澤謂唐舉曰：“富貴吾自取之，所不知者壽也（殿本‘壽’後有‘命’字）。”

[5]【李賢注】陳平爲里社宰，分肉均。里中曰：“善哉陳孺子之爲宰也！”曰：“使平宰天下亦猶是。”見《前書》。

[6]【李賢注】韓信家貧無行，不得爲吏，釣於淮陰城下。河者，水之總名也。

[7]【李賢注】六斛四斗曰鍾。

靈芝生河洲，動摇因洪波。蘭榮一何晚，嚴霜瘁其柯。[1]哀哉二芳草，不植太山阿。文質道所貴，[2]遭時用有嘉。絳、灌臨衡宰，[3]謂誼崇浮華。賢才抑不用，遠投荆南沙。[4]抱玉乘龍驥，不逢樂與和。[5]安得孔仲尼，爲世陳四科！[6]

[1]【今注】柯：支莖。

［2］【今注】文質：文采和質實。漢人以爲施政要文質相補救。

［3］【今注】絳：絳侯周勃，沛（今江蘇沛縣）人。世家見《史記》卷五七，傳見《漢書》卷四〇。　灌：灌嬰，睢陽（今河南商丘市南）人。西漢開國功臣。傳見《漢書》卷四一。　衡宰：指宰輔高官。

［4］【李賢注】賈誼欲革漢土德，改定律令，絳侯周勃及灌嬰共毀之，文帝以誼爲長沙太傅。見《前書》。

［5］【李賢注】伯樂、卞和。

［6］【李賢注】謂德行、政事、文學、言語也（文學言語，殿本作“言語文學”）。

炎後風病慌忽。[1]性至孝，遭母憂，[2]病甚發動。妻始産而驚死，妻家訟之，收繫獄。炎病不能理對，[3]熹平六年，[4]遂死獄中，時年二十八。尚書盧植爲之誄讚，[5]以昭其懿德。[6]

［1］【今注】風病：瘋病。

［2］【今注】案，《古文苑》卷一〇引酈炎《遺令書》，胡旭《先唐文苑傳箋證》指出，其中“云‘白嚴考之神坐’並囑其兄興讓儘早安葬其父，則父卒確矣，但卒未久；又云，白老母若干事，並囑兄嫂供養老母，則母健在。故傳所云‘遭母憂’，實爲‘遭父憂’”（第115頁）。

［3］【今注】理對：對質。

［4］【今注】熹平：東漢靈帝劉宏年號（172—178）。

［5］【今注】尚書：東漢尚書臺六曹，每曹設尚書一人，分别負責己曹事務。秩六百石。本書《百官志三》：“尚書六人，六百石。本注曰：成帝初置尚書四人，分爲四曹：常侍曹尚書主公卿

事；二千石曹尚書主郡國二千石事；民曹尚書主凡吏上書事；客曹尚書主外國夷狄事。世祖承遵，後分二千石曹，又分客曹爲南主客曹、北主客曹，凡六曹。" 盧植：字子幹，涿郡涿（今河北涿州市）人。傳見本書卷六四。案，《北堂書鈔》卷九九載盧植《酈文勝誄》："自齔未成童，著書十餘箱。文體思奥，爛有文章，箴縷百家。"

［6］【今注】懿德：美德。案，胡旭《先唐文苑傳箋證》："《隋書·經籍志》著録《崔琦集》時下有注：'梁又有《酈炎集》二卷，録二卷，亡。'《舊唐書·經籍志》《新唐書·藝文志》著録《酈炎集》二卷。《遂初堂書目》著録《酈炎集》，不云卷數。《玉海·藝文》著録《酈炎集》二卷。"又："《崇文總目》著録《酈炎集》一卷，廁於五代人别集中，下有注：'闕。'四庫館臣復注：'謹按，《東觀餘論》云《酈炎集》當在前。'《通志·藝文略》兩處著録《酈炎集》，一於東漢人别集中，三卷；一於五代人别集中，一卷。按，四庫館臣傾向於黄伯思《東觀餘論》的説法，即此當爲東漢有酈炎。但也有學者認爲東漢有酈炎，五代亦有酈炎。明方以智《通雅》卷二十一、胡應麟《少石山房筆叢》卷二均持此説，其根據是鄭樵《通志》的著録。雖不爲無據，但理由也不十分充足，安知《通志》不受《崇文總目》之影響？"又："《全後漢文》輯酈炎文二篇。《先秦漢魏晉南北朝詩》輯酈炎詩二首。"（第115—116頁）

侯瑾字子瑜，敦煌人也。少孤貧，依宗人居。[1]性篤學，恒傭作爲資，[2]暮還輒爇柴以讀書。[3]常以禮自牧，[4]獨處一房，如對嚴賓焉。[5]州郡累召，公車有道徵，[6]並稱疾不到。作矯世論以譏切當時。[7]乃徙入山中，[8]覃思著述。[9]以莫知於世，故作應賓難以自寄。又案《漢記》撰中興以後行事，[10]爲《皇德傳》三十篇，[11]行於世。餘所作雜文數十篇，多亡失。[12]西河人敬其才而不敢名之，皆稱爲侯君云。

［1］【今注】宗人：同族之人。

［2］【今注】傭作：受雇爲人工作。

［3］【李賢注】𤆍，古“然”字。

［4］【李賢注】易曰：“卑以自牧。”牧，養也。

［5］【今注】嚴賓：貴賓。

［6］【今注】公車：本爲漢代官署名，設公車令，掌管宮殿中車馬警衛等事。本書《百官志二》：“公車司馬令一人，六百石。本注曰：掌宮南闕門，凡吏民上章，四方貢獻，及徵詣公車者。”有道：漢代選舉科目之一。意爲選拔有道德、有才能的人。

［7］【今注】案，切，大德本、殿本作“刺”。

［8］【今注】案，乃，紹興本、大德本、殿本作“而”。

［9］【李賢注】覃，静也。

［10］【今注】中興：指光武帝中興漢室。

［11］【今注】皇德傳：胡旭《先唐文苑傳箋證》：“《隋書》卷三十三《經籍二》云：‘《漢皇德紀》三十卷，漢有道徵士侯瑾撰，起光武，至沖帝。’《舊唐書》卷四十六《經籍上》、《新唐書》卷五十八《藝文二》皆著録《漢皇德紀》三十卷。”（第117頁）

［12］【今注】案，胡旭《先唐文苑傳箋證》：“《隋書·經籍志》著録《劉陶集》時下有注：‘梁又有《侯瑾集》二卷，亡。’《舊唐書·經籍志》《新唐書·藝文志》《通志·藝文略》《玉海·藝文》皆著録《侯瑾集》二卷。《全後漢文》輯侯瑾文二篇。《先秦漢魏晉南北朝詩》輯侯瑾詩二首，皆殘。”（第118頁）

高彪字義方，吴郡無錫人也。[1]家本單寒，至彪爲諸生，[2]遊太學。[3]有雅才而訥於言。嘗從馬融欲訪大義，[4]融疾不獲見，乃覆刺遺融書曰：[5]"承服風問，從來有年，[6]故不待介者而謁大君子之門，冀一見龍光，以叙腹心之願。[7]不圖遭疾，幽閉莫啓。昔周公旦父文兄武，九命作伯，[8]以尹華夏，[9]猶揮沐吐餐，[10]垂接白屋，[11]故周道以隆，天下歸德。公今養痾傲士，[12]故其宜也。"融省書慙，追謝還之，[13]彪逝而不顧。

[1]【李賢注】無錫，今常州縣。【今注】吴郡：東漢順帝永建四年（129）分會稽郡置，治吴縣（今江蘇蘇州市）。 無錫：縣名。治所在今江蘇無錫市。案，胡旭《先唐文苑傳箋證》認爲高彪生年當在漢安帝元初六年（119）至延光三年（124）之間。

[2]【今注】諸生：博士弟子。

[3]【今注】太學：古代大學。西漢武帝始置。東漢規模愈盛，生員衆多。（參見史錫平《漢代的太學制度》，《史學月刊》1988年第3期）

[4]【今注】案，南宋洪适《隸釋》引《漢令故外黄高君碑》載高彪"師事□□尉汝南許公□"。胡旭《先唐文苑傳箋證》指出，許公是汝南人、經學家，做過帶"尉"字的官，許慎、許劭未做過"□□尉"，而時代、地域、官職均符合者爲許訓。許訓，本書中無傳，據卷二五《劉寬傳》云："熹平五年，代許訓爲太尉。"李賢注云："許訓字季師，平輿人。"卷六八《許劭傳》云："劭從祖敬，敬子訓，訓子相，並爲三公。"可知許訓是許劭的遠房長輩。謝承《後漢書·應奉傳》云："奉少爲上計吏，許訓爲計掾，俱到京師。"兩人大概年歲相若。應奉生卒年雖不詳，但本書本傳云其永興元年（153）拜武陵太守，再從其卒於黨錮之禍後不久，其生年約在元興元年（105）到元初二年間。許訓亦大致如此。故年輩上可爲高彪師。本書卷八《靈帝紀》載熹平五年（176）五月，司

空許訓爲太尉。熹平五年秋七月，太尉許訓罷。故碑文中“師事□□尉汝南許公”可解讀爲“師事故太尉汝南許公”。（第120—121頁）

[5]【今注】覆：掩藏。

[6]【李賢注】風問，風猷令問。

[7]【李賢注】《毛詩》曰：“既見君子，爲龍爲光。”龍，寵也。

[8]【今注】九命作伯：《周禮·春官·大宗伯》：“九命作伯。”鄭玄注：“公有功德者，加命爲二伯，得征五侯九伯者。鄭司農云：‘長諸侯爲方伯。’”

[9]【今注】尹：治理。

[10]【今注】揮沐吐餐：《史記》卷三三《魯周公世家》：“周公戒伯禽曰：‘我文王之子，武王之弟，成王之叔父，我於天下亦不賤矣。然我一沐三捉髮，一飯三吐哺，起以待士，猶恐失天下之賢人。子之魯，慎無以國驕人。’”

[11]【李賢注】白屋，匹夫也。

[12]【今注】痾：病。

[13]【今注】案，大德本、殿本無“謝”字。

後郡舉孝廉，試經第一，除郎中，校書東觀，[1]數奏賦、頌、奇文，因事諷諫，靈帝異之。時京兆第五永爲督軍御史，[2]使督幽州，[3]百官大會，祖餞於長樂觀。[4]議郎蔡邕等皆賦詩，彪乃獨作箴曰：“文武將墜，乃俾俊臣。[5]整我皇綱，董此不虔。[6]古之君子，即戎忘身。[7]明其果毅，尚其桓桓。[8]吕尚七十，氣冠三軍，詩人作歌，如鷹如鸇。[9]天有太一，五將三門；[10]地有九變，丘陵山川；[11]人有計策，六奇五間：[12]總兹三事，謀則咨詢。[13]無曰已能，務在求賢，淮陰之勇，廣野是尊。[14]周公大聖，石碏純臣，以威克愛，以義滅親。[15]勿謂時險，不正其身。勿謂無人，莫識己真。忘富遺貴，福禄乃存。枉道依合，復無所觀。[16]先公高節，越可永遵。佩藏斯戒，以厲終身。”邕等甚美其文，以爲莫尚也。

［1］【今注】案，南宋洪适《隸釋》引《漢令故外黄高君碑》載“五十以斆弘農楊公爲光禄勳乃□表君□□取□□□□觀”。據此，胡旭《先唐文苑傳箋證》指出識拔高彪，使其進入東觀校書之人，當爲弘農楊賜，官光禄勳。傳見本書卷五四。(第122頁)

［2］【今注】第五永：胡旭《先唐文苑傳箋證》認爲第五永當爲東漢初第五倫之後。據本書卷四一《第五倫傳》，倫爲京兆長陵人，光武時官會稽太守，明帝時官大司農，章帝時官司空。年八十餘卒，少子頡嗣，倫曾孫種。種後不見載。傳云第五永亦京兆人，高彪《箴》云“先公高節，越可永遵”，明示第五永爲第五倫之後。(第123頁)

［3］【今注】幽州：西漢武帝時所置十三刺史部之一。治薊縣(今北京市西南)。下轄渤海、燕國、涿、上谷、漁陽、右北平、遼西、遼東、樂浪、真番、玄菟、臨屯等郡、國。

［4］【今注】祖餞：餞行。　長樂觀：謝承《後漢書·高彪傳》：“第五永爲督軍御史，使督幽州，蔡邕等天下名才士人皆會，祖餞於平樂館，高彪送永在坐，因援筆書牘。”清姚之駰《後漢書補逸》卷一二注云：“平樂館，范作長樂館。按，《皇甫嵩傳》稱公卿大會於平樂觀。又張玄説張温亦有祖道平樂觀之語。則此觀乃東京祖餞之地，作平樂爲是。觀作館，亦傳寫之音似也。”

［5］【李賢注】俾，使也。

［6］【李賢注】董，正也。

[7]【李賢注】《易》曰:“不利即戎。”司馬穰苴曰:“將受命之日忘其家，援枹鼓即忘其身。”

[8]【李賢注】《左傳》曰:“殺敵爲果，致果爲毅。”《尚書》曰:“勖哉夫子，尚桓桓。”桓桓（大德本無“桓桓”二字），武貌。

[9]【李賢注】太公年七十遇文王。《毛詩》曰:“惟師尚父，時惟鷹揚。”

[10]【李賢注】《太一式》:“凡舉事皆欲發三門，順五將。”發三門者，開門、休門、生門。五將者，天目、文昌等。

[11]【李賢注】《孫子·九變篇》曰:“用兵有散地，有輕地，有争地，有交地，有衢地，有重地，有汜地，有圍地，有死地。諸侯自戰其地，爲散地。入人之地而不深，爲輕地。我得則利，彼得亦利者，爲争地。我可以往，彼可以來，爲交地。諸侯之地三屬，先至而得衆，爲衢地。入人地深，倍城邑多，爲重地。行山林，阻沮澤，難行之道，爲汜地。所由入者隘，所從歸者少，彼寡可以擊吾衆者，爲圍地。疾戰則存，不疾戰則亡，爲死地。通九變之利，知用兵矣。”

[12]【李賢注】陳平凡六出奇策。《孫子》曰:“用閒有五，有因閒，有内閒，有反閒，有死閒，有生閒。五閒俱起（大德本無‘五閒’二字），莫知其道，是謂神紀，人君之寶也。因閒者，因其鄉人而用之也。内閒者，因其官人而用之也（因，大德本、殿本作‘内’）。反閒者，因其敵閒而用之也。死閒者，爲誑事於外，令吾閒知之而得於敵者也。生閒者，反報者也（殿本‘者’前有‘之’字）。”

[13]【李賢注】總天、地、人之事而詢謀於衆（殿本“衆”下有“也”字）。

[14]【李賢注】臣賢案:《前書》韓信破趙，得廣武君李左車，解其縛而師事之。而此作“廣野”。案廣野君酈食其，無韓信

師事處，蓋誤也。

[15]【李賢注】周公誅管、蔡，石碏殺其子厚也。剋，勝也。《前書》孫寶曰："周公上聖，邵公大賢。"《尚書》曰："威克厥愛，允濟。"《左傳》曰："石碏純臣也。大義滅親，其是之謂乎!"

[16]【李賢注】曲道以合時者，不足觀也（大德本無"也"字）。

後遷内黄令，[1]帝勅同僚臨送，[2]祖於上東門，[3]詔東觀畫彪像以勸學者。彪到官，有德政，上書薦縣人申徒蟠等。[4]病卒於官，文章多亡。[5]子岱，[6]亦知名。

[1]【今注】内黄：縣名。治所在今河南内黄縣西北。案，中華本據《後漢書集解》及《太平御覽》改"内"爲"外"，是。外黄縣，治所在今河南蘭考縣東南。胡旭《先唐文苑傳箋證》指出，高彪遷外黄令之時間，史籍均無明確記載。陸侃如先生將其定爲光和二年（179）太遲，應在熹平四年至五年（175—176）間。也可能稍早。（第127頁）

[2]【今注】勅：詔命。

[3]【李賢注】洛陽城東面北頭門。

[4]【今注】案，徒，大德本、殿本作"屠"。

[5]【今注】案，據《隸釋》卷一〇載《漢令故外黄高君碑》云："君舉將潁川大守南陽文府君徵詣廷尉。君感綱紀，捐官赴義，吏民攀車，解銜脱軌，遂志確然，終不反顧，星行載驅，不日係路，飢不及飡，至以生疢，光和七秊，龍在困敦，月次鶉火，六日丙申卒。"胡旭《先唐文苑傳箋證》指出，"此處明確地記載高彪卒年是'光和七年'（一八四），前文箋證已推出他出生的時間應

該在漢安帝元初六年（一一九）至延光三年（一二四）之間。因而高彪的年壽也可確定在一個大致的範圍内，即六十一歲至六十六歲之間”。又，“《隋書·經籍志》著録《馬融集》時下有注：‘梁有外黄令《高彪集》二卷，録一卷，亡。’《舊唐書·經籍志》、《新唐書·藝文志》《通志·藝文略》《玉海·藝文》皆著録《高彪集》二卷。《全後漢文》輯高彪文三篇。”（第127—128頁）

［6］【今注】岱：高岱。事迹見《三國志》卷四六《吴書·孫策傳》裴松之注引《吴録》。

張超字子並，河閒鄚人也，[1]留侯良之後也。[2]有文才。靈帝時，從車騎將軍朱儁征黄巾，[3]爲别部司馬。[4]著賦、頌、碑文、薦、檄、牋、書、謁文、嘲，[5]凡十九篇。超又善於草書，[6]妙絶時人，世共傳之。

［1］【李賢注】今瀛州鄚縣。【今注】河閒：諸侯王國名。治樂成縣（今河北獻縣東南）。　鄚：縣名。治所在今河北任丘市。

［2］【今注】留侯良：張良。世家見《史記》卷五五，傳見《漢書》卷四〇。案，洪亮吉《四史發伏》卷八：“《張超傳》，河間鄚人，留侯良之後。按《唐書·宰相世系表》，河間張氏，漢常山景王耳之後，世居鄚縣。今以爲良後，未識何據。按，《功臣表》，良之後，居陽陵。《宰相世系表》言徙武陽犍爲。”又，殿本無“也”字。

［3］【今注】朱儁：字公偉，會稽上虞（今浙江紹興市上虞區）人。傳見本書卷七一。　黄巾：東漢末太平道首領張角等於靈帝中平元年（184）發動農民起義，皆以黄巾裹頭，故稱。　案，本書卷五八《臧洪傳》：“中平末，棄官還家，太守張超請爲功曹。”《三國志》卷七《魏書·臧洪傳》所記近同。又，胡旭《先唐文苑傳箋證》指出，“臧洪爲廣陵人，故張超曾官廣陵太守”。又本書卷

七四上《袁紹傳上》云初平元年（190）廣陵太守爲張超。據本書卷七一《朱儁傳》，張超從朱儁征黄巾，在中平（184—189）初。後朱儁爲光禄大夫，更封錢塘侯，加位特進。張超曾爲朱儁車騎司馬，功成後當受封賞，或因此而爲廣陵太守。但《三國志》卷七《魏書·臧洪傳》："太祖圍張超於雍丘，超言：'唯恃臧洪，當來救吾。'衆人以爲袁、曹方睦，而洪爲紹所表用，必不敗好招禍，遠來赴此。超曰：'子源，天下義士，終不背本者，但恐見禁制，不相及逮耳。'洪聞之，果徒跣號泣，並勒所領兵，又從紹請兵馬，求欲救超，而紹終不聽許。超遂族滅。"胡旭認爲從"唯恃臧洪"語看，"廣陵太守張超又似爲曹操所滅之張超，即張邈弟"。（第130頁）

［4］【今注】别部司馬：官名。漢置，爲上軍校尉所屬的别部司馬，掌領兵作戰，是次於將軍和校尉的武官。校尉領本部大營，有時根據需要，分出一部分軍隊由司馬統帥，單立營寨，獨立作戰，統領這部軍隊的司馬，稱爲别部司馬。本書《百官志一》："其别營領屬爲别部司馬，其兵多少各隨時宜。"（第131—132頁）

［5］【今注】案，胡旭《先唐文苑傳箋證》："《隋書·經籍志》著録《應劭集》時下有注：'梁又有别部司馬《張超集》五卷，亡。'《舊唐書·經籍志》《新唐書·藝文志》著録《張邵集》五卷；《玉海·藝文》著録《張超集》五卷，下有注：'唐志張邵。'從《兩唐志》之《張邵集》次第來看，確應爲《張超集》。《遂初堂書目》著録《張超集》，不云卷數。《通志·藝文略》均著録《張超集》五卷。《宋史·藝文志》著録《張超集》三卷。《全後漢文》輯張超文六篇。"（第131—132頁）

［6］【今注】案，庾肩吾《書品》列張超爲中之上品。

禰衡字正平，平原般人也。[1]少有才辯，而尚氣剛傲，[2]好矯時慢物。[3]興平中，[4]避難荆州。[5]建安初，來遊許下。[6]始達潁川，[7]乃陰懷一刺，既而無所之適，至於刺字漫滅。[8]是時許都新建，賢士大夫四方來集。或問衡曰："盍從陳長文、司馬伯達乎？"[9]對曰："吾焉能從屠沽兒耶！"[10]又問："荀文若、趙稚長云何？"[11]衡曰："文若可借面弔喪，稚長可使監厨請客。"[12]唯善魯國孔融及弘農楊脩。[13]常稱曰："大兒孔文舉，小兒楊德祖。餘子碌碌，莫足數也。"融亦深愛其才。衡始弱冠，而融年四十，遂與爲交友。[14]上疏薦之曰：

[1]【李賢注】般，縣，故城在今德州平昌縣東。般音卜滿反。【今注】平原：郡名。治平原縣（今山東平原縣南）。　般：縣名。治所在今山東樂陵市西南。胡旭《先唐文苑傳箋證》引明《德平縣志》："德平漢爲般、鬲縣，屬青州平原郡。"清《德平縣志》、民國《德平縣續志》記載同。指出"一九五六年德平縣撤銷，所轄區域大部分劃歸臨邑，其餘劃給陵縣、樂陵、商河，德平東北原般縣故址主要在今山東樂陵市。《辭海》：'禰衡，字正平，平原般（今山東臨邑東北）人。'不確"。（第131頁）

[2]【今注】案，尚氣，大德本、殿本作"氣尚"。

[3]【今注】矯時：匡正時弊。

[4]【今注】興平：東漢獻帝劉協年號（194—195）。

[5]【今注】荆州：西漢武帝元封五年（前106）置十三刺史部之一。東漢時治漢壽縣（今湖南常德市東北）。獻帝初平元年（190）劉表徙治襄陽（今湖北襄陽市漢水南岸襄陽城）。下轄南陽、南郡、江夏、零陵、桂陽、武陵、長沙七郡。

[6]【今注】許：縣名。治所在今河南許昌市建安區東。《三國志》卷一〇《魏書·荀彧傳》裴松之注引《典略》："《平原禰衡

傳》曰：‘衡，字正平，建安（一九六—二二〇）初，自荆州北遊許都。恃才傲逸，臧否過差，見不如己者不與語，人皆以是憎之。’”曹道衡、沈玉成《中古文學史料叢考》認爲禰衡入許當在建安元年至二年間（196—197），其考證云：“獻帝初平、興平間，值董卓、李傕之亂，兩京遭劫，文士多避難荆州，前於衡者已有王粲、邯鄲淳等。建安元年八月（《魏書·武帝紀》作‘九月’，此從《後漢書》），曹操挾帝遷許，道路播遷，至十月而朝政初定。時衡在荆州問訊遊許，當在是年末或次年初。”（第132頁）

［7］【今注】潁川：郡名。治陽翟縣（今河南禹州市）。

［8］【今注】案，《世説新語·言語》劉孝標注引《文士傳》：“以建安初北遊，或勸其詣京師貴遊者，衡懷一刺，遂至漫滅，竟無所詣。”

［9］【李賢注】陳群字長文。司馬朗字伯達，河内温人。【今注】陳長文：陳群。傳見《三國志》卷二二。　司馬伯達：司馬朗。傳見《三國志》卷一五。

［10］【今注】屠沽兒：胡旭《先唐文苑傳箋證》：“屠沽兒，屠户和賣酒者之子，原以職業卑賤喻出身寒微。陳群祖、父雖享盛名，然家境清貧。《後漢書》卷六十二《陳寔傳》云，陳寔出於單微，少作縣吏，常給事廝役。雖數爲官，家貧。禰衡此言，蓋欲譏陳群出身卑微。至於司馬朗之家世，《晉書》卷一《宣帝紀》云高祖司馬鈞，征西將軍；曾祖司馬量，豫章太守；祖司馬儁潁川太守；父司馬防，京兆尹。數代官宦世家，豈可方之屠沽兒？”（第133頁）

［11］【李賢注】趙爲盪寇將軍，見《魏志》。【今注】荀文若：荀彧，字文若，潁川潁陰（今河南許昌市）人。傳見本書卷七〇。胡旭《先唐文苑傳箋證》：“荀彧儀表不凡，固宜於禮儀。然荀氏家世儒學，恭謹端莊，不苟言笑，與禰衡之狂大異其趣。故爲其所譏。”（第133頁）　稚長：《三國志》卷八《魏書·張楊傳》裴

松之注引《靈帝紀》曰："以虎賁中郎將袁紹爲中軍校尉，屯騎校尉鮑鴻爲下軍校尉，議郎曹操爲典軍校尉，趙融、馮芳爲助軍校尉，夏牟、淳于瓊爲左右校尉。"胡旭《先唐文苑傳箋證》認爲，"其中趙融似與稚長爲一人。按，今本《後漢書》卷九《靈帝紀》無此内容"。又據本書卷八《靈帝紀》："八月，初置西園八校尉。"李賢注曰："樂資《山陽公載記》曰：'小黄門蹇碩爲上軍校尉，虎賁中郎將袁紹爲中軍校尉，屯騎校尉鮑鴻爲下軍校尉，議郎曹操爲典軍校尉，趙融爲助軍左校尉，馮芳爲助軍右校尉，諫議大夫夏牟爲左校尉，淳于瓊爲右校尉：凡八校尉，皆統於蹇碩。'"《後漢紀》卷二九《孝獻皇帝紀》："袁紹嘗遇玄而不禮也。趙融聞之曰：'賢人者，君子之望也。不禮賢，是失君子之望。夫有爲之君，不失萬民之歡心，況於君子乎！失君子之望，難乎有爲也。"指出，"參諸典籍可知，趙稚長雖爲武將，但文武兼備，識見不凡，故聲名頗高。然何時爲蕩寇將軍則不詳"。（參見胡旭《先唐文苑傳箋證》，第134—135頁）

［12］【李賢注】《典略》曰："衡見荀儀容但有貌耳，故可弔喪。趙有腹大，健噉肉，故可監厨也。"

［13］【今注】楊脩：字德祖，弘農華陰（今陝西華陰市東）人。傳見本書卷五四。

［14］【今注】案，《世説新語·言語》劉孝標注引《文士傳》："少與孔融作爾汝之交，時衡未滿二十，融已五十。敬衡才秀，共結殷勤，不能相違。"陸侃如《中古文學繫年》卷四指出："此説若確，則融長於衡者至少三十一年。但有四點可疑。第一，本傳説衡於興平中避難荆州，那時融四十二三歲，衡至多十一二歲，似乎太幼小了。第二，衡被薦時年二十四，那麽融年至少五十五了，上距建安初到許已十一年，未免太晚。第三，孫策死於建安五年（二〇〇），融年四十八，衡至多十七歲，還在被薦前七年，怎能代劉表作書呢？第四，黄祖死於建安十三年（二〇八）春，融年五十

六歲，衡至多二十五歲，這與本傳二十六歲爲黄祖所害的記載便不相合。”（第136頁）

臣聞洪水横流，帝思俾乂，[1]旁求四方，以招賢俊。[2]昔孝武繼統，將弘祖業，疇咨熙載，群士響臻。[3]陛下叡聖，纂承基緒，遭遇戹運，勞謙日昃。[4]惟岳降神，異人並出。[5]

[1]【李賢注】《孟子》曰：“堯時洪水横流（大德本‘流’下有‘也’字），氾濫於天下。”《尚書》帝曰：“咨，湯湯洪水方割，有能俾乂。”俾，使也。乂，理也。【今注】乂：音yì。

[2]【李賢注】《尚書》曰：“旁求天下。”

[3]【李賢注】《尚書》帝堯曰：“疇咨若時登庸（告，紹興本、大德本、殿本作‘若’，是）。”又曰：“有能奮庸熙帝之載。”疇，誰也。熙，廣也。載，事也。

[4]【李賢注】《易》曰：“勞謙君子有終吉。”《尚書叙·文王德》曰：“自朝至于日中，昃不遑食（大德本、殿本‘遑’下有‘暇’字）。”言不敢懈怠也。

[5]【李賢注】《毛詩》曰：“惟岳降神，生甫及由（由，紹興本、大德本、殿本作‘申’，是）。”《公孫弘傳》贊曰：“異人並出。”

竊見處士平原禰衡，[1]年二十四，字正平，淑質貞亮，[2]英才卓礫。[3]初涉藝文，升堂覩奥，目所一見，輒誦於口，耳所瞥聞，不忘於心。性與道合，思若有神。[4]弘羊潛計，安世默識，以衡準之，誠不足怪。[5]忠果正直，志懷霜雪，見善若驚，疾惡若讎。[6]任座抗行，史魚厲節，殆無以過也。[7]鷙鳥累伯，不如一鶚。[8]使衡立朝，必有可觀飛辯騁辭，溢氣坌涌，解疑釋結，臨敵有餘。

[1]【今注】處士：有才學而隱居不仕者。

[2]【今注】貞亮：忠誠正直，氣節清高。

[3]【今注】卓礫：超絶出衆。

[4]【李賢注】《淮南子》曰："所謂真人者，性合於道也。"

[5]【李賢注】《前書》曰："桑弘羊，雒陽賈人子，以心計，年十三爲侍中。"又曰："張安世字子孺，爲郎。上行幸河東，嘗亡書三篋，詔問莫能知，唯安世識之，具作其事。後購求得書，以相校，無所遺失。"【今注】弘羊：桑弘羊，洛陽（今河南洛陽市）人。出身商人家庭。年十三被武帝召爲侍中，後任治粟都尉。領大農令。積極參與制定、推行鹽鐵酒官營專賣政策，並建議設立均輸、平準機構，由政府直接經營運輸和貿易，平抑物價。昭帝即位，他被任爲御史大夫，與霍光、金日磾共同輔政。後以罪被殺。事見《漢書》卷二四《食貨志》、卷六三《武五子傳》、卷六六《田千秋傳》、卷六八《霍光傳》、卷九六下《西域傳下》。　安世：張安世，字子孺，西漢杜陵（今陝西西安市東南）人。傳見《漢書》卷五九。

[6]【李賢注】《國語》楚藍尹亹謂子西曰："夫闔盧（盧，大德本、殿本作'閭'），聞一善言若驚，得一士若賞。"

[7]【李賢注】《吕氏春秋》魏文侯飲，問諸大夫曰："寡人何如主也（何如，殿本作'如何'）?"任座曰："君不肖君也。克中山，不以封君之弟，而以封君之子（大德本、殿本無'之'字），是以知君不肖君也。"《論語》孔子曰"直哉史魚，邦有道如矢，邦無道如矢"也。

[8]【李賢注】鄒陽上書之言也。鶚，大鵰也。

昔賈誼求試屬國，詭係單于；[1]終軍欲以長纓，牽致勁越。[2]弱冠慷慨，前世美之。近日路粹、嚴象，[3]亦用異才擢拜臺郎，衡宜與爲比。如得龍躍天衢，振翼雲漢，揚聲紫微，[4]垂光虹蜺，足以昭近署之多士，增四門之穆穆。[5]鈞天廣樂，必有奇麗之觀；[6]帝室皇居，必蓄非常之寶。若衡等輩，不可多得。《激楚》《楊阿》，[7]至妙之容，臺牧者之所貪；[8]飛兔、騕褭，絶足奔放，良、樂之所急。[9]臣等區區，敢不以聞。[10]

[1]【李賢注】《前書》賈誼曰："何不試以臣爲屬國之官，以主匈奴。行臣之計，請必繫單于之頸而制其命。"

[2]【李賢注】《前書》終軍曰"願受長纓，必羈南越王而致之闕下"也。

[3]【今注】路粹：本書卷七〇《孔融傳》李賢注引《典略》曰："粹字文蔚，陳留人，少學於蔡邕。建安初，以高第擢拜尚書郎，後爲軍謀祭酒，與陳琳、阮瑀等典記室。融誅之後，人覩粹所作，無不嘉其才而忌其筆也。" 嚴象：本書卷七〇《荀彧傳》李賢注引《三輔決録》曰："象字文則，京兆人。少聰博有膽智，爲楊州刺史。後爲孫策廬江太守李術所殺。"

[4]【今注】紫微：星座名。三垣之一，位在北斗七星的東北方，東八顆，西七顆，各成列，似城墻護衛着北極星。

[5]【李賢注】《尚書》曰："賓於四門，四門穆穆。"

[6]【李賢注】《史記》曰，趙簡子疾，五日不知人，大夫皆懼。色扁鵲曰（色，紹興本、大德本、殿本作"醫"，是）："血脈理也。音秦穆公如此（音，紹興本、大德本、殿本作'昔'，是），七日寤，寤而曰：'我之帝所甚樂。'今主君之疾與之同，不

出三日必閒，閒必有言也。”居二日，果寤，語大夫曰“我之帝所甚樂，與百神遊於鈞天，廣樂九奏，其聲動心”也。

[7]【今注】楊阿：樂曲名。

[8]【李賢注】諸本並作“臺牧”，未詳其義。融集作“掌伎”。

[9]【李賢注】《吕氏春秋》曰：“飛兔、騕褭，古駿馬也。”高誘注曰：“日行萬里。”王良、伯樂，善御人也。

[10]【今注】案，胡旭《先唐文苑傳箋證》指出，《孔北海集》“敢不以聞”後尚有“陛下篤慎取士，必須效試，乞令衡以褐衣召見，必無可觀採，臣等受面欺之罪”。《文心雕龍・章表》：“文舉之薦禰衡，氣揚采飛。”（第138頁）

融既愛衡才，數稱述於曹操。操欲見之，而衡素相輕疾，自稱狂病，不肯往，而數有恣言。操懷忿，而以其才名，不欲殺之。聞衡善擊鼓，乃召爲鼓史，因大會賓客，閱試音節。諸史過者，皆令脱其故衣，更著岑牟單絞之服。[1]次至衡，衡方爲漁陽參撾，蹀躍而前，[2]容態有異，聲節悲壯，聽者莫不慷慨。衡進至操前而止，吏訶之曰：“鼓史何不改裝，而輕敢進乎？”衡曰：“諾。”於是先解衵衣，[3]次釋餘服，裸身而立，徐取岑牟、單絞而著之，[4]畢，復參撾而去，顔色不怍。[5]操笑曰：“本欲辱衡，衡反辱孤。”[6]

[1]【李賢注】《文士傳》曰：“魏太祖欲辱衡，乃令人録用爲鼓史。後至八月朝普天閱試鼓節，作三重閤，列坐賓客，以帛絹制作衣，一岑牟，一單絞及小褌。”《通史志》曰：“岑牟，鼓角士服也（服，紹興本、大德本、殿本作‘胄’）。”鄭玄注《禮

記》曰："絞，蒼黄之色也。"【今注】鼓史：掌鼓的官吏。案，著，大德本、殿本作"着"。

［2］【李賢注】《又士傳》曰（又，紹興本、大德本、殿本作"文"，是）："衡擊鼓作漁陽參撾，蹋地來前（蹋，紹興本、大德本、殿本作'躡'，是），躡䟈足脚，容態不常，鼓聲甚悲，易衣畢，復擊鼓參撾而去。至今有漁陽參撾，自衡始也。"臣賢案：撾及撾並擊鼓杖也。參撾是擊鼓之法，而王僧孺詩云："散度廣陵音，參寫漁陽曲。"而於其詩自音云："參音七紺反。"後諸文人多同用之。據此詩意，則參曲奏之名，則撾字入於下句，全不成文。下云"復參撾而去"，足知"參撾"二字當相連而讀。參字音爲去聲，不知何所憑也。參七甘反。【今注】參撾：《世説新語·言語》余嘉錫《箋疏》曰："《惠棟·後漢書補注》引楊文公《談苑》載禰衡鼓歌曰：'邊城晏闋《漁陽》摻，黄塵蕭蕭白日闇。'又引徐鍇曰：'參，音七鑒反，三撾鼓也。以其三撾鼓故，因謂之參。'" 蹀躞：同"蹀躞"。小步行走。

［3］【李賢注】杜預注《左傳》曰："衵，近身衣也。"音女一反。

［4］【今注】案，者，紹興本作"著"，大德本、殿本作"着"。

［5］【李賢注】怍，羞也。

［6］【今注】案，《三國志》卷一〇《魏書·荀彧傳》裴松之注引《文士傳》："孔融數薦衡於太祖，欲與相見，而衡疾惡之，意常憤懣。因狂疾不肯往，而數有言論。太祖聞其名，圖欲辱之，乃録爲鼓史。後至八月朝，大宴，賓客並會。時鼓史擊鼓過，皆當脱其故服，易著新衣。次衡，衡擊爲《漁陽》參撾，容態不常，音節殊妙。坐上賓客聽之，莫不慷慨。過不易衣，吏呵之，衡乃當太祖前，以次脱衣，裸身而立，徐徐乃著褌帽畢，復擊鼓參撾，而顔色不怍。太祖大笑，告四坐曰：'本欲辱衡，衡反辱孤。'至今有《漁

陽》参撾，自衡造也。”《世説新語・言語》："禰衡被魏武謫爲鼓吏，正月半試鼓。衡揚枹爲《漁陽》摻撾，淵淵有金石聲，四坐爲之改容。”劉孝標注引《文士傳》："融數與武帝箋，稱其才，帝傾心欲見。衡稱疾不肯往，而數有言論。帝甚忿之，以其才名不殺，圖欲辱之，乃令録爲鼓吏。後至八月朝會，大閲試鼓節，作三重閣，列坐賓客。以帛絹製衣，作一岑牟，一單絞及小褌。鼓吏度者，皆當脱其故衣，著此新衣。此傳衡，衡擊鼓爲《漁陽》摻撾，蹋地來前，躡駁腳足，容態不常，鼓聲甚悲，音節殊妙。坐客莫不忼慨，知必衡也。既度，不肯易衣。吏呵之曰：‘鼓吏何獨不易服？’衡便止。當武帝前，先脱褌，次脱餘衣，裸身而立。徐徐乃著岑牟，次著單絞，後乃著褌。畢，復擊鼓摻槌而去，顔色無怍。武帝笑謂四座曰：‘本欲辱衡，衡反辱孤。’至今有《漁陽》摻撾，自衡造也。”余嘉錫《箋疏》曰："《舊唐書・李綱傳》曰‘魏武使禰衡擊鼓。衡先解朝服，露體而擊之。云不敢以先王法服爲伶人之衣’云云。據其所言，則非吏所呵而著鼓吏之服也，與《後漢書》及《文士傳》皆不合，不知所出何書。《抱朴子・外篇》四十七《彈禰衡》曰：‘曹公嘗切齒欲殺之，然復無正平入死之罪，又惜有殺儒生之名，乃謫作鼓吏。衡了無愧情恥色，乃縛角於柱，口就吹之，乃有異聲，並摇鼗擊鼓，聞者不知其一人也。而論更劇，無所顧忌。尋亡走投荆州牧劉表。’”“此與《漁陽》摻撾之説不同，與范書本傳操送往劉表之事亦異，當别有所本。”（參見胡旭《先唐文苑傳箋證》，第139—140頁）

孔融退而數之曰："正平大雅，固當爾邪？"[1]因宣操區區之意。衡許往。融復見操，説衡狂疾，今求得自謝。操喜，勑門者有客便通，待之極晏。[2]衡乃著布單衣、疎巾，手持三尺梲杖，[3]坐大營門，以杖捶地大罵。吏白：外有狂生，坐於營門，言語悖逆，請收案罪。操怒，謂融曰："禰衡豎子，孤殺之猶雀鼠耳。顧此人素有虚名，遠近將謂孤不能容之，今送與劉表，[4]視當何如。"於是遣人騎送之。[5]臨發，衆人爲之祖道，先供設於城南，乃更相戒曰："禰衡勃虐無禮，[6]今因其後到，咸當以不起折之也。"及衡至，衆人莫肯興，[7]衡坐而大號。衆問其故，衡曰："坐者爲冢，卧者爲屍，屍冢之間，能不悲乎！"

[1]【李賢注】雅，正也。言大雅君子不當爾。

[2]【今注】晏：晚。

[3]【李賢注】《説文》曰："棁，大杖也。"音佗活反（活，大德本、殿本作"結"）。

[4]【今注】劉表：字景升，山陽高平（今山東鄒城市西南）人。傳見本書卷七四下。

[5]【今注】案，《三國志》卷一〇《魏書·荀彧傳》裴松之注引《文士傳》："融深責數衡，並宣太祖意，欲令與太祖相見。衡許之，曰：'當爲卿往。'至十月朝，融先見太祖，説'衡欲求見'。至日晏，衡著布單衣，疏布履，坐太祖營門外，以杖捶地，數罵太祖。太祖勑外厩急具精馬三匹，並騎二人，謂融曰：'禰衡豎子，乃敢爾！孤殺之無異於雀鼠，顧此人素有虚名，遠近所聞，今日殺之，人將謂孤不能容。今送與劉表，視卒當何如？'乃令騎以衡置馬上，兩騎扶送至南陽。"曹道衡、沈玉成《中古文學史料叢考》考證其事發生時間："八月、十月均爲一年中事。據《魏書·武帝紀》，建安二年（一九七）春，操征張繡還許，九月征吕布，十月屠彭城。四年四月，破射犬，還軍敖倉；八月，進軍黎陽。據此，則建安二年八月、十月操均在許，禰衡擊鼓、罵曹必此年事。"（參見胡旭《先唐文苑傳箋證》，第141—142頁）

[6]【今注】勃：通“悖”。

[7]【今注】興：起身。

劉表及荆州士大夫先服其才名，甚賓禮之，文章言議，非衡不定。[1]表嘗與諸文人共草章奏，並極其才思。時衡出，還見之，開省未周，[2]因毀以抵地。[3]表憮然爲駭。[4]衡乃從求筆札，須臾立成，辭義可觀。表大悦，益重之。後復侮慢於表，表恥不能容，以江夏太守黄祖性急，[5]故送衡與之，祖亦善待焉。衡爲作書記，輕重疎密，各得體宜。[6]祖持其手曰：“處士，此正得祖意，如祖腹中之所欲言也。”祖長子射，[7]爲章陵太守，[8]尤善於衡。[9]嘗與衡俱遊，共讀蔡邕所作碑文，射愛其辭，還恨不繕寫。衡曰：“吾雖一覽，猶能識之，[10]唯其中石缺二字爲不明耳。”[11]因書出之，射馳使寫碑還校，如衡所書，莫不歎伏。射時大會賓客，人有獻鸚䳇者，射舉卮於衡曰：[12]“願先生賦之，以娱嘉賓。”衡攬筆而作，文無加點，辭采甚麗。[13]後黄祖在蒙衝船上，[14]大會賓客，而衡言不遜順，祖慙，乃訶之，衡更熟視曰：“死公！云等道？”[15]祖大怒，令五百將出，[16]欲加箠，[17]衡方大罵，祖恚，遂令殺之。祖主簿素疾衡，即時殺焉。射徒跣來救，[18]不及。祖亦悔之，乃厚加棺斂。[19]衡時年二十六，其文章多亡云。[20]

[1]【今注】案，《三國志》卷一〇《魏書·荀彧傳》裴松之注引《傅子》：“衡辯於言而剋於論，見荆州牧劉表日，所以自結於

表者甚至，表悦之以爲上賓。”

［2］【今注】開省未周：打開看還未一遍。

［3］【李賢注】抵，擲也。

［4］【李賢注】憮然，怪之也，音撫。【今注】案，《三國志》卷五二《蜀書·張昭傳》裴松之注引《典略》：“余曩聞劉荆州嘗自作書欲與孫伯符，以示禰正平，正平蚩之，言，‘如是爲欲使孫策帳下兒讀之邪，將使張子布見乎？’”

［5］【今注】江夏：郡名。治西陵縣（今湖北武漢市新洲區西）。　黄祖：漢獻帝時爲江夏太守，事劉表。袁術使孫堅攻襄陽，祖射殺堅。孫權既立，以父仇攻殺祖。案，《三國志》卷一〇《魏書·荀彧傳》裴松之注引《傅子》：“衡稱表之美盈口，而論表左右不廢繩墨。於是左右因形而譖之，曰：‘衡稱將軍之仁，西伯不過也，唯以爲不能斷；終不濟者，必由此也。’是言實指表智短，而非衡所言也。表不詳察，遂疏衡而逐之。”

［6］【今注】案，《文心雕龍·書記》：“禰衡代書，親疏得宜，斯又尺牘之偏才也。”

［7］【李賢注】射，音亦。

［8］【今注】章陵：郡名。治章陵縣（今湖北棗陽市南）。

［9］【今注】案，《三國志》卷一〇《魏書·荀彧傳》裴松之注引《典略》：“《平原禰衡傳》曰：衡南見劉表，表甚禮之。將軍黄祖屯夏口，祖子射與衡善，隨到夏口。祖嘉其才，每在坐，席有異賓，介使與衡談。”

［10］【李賢注】識，記也，音志。

［11］【今注】案，《初學記》卷一七引謝承《後漢書》：“禰衡與黄祖子射尤善。衡與俱讀蔡邕所作碑文，射愛其文，恨不寫取。衡謂射曰：‘吾雖一遇，猶識其言，其缺兩字不明。’因書出之。射寫還比校，皆無所誤，惟兩字缺。”《太平御覽》卷五八九引《禰衡别傳》：“黄祖之子射，作章陵太守，與衡有所之，見蔡伯喈所作

石碑，正平一過視而歎其好。後日各歸章陵，自恨不令吏寫之。正平曰：‘吾雖一過皆識，然其中央第四行中石盡磨滅，兩字不分明，當是某字，恐不諦耳。’因援筆書之，初無所遺，唯兩字不著耳。章陵雖知其才明敏，猶嫌有所脱失，故遣往寫之。還以校正平所書，尺寸皆得，初無脱誤，所疑兩字如正平所遺字也。於是章陵敬服。”《三國志補注》引《禰衡别傳》：“黄射作章陵太守，衡俱，有所之，見蔡伯喈所爲碑，正平一過視之，歎息言好。後各歸章陵，射恨不令吏寫之。正平曰：‘吾雖一過皆識，然其中央第四行中石盡磨滅，兩字不分明，當是其字，恐不諦耳。’因援筆書之，初無遺失，唯兩字不著耳。章陵雖知其才明敏，猶嫌有所脱失，故遣往寫之。還以校正平所書，尺寸皆得，初無脱誤，所疑兩字如正平所遺字也。於是章陵敬服。”（參見胡旭《先唐文苑傳箋證》，第144—145頁）

［12］【今注】巵：同“卮”。酒器。

［13］【今注】案，《初學記》卷一七《聰敏》第七載禰衡《鸚鵡賦序》：“時黄祖太子射賓客大會，有獻鸚鵡者，舉酒於衡前曰：‘禰處士，今日無用娱賓，竊以此鳥自遠而至，明惠聰善，羽族之所貴，願先生爲之賦，使四座咸共榮觀，不亦可乎？’衡因爲賦，筆不停綴，文不加點。”

［14］【李賢注】《釋名》曰：“外狹而長曰蒙衝，以衝突敵船。”

［15］【李賢注】死公，駡言也。等道，猶今言何勿語也。

［16］【李賢注】五百猶今之問事也。解見《宦者傳》。【今注】案，盧弼《三國志集解》引韋昭《辨釋名》曰：“五百，字本爲伍。伍，當也；伯，道也；使之導引，當道陌中，以驅除也。按，今俗呼行杖人曰五百也。”

［17］【今注】箠：同“棰”。捶打。

［18］【今注】徒跣：赤足。

［19］【今注】案，盧弼《三國志集解》卷一〇《荀彧傳》引姚振宗之語，以爲禰衡死當在建安六年（201）。曹道衡、沈玉成《中古文學史料叢考》以爲孔融薦表云“竊見處士平原禰衡，年二十四，字正平”云云，作於建安二年，則衡之被殺，自當在建安四年。《資治通鑑》卷六三載，建安四年十一月，孫策攻劉勳，勳求救於黄祖，祖遣其子射助勳，大敗，射遁走。此事自當在艨沖宴賓、得意洋洋之後，於禰衡被殺年月可爲旁證。陸侃如《中古文學繫年》卷四定禰衡生年爲熹平二年（173），指出：“第一，本傳有‘衡始弱冠而融年四十’句，可見孔融長他二十年。第二，孔融到許薦衡，説‘衡年二十四’，那時他正好四十四歲，也是相差二十年。”又云：“孔融到許在建安元年，與禰衡遊許在‘建安初’又是相符合的。”俞紹初《建安七子年譜》亦定孔融建安元年薦禰衡，是年孔融年四十四，又薦書云禰衡年二十四，則禰衡生於熹平二年。卒時年二十六，則爲建安三年。《三國志》卷一〇《魏書·荀彧傳》裴松之注引《典略》：“《平原禰衡傳》曰：後衡驕蹇，答祖言俳優饒言，祖以爲駡己也，大怒，顧伍伯捉頭出。左右遂扶以去，拉而殺之。”惠棟《後漢書補注》卷一八引《禰衡别傳》：“十月朝，祖在艨衝舟，賓客皆會。作黍臛既至，先在衡前，衡得便飽食，初不顧左右。既畢，復摶弄以戲。時江夏有張伯雲亦在座，調之曰：‘禮教云何而食此?’正平不答，弄黍如故。祖曰：‘處士不當答之也?’衡謂祖曰：‘君子寧聞車前馬糟?’祖向之，衡熟視駡曰：‘死鍛錫公!’祖大怒，令五百將出，欲杖之；而駡不止，遂令絞殺。黄射來救，無所復及，悽愴流涕曰：‘此有異才，曹操及劉荆州不殺，大人奈何殺之?’祖曰：‘人駡乃父作鍛錫公，奈何不殺?’”《水經注》卷三五：“沔左有郤月城，亦曰偃月壘，戴監軍築，故曲陵縣也，後乃沙羨縣治也。昔魏將黄祖所守，吴遣董襲、淩統攻而擒之。禰衡亦遇害於此。衡恃才倜儻，肆狂狷於無妄之世，保身不足，遇非其死，可謂咎悔之深矣。”楊守敬《疏》曰：“按《後漢書·禰衡傳》，黄祖在蒙衝船上，衡言不遜，復大駡，

祖殺之。祖守沙羨，故酈氏之渾叙禰衡事於沙羨。《輿地紀勝》則以鸚鵡洲爲禰衡遇害處。《名勝志》引《冢廟記》謂衡墓在鸚鵡洲畔。"《大清一統志》卷二五九："禰衡墓在江夏縣西鸚鵡洲，今淪於江。"（參見胡旭《先唐文苑傳箋證》，第146—147頁）

［20］【今注】案，胡旭《先唐文苑傳箋證》："《隋書·經籍志》著録《張紘集》時下有注：'梁有後漢處士《禰衡集》二卷，録一卷，亡。'《舊唐書·經籍志》《新唐書·藝文志》《通志·藝文略》《玉海·藝文》皆著録《禰衡集》二卷。《全後漢文》輯禰衡文五篇。"（第147—148頁）

贊曰：情志既動，篇辭爲貴。[1]抽心呈貌，非彫非蔚。[2]殊狀共體，同聲異氣。言觀麗則，永監淫費。[3]

［1］【李賢注】《毛詩序》曰（曰，大德本、殿本作"云"）："情發於中而形於言。詩者志之所之，故情志動而篇辭作，斯文章之爲貴。"

［2］【李賢注】彫，斲也。《易》曰："君子豹變，其文蔚。"【今注】蔚：有文采。這裏指文飾。

［3］【李賢注】楊雄曰："詩人之賦麗以則，辭人之賦麗以淫。"《禮記》曰："不辭費。"